D1688351

KRÄUTER AUS DEM KLOSTERGARTEN

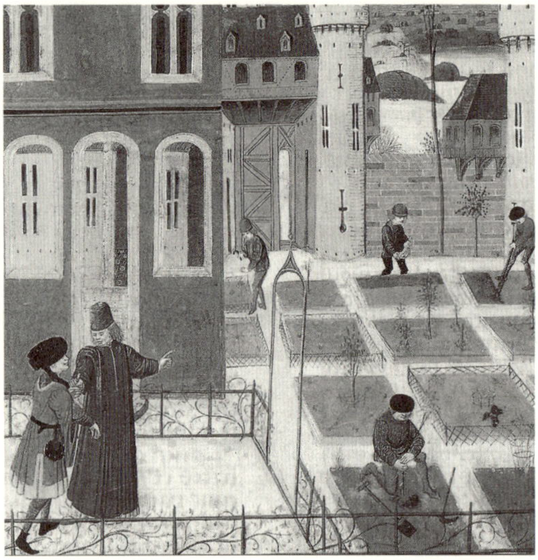

Hans-Dieter Stoffler

KRÄUTER AUS DEM KLOSTERGARTEN
Wissen und Weisheit mittelalterlicher Mönche

JAN THORBECKE VERLAG

Bibliografische Information Der Deutschen Bibliothek
Die Deutsche Bibliothek verzeichnet diese Publikation in der
Deutschen Nationalbibliografie; detaillierte bibliografische Daten
sind im Internet über http://dnb.ddb.de abrufbar.

2. Auflage 2003
© 2002 by Jan Thorbecke Verlag GmbH, Stuttgart
www.thorbecke.de · info@thorbecke.de

Alle Rechte vorbehalten. Ohne schriftliche Genehmigung des Verlages ist es nicht gestattet, das Werk unter Verwendung mechanischer, elektronischer und anderer Systeme in irgendeiner Weise zu verarbeiten und zu verbreiten. Insbesondere vorbehalten sind die Rechte der Vervielfältigung – auch von Teilen des Werkes – auf photomechanischem oder ähnlichem Wege, der tontechnischen Wiedergabe, des Vortrags, der Funk- und Fernsehsendung, der Speicherung in Datenverarbeitungsanlagen, der Übersetzung und der literarischen oder anderweitigen Bearbeitung.

Dieses Buch ist aus alterungsbeständigem Papier
nach DIN-ISO 9706 hergestellt.
Gestaltung: Finken & Bumiller, Stuttgart
Druck: Süddeutsche Verlagsgesellschaft, Ulm
Printed in Germany · ISBN 3-7995-3508-X

INHALT

Vorwort 7
Walahfrid Strabo, Abt der Reichenau 9
Pflanzenbeobachtung im Mittelalter 11
Spätantike Medizinalgärten 13
Klostermedizin 16
Garten und Gedicht 18
Perspektiven 21
Symbolik der Vier 22
Pflanzenpaare 23
Blick in den Küchengarten 27
Gartenarbeit 30
Bauerngärten 33
Antike Gartenpoesie 36
Gartenidylle und Kontemplation 38
Die Pflanzen des Hortulus 42
    Gartensalbei/Lelifagus 44
    Weinraute/Ruta 54
    Eberraute/Abrotanum 59
    Flaschenkürbis/Cucurbita 62
    Melone/Pepones 66
    Wermut/Absinthium 69
    Andorn/Marrubium 72
    Fenchel/Foeniculum 75
    Schwertlilie/Gladiola 78
    Liebstöckel/Lybisticum 82
    Kerbel/Cerefolium 85
    Lilie/Lilium 88
    Schlafmohn/Papaver 92
    Muskatellersalbei/Sclarega 96
    Frauenminze/Costus 98
    Minze/Mentha 101
    Poleiminze/Puleium 104
    Sellerie/Apium 109
    Betonie/Vettonica 113
    Odermennig/Agrimonia 117

    Ambrosia 120
    Katzenminze/Nepeta 124
    Rettich/Rafanum 126
    Rose/Rosa 129
Mutter Kirche 133
Die Widmung des Gedichts 135
Anmerkungen 136

Anhang
    Text und Übersetzung 148
    Der Hortulus im Überblick 178
    Personen 181
    Abkürzungen 185
    Pflanzenregister 186
    Kleine Hortulanische Handbibliothek 189
    Bildnachweis 192

VORWORT

Das lebhafte Interesse an alten Heilkräutern, an der Vielfalt vergessener Würz- und Gemüsepflanzen, ist auffallend. Der zunehmenden Technisierung steht ein wachsendes Interesse an der Natur gegenüber, die in der Pflanzenwelt einen noch lange nicht gehobenen Schatz verborgener Weisheiten bietet. Solche Lebensweisheiten im Pflanzenkleid sind in den Klostergärten des Mittelalters gesammelt worden.

Das bedeutendste Dokument dieser Sammlung ist das Gedicht über den Gartenbau des Reichenauer Abtes Walahfrid Strabo. In dieser Ausgabe soll jenes Zeugnis frühmittelalterlichen Wissens einem größeren Publikum vorgestellt werden. So wie sich die Reichenau als Weltkulturerbe heute einem breiteren Besucherkreis öffnet, soll auch das Lehrgedicht »Vom Gartenbau« über die grüne Insel hinaus den zahlreichen Freunden der Heil- und Würzkräuter zur Verfügung stehen. Daher wurde in dieser Ausgabe die Übersichtlichkeit des Textes verbessert. Neue Abschnitte über Pflanzensymbolik und Pflanzenpaare kamen hinzu. Zahlreiche Abbildungen illustrieren das Buch, denn ein Garten lebt von seiner Anschaulichkeit und auch die Sprache Walahfrids ist reich an Bildern. Im neuen Titel kommt der ganzheitliche Ansatz der frühmittelalterlichen Kräuterkunde zum Ausdruck.

Die im »Hortulus« beschriebenen Pflanzen sind in dem von der Gemeinde angelegten Kräutergarten nördlich des Münsters zu sehen.

Heilkräuter und Blumen des frühen Mittelalters stehen im Mittelpunkt. Denn Walhfrid Strabo beschreibt ein kleines Paradies. Die Bedeutung seines Gartengedichtes geht über ein Sachbuch im heutigen Sinne hinaus; denn zu einem Paradies gehört auch freundliche Zuwendung zu den Pflanzen und zu den Menschen, die mit ihnen und von ihnen leben: ein aufmunterndes Beispiel, das jedem nahebringt, sich mit dem kleinsten grünen Platz vor Küchenfenster, Haustür und Terrasse als Gärtlein persönlich zu befassen. Es legt aber auch nahe, unsere Siedlungsbereiche nicht immer weiter versiegeln und verdichten zu lassen, sich nicht an alles zu gewöhnen, was das Gärtlein unseres Lebens einengt.

Das Buch ist allen Freunden von Heilkräutern, Blumen und Gewürzen zugedacht, die in Gärten und Pflanzen auch ein Stück Sinnfindung für ihr Leben suchen.

Dem Jan Thorbecke Verlag danke ich für die Initiative und für die tatkräftige Unterstützung dieses neuen Ansatzes zum Verständnis der Kräuterkunde und des Gartenbaus.

WALAHFRID STRABO, ABT DER REICHENAU

*W*alahfrid wurde um 808 oder 809 in Alemannien geboren. Schon als kleiner Junge kam er in die Schule des Klosters Reichenau. Das Kloster Reichenau war eine der bedeutendsten Abteien des Fränkischen Reiches und erlebte damals eine Blütezeit umfassender Bildung. Walahfrid wurde mit fünfzehn Jahren als Mönch in den Konvent aufgenommen, dem er zeitlebens angehörte. Seinen Beinamen »Strabo« (das heißt »Schieler«) hat der vorzügliche Beobachter wegen eines Augenfehlers erhalten. Als junger Mann von 18 Jahren beschreibt er die Vision des alten Mönches Wetti (Visio Wettini), eine umfangreiche Versdichtung vom Heil und Unheil der Seelen.[1] Kurz danach, etwa 827, kommt er zur Weiterbildung als Schüler des Hrabanus Maurus in das Kloster Fulda. Von dort schreibt er in einem kalten Winter ein rührendes Gedicht an das geliebte Heimatkloster.[2] Kurz nach diesem Aufenthalt in der Fremde wird er 829 als Erzieher Karls, des jüngsten Sohnes Ludwigs des Frommen, nach Aachen an den Kaiserhof berufen. Walahfrid muß gerne Lehrer gewesen sein. »Das Amt sah er nicht ... in Analogie zum Baumeister, sondern zum Gärtner« (Arno Borst).[3]

Bildnis eines Abtes. Wandmalerei im zweiten Arkadenzwickel auf der Südseite von St. Georg in Oberzell auf der Reichenau.

838 wird Walahfrid unter dem Einfluß Ludwigs des Frommen Abt der Reichenau, muß aber nach dessen Tod aus dem Reichsteil Ludwigs des Deutschen fliehen und hat dann sein Amt erst 842 nach seiner Versöhnung mit dem König wieder angetreten. Diese Aussöhnung wurde durch seinen ehemaligen Lehrer und lebenslangen Freund Grimald, Kanzler Ludwigs des Deutschen, vermittelt, dem er nach der Visio Wettini auch seinen Hortulus gewidmet hat.

Am 18. August 849 ertrank er in der Loire auf einer Gesandtschaftsreise nach Aquitanien, in den Reichsteil seines ehemaligen Schülers Karl.

Walahfrid verfaßte zahlreiche Gelegenheitsgedichte, hymnische Gebete, poesievolle Briefe, Heiligenleben und theologische Schriften augustinischer Tradition.[4] Bekannt ist vor allem sein liturgisches Handbuch.[5] Er war nicht nur Lehrer, sondern auch Lernender. In einer Sammelhandschrift legte er sich von seiner Schulzeit bis in seine letzten Lebensjahre Auszüge aus verschiedenen Wissensgebieten an.[6]

Den Lebensstil des Mönches hat Theodor Fehrenbach treffend gekennzeichnet: »Eben darin lag der bedeutendste Zug im Leben unseres Landsmannes, daß er ein Freund Gottes sowie der Menschen war und in verwirrter Zeit ein klarer, treuer, liebender Mitmensch geblieben ist. Dadurch haben seine vielseitigen und genialen Gaben ihren eigentlichen Glanz erhalten.«[7] Walahfrids Sensibilität für Freundschaft und Poesie, für Treue und Menschlichkeit kommt in dieser Würdigung eines berufenen Seelsorgers treffend zum Ausdruck.

Das alles zeigt uns schließlich, daß Walahfrid kaum ein so vielseitiges Gartengedicht hätte schreiben können, wenn er nicht auch über seinen Gartenzaun hinaus – und tiefer in die Blütenkelche hineingeschaut hätte.

WALAHFRID STRABO, ABT DER REICHENAU

PFLANZENBEOBACHTUNG
IM MITTELALTER

*I*m Eingangskapitel seines Gedichtes weist Walahfrid deutlich darauf hin, daß er seine Erkenntnisse nicht nur aus Büchern und vom Hörensagen, sondern auch aus eigener Beobachtung und praktischer Erfahrung gewonnen hat. Diese zuweilen in Frage gestellte Wirklichkeitsnähe in einem Gedicht des frühen Mittelalters kann durchaus nachgewiesen werden.
Im Gegensatz zum Capitulare de villis, der Krongüterverordnung Karls des Großen, die als »Ministerialerlaß« über die Verwaltung und Bewirtschaftung der Krongüter im botanischen Teil zu allgemein und großräumig angelegt ist, um für den konkreten Einzelfall mit seinen besonderen Verhältnissen Gültiges zu beschreiben, ist der Hortulus Walahfrids auf die erlebte Wirklichkeit der Pflanzenwelt eines kleinen Gartens bezogen. Denn alle ausführlich beschriebenen Pflanzen des Hortulus können heute noch auf der Reichenau und in entsprechenden Gebieten der gemäßigten mitteleuropäischen Klimazone angebaut werden. Nur Melone und Flaschenkürbis brauchen einen besonders warmen Platz. Geringfügige, positive Schwankungen im Rahmen des damals wie heute vorherrschenden Klimas sind allerdings nicht auszuschließen. Es ist durchaus möglich, daß in karolingischer Zeit die Sommertemperaturen etwas höher waren als heute.[8]
Auf die bemerkenswerte, mit genauer Beobachtung gezeichnete Beschreibung des Flaschenkürbis geht vor allem Hermann Sierp[9] ein. Er beschreibt, wie der Dichter »auf Schritt und Tritt nachweist«, daß er seine Pflanze genau kennt. Am Vorgang des Rankens der Kürbissprosse belegt der Botaniker die genaue Wiedergabe Walahfrids. Gerade weil aus der antiken Literatur Muster von dieser Intensität nicht bekannt sind, verdient das schön verschlungene Rankenwerk in der Kürbisstrophe nicht zuletzt literarische Beachtung. Auch die Beschreibung der auffallenden Kürbisfrüchte und deren Verwertung zeigt, daß er ihre Gestalt genausogut aus eigener Beobachtung kennt wie etwa Columella, ein römischer Gutsbesitzer, der ein umfangreiches Werk über die Landwirtschaft verfaßte. Walahfrid muß den Flaschenkürbis über mindestens eine Vegetationsperiode selbst an Ort und Stelle beobachtet haben.
Ein weiteres Beispiel naturwissenschaftlich gültiger und beziehungsreicher Betrachtung ist die Salbeistrophe. Hier beschreibt er treffend die morphologische Besonderheit eines Kleinstrauchs. Sierp hatte diese Strophe in dem Sinn zu erklären versucht, daß die alte Salbeipflanze durch aufwachsende Sämlinge ver-

drängt werde. Dies ist jedoch vor allem auf Gartenböden nicht der Fall und entspricht keineswegs dem Wesen dieser Pflanzengestalt im Werden und Vergehen ihres Sproßaufbaus. Wir werden dem subtilen Wirklichkeitssinn Walahfrids noch oft begegnen. Bei aller Gelehrsamkeit und Bildung bietet er die Gewähr, daß er Pflanzenbeschreibungen antiker Autoren nicht einfach abgeschrieben hat. Man kann daher auch Wolfgang Sörrensen[10] in diesem Punkt nicht folgen, wenn er in seiner ansonsten verdienstvollen Abhandlung über die Pflanzen des St. Galler Klosterplans am Beispiel der Schwertlilie (Hort. 217–228) zeigen möchte, »daß etwas an sich lebendig Geschriebenes mit Vorsicht zu gebrauchen ist, weil in jener Zeit nicht alles aus eigener Anschauung fließt, sondern viele literarische Entlehnungen, Lesefrüchte, dazu benutzt werden, gelehrt und belesen zu erscheinen.« Diese gewiß häufig zu belegende Beobachtung trifft gerade hier nicht zu. Die Schwertlilienstrophe ist vielmehr ganz klar und gibt zu derlei Schlüssen keinen Anlaß. Nach Sörrensen ergibt sich aus dem Text, daß Walahfrid die Schwertlilie, die er beschreibt, gar nicht gekannt habe, weil eine ganz andere Art (*Iris florentina*), die bei uns nicht gedeihe, die beschriebenen Eigenschaften besitze. Dies ist aber unrichtig. Die Verwendung des stärkereichen, veilchenduftenden Rhizoms der Schwertlilie (Iriswurzel) zum Stärken der Wäsche gilt gerade auch für die im Hortulus gemeinte *Iris germanica*.[11] Es wird also im Hortulus ein Stück Wirklichkeit aufgezeigt, wo das Capitulare de villis nur eine Pflanzenliste vorschreibt, ohne auf die Anwendung im einzelnen einzugehen.

Pflanzen, die Walahfrid nicht selbst aus dem Kräutergarten kennt, beschreibt er nicht, auch wenn sie von Bedeutung sind. So wird die berühmte Mandragore nicht einmal erwähnt, obwohl die patristische Literatur dies nahelegt.[12] Hier zeigt sich ein deutlicher Gegensatz zu seinem Lehrer Hrabanus Maurus. Mit feiner Ironie schreibt Hugo Rahner: »Es ist fast rührend, wie da etwa Hrabanus Maurus in seinem stillen Kloster Fulda (ohne es zu sagen) Augustinus wiedergibt: ›Und was soll ich denn von der Mandragore sagen? Nun, ich habe gemerkt, sie sei schön und süß duftend, aber von bitterem Geschmack, und darum meine ich, mit einem solchen Mandragorenapfel werde der gute Ruf versinnbildet.‹[13]« Hrabanus Maurus geht es mehr um die theologische Symbolik und um den lehrhaften Fingerzeig als um die Natur. In Fulda hat er kaum Mandragoren gesehen. Das gelehrte Mittelalter ist dem Sinn für die Wirklichkeit der Natur weniger gefolgt. Während Walahfrid fast vergessen wurde, waren Hrabanus Maurus und in ähnlichem Sinne Isidor von Sevilla anerkannte Autoritäten. Am Beispiel des spätantiken medizinischen Lehrgedichtes des Quintus Serenus werden wir einen Einblick gewinnen, wie Walahfrid mit der medizinisch-botanischen Lehrtradition umgeht.

Doch sei hier abschließend die Bemerkung erlaubt, daß es auch dem Verständnis des Gedichtes dient, mit Walahfrid die Pflanzen des Hortulus selbst anzubauen, über einige Jahre zu beobachten und so mit dem Text zu vergleichen, wie es andererseits auch das Verständnis der Pflanzen fördert, wenn man sein Gedicht liest.

SPÄTANTIKE MEDIZINALGÄRTEN

*A*uf Abhängigkeiten des Hortulus vom Liber medicinalis des Quintus Serenus wird immer wieder hingewiesen. Quintus Serenus ist der Verfasser eines spätantiken medizinischen Lehrgedichtes, das in die zweite Hälfte des 4. Jahrhunderts datiert wird. Das Werk umfaßt 1107 Hexameter.[14]
Zur Zeit Walahfrids war dieses Lehrgedicht besonders geschätzt. Kaiser Karl der Große hatte selbst für seine Verbreitung Sorge getragen. Hiervon berichtet begeistert ein Mönch der damaligen Zeit. Von der kaiserlichen Autorität bestärkt, dürften die Mediziner damals während ihrer Ausbildung die Merkverse des Quintus Serenus weithin auswendig gelernt haben.
Das Gedicht beginnt mit einer Anrufung des Gottes Apoll und endet mit einem Hämorrhoidenrezept. Dazwischen werden, geordnet nach Krankheiten, von Kopf bis Fuß vielerlei Verordnungen angeboten. Insgesamt 64 komplexen Befunden ordnet er etwa 420 Rezepte zu. Der Stoff ist vor allem Plinius entnommen.
Die Heilmittel der Verordnungen enstammen zum geringsten Teil Mineralien, häufig dem Tierreich und überwiegend Pflanzen. In 70 Rezepten werden Pflanzen verordnet, die auch im Hortulus erwähnt sind. Es überwiegen aber Holzpflanzen und andere, die bei Walahfrid fehlen.
Pflanzen, die sowohl im Hortulus als auch in den Rezepten des Quintus Serenus vorkommen, sind:[15] Abrotanum (2), Apium (3), Absinthium (3), Costus (1), Elelisphagus (2), Feniculum (4), Marrubium (10), Menta (2), Nepeta (5), Papaver (3), Puleium (9), Raphanus (6), Ruta (8), Vettonica (4).
Diese Kräuter könnte Walahfrid aus der Liste des Quintus Serenus erhalten haben. Es sind aber zugleich bekannte Pflanzen aus der Botanik des Plinius, also klassische Heilkräuter der Spätantike. Da jedoch Walahfrid auch über andere Quellen der Tradition des Plinius verfügt hat und das medizinisch Eigentümliche des Quintus Serenus weder formal noch inhaltlich übernimmt, fällt ein Nachweis schwer, Walahfrid habe seine Heilmittel bei ihm bezogen. Diese Pflanzen sind also nicht Eigengut des Schriftstellers, doch wurde der spätantike Standard des botanischen und medizinischen Wissens der karolingischen Zeit gewiß durch das Ansehen dieses Gedichtes gefördert. Walahfrid hat das Werk des Quintus Serenus sicher gekannt und benutzt.
Einige Pflanzen aus dem Hortulus werden bei Quintus Serenus allerdings gar nicht erwähnt, weil er sie wohl für Zierpflanzen (Lilium, Rosa, Gladiola)

oder Speisepflanzen hält (Cerfolium, Cucurbita, Pepones) oder weil sie für ihn aus anderen Gründen unbedeutend oder unbekannt waren (Agrimonia, Libysticum, Sclarega).

Es fällt außerdem auf, daß die Salbei[16] bei Quintus Serenus genauso wie bei Plinius eine untergeordnete Bedeutung hat. Im Hortulus dagegen steht sie an erster Stelle. Persönliche Betroffenheit, ein politisches Schicksal, ein besonderes künstlerisches Gewicht und wohl auch eine modernere medizinische Erkenntnis mögen dahinterstehen.

Ich möchte den Lesern als Kontrast zu den Beeten des Hortulus einen Auszug aus den Rezepten des Quintus Serenus anbieten:

Regenwürmer in Öl, Rindermist, Asche aus Schweinemist, Schweineklauen, Schwalbenkot, Taubenmist, Mäuseböllchen, Geierkot, Mist von einem weißen Hahn, Frösche in Öl gesotten, Froscheiter, Bärengalle, Mäusegalle, Schwanenfett, Löwenfett, Dachsfett, Hasenhirn, Hasenvulva, Hasenlab, Schildkrötenblut, Taubenblut, Zeckenblut, Blut von einem schwarzen Hund, Obscoener Ziegenschleim, getrocknete Gebärmutter einer Katze, Hundemilch, Schafspucke, Hühnerkämme, Der eigene Urin und der eines Hundes, Spinnen aus den Kleidern einer Toten

An manchen Stellen zeigt sich deutlich, daß Walahfrid Quintus Serenus kennt und seine Sprache in knapper Auswahl benützt. Das beste Beispiel dafür ist die »Verdauungsstrophe«. Den Vers 313 hat er ganz von Quintus Serenus übernommen, so als wolle er zeigen, daß er ihn gewiß kennt:

Aus dem Rezept XVII, Für Magen und Verdauung

300 *Alle, die fest behaupten, der Bauch sei der König des Körpers,*
Scheinen mir wirklich darauf mit vernünftigem Grund zu bestehen.
Denn dessen ununterbrochene Arbeit stärkt all' unsre Glieder,
Oder, anders herum, im Schmerz zermürbt er sie alle.
Ja, man befindet sogar, wenn ihm nichts helfe, verderbe
305 *Er das Gehirn und vertreibe daraus das gesunde Empfinden:*
Samen des schwarzen Lattichs, in hölzernem Mörser zerstoßen,
Mische ihn dir mit Honig und dann genieße ihn nüchtern.
Freilich jeweils genügt, wenn du drei Eßlöffel einnimmst.
Oder es hilft auch, zerstoßenen Rettichsamen in Honig –
310 *Wein oder zwei Teile Wermut und drei Teile Rauten zu trinken*
Als Dekokt und weich gekochte Johannisbrotschoten.
Fenchelsamen auch mit der ersten Milch einer Ziege;
Oder Polei, als Teeaufguß, schafft Heilung, mein Lieber!

Vergleicht man Vers 312–313 mit dem Text Walahfrids Vers 212, so fällt die Ähnlichkeit auf. Zu Beginn der Laktanz gilt vor allem Ziegenmich als besonders heilsam.

Mit dem in karolingischer Zeit angesehenen Quintus Serenus haben wir einen wichtigen Vertreter der medizinischen Tradition der Spätantike kennengelernt, der genauso wie Walahfrid der Botanik des Plinius viel verdankt. Walahfrid zeigt, daß er Quintus Serenus kennt. Während aber jener eine flott gereimte, mit Merkstoff beladene Rezeptesammlung schreibt, setzt Walahfrid andere Akzente. Gestalt und Farbe, Duft und Würze der Pflanzen werden bei ihm lebendig und lebensnah. Sein Gedicht will keine komplette Kräuteranweisung sein; so wie etwa auch ein kunstvoller Garten etwas anderes ist als ein Arzneimittelschrank, obwohl uns zum Teil dieselben Pflanzen begegnen.

Die Heilkräuter des Quintus Serenus wurden wohl überwiegend in Medizinalgärten angebaut. Das geht auch aus den alten Randbemerkungen zum Hortulus hervor.[17] Der spätantike Dichter Luxorius preist einen solchen Garten in epigrammatischer Kürze und mit pointierendem Schluß. Dieser *hortus conclusus* ist Teil einer Tradition, die sich dreihundert Jahre später im Herbularius des St. Galler Klosterplans und im Hortulus Walahfrids wiederfindet.[18]

VOM GÄRTLEIN DES HERRN OAGEUS, IN DEM ALLE MEDIZINALPFLANZEN ANGEBAUT SIND

Inmitten hoher Wände Mauerwerk umschlossen liegt
  Ein Garten wunderschön – und nützlich seinem Herrn:
Hier wächst Leben erhaltendes Kraut vielfältiger Arten,
  Hierin schlummert das Heil, verwahrt mit der Heilkunst Genie.
Hieraus empfängt die Kunst des Asklepios und Phöbus die Mittel,
  Hier kommt heilsame Kur mit jeder Krankheit zurecht.
Dies ist ein himmlischer Ort, hier walten himmlische Wesen,
  Darum glaub' ich gewiß: Es besiegen die Kräuter den Tod.

Schönheit und Nützlichkeit eines umschlossenen Gartens im vielfältigen Wirken göttlicher Kräfte zum Wohle der Menschen, das ist die Botschaft dieses kleinen Gedichts.

KLOSTERMEDIZIN

Auf die Bedeutung Cassiodors als Vermittler römischer Kultur durch die Klöster wird immer wieder hingewiesen. In seiner Einführung in die geistliche Wissenschaft wendet sich dieser an die Mönche, die mit der Betreuung der Kranken beauftragt sind: »Aber auch Euch, hervorragende Brüder, spreche ich an, die Ihr die Gesundheit des menschlichen Körpers mit eifriger Wißbegierde behandelt ... Von jenem werdet Ihr den Lohn empfangen, von welchem für Irdisches das Ewige erworben werden kann. Lernet deshalb, die Wirkkräfte der Heilkräuter und die Mischung der Spezereien mit sorgfältiger Überlegung anzuwenden. Aber setzet die Hoffnung nicht in die Kräuter und die Rettung nicht in menschliche Ratschläge; denn obwohl es heißt, daß die Medizin von Gott begründet worden sei, wird doch jener heilen, der das Leben ohne Ende gewährt ...«[19]

Walahfrid sieht die Pflanzen des Hortulus im weitesten Sinne als Heilpflanzen. Darstellung einer Klosterapotheke.

Von Cassiodor erfahren wir auch die medizinischen Quellen der Spätantike, die er zum Studium empfiehlt. Aus der Bibliothek der Reichenau standen damals Walahfrid zehn Codices zur Verfügung, die in einer eigenen Abteilung medizinischer Bücher zusammengefaßt waren.

Walahfrid sieht die Pflanzen des Hortulus im weitesten Sinne als Heilpflanzen. Diese Einstellung entspricht nicht nur seinem botanischen und medizinischen Interesse, sondern auch seiner Verantwortung, vor allem der Verantwortung des Abtes als Arzt im tieferen Sinne: zunächst als Arzt der Seelen (RB 27.2; 28.2ff.; 30.3; 46.5f.), dann aber auch als Helfer und Hirt der Kranken, Armen und Fremden, wie dies Johannes Duft in der Schilderung der Krankenpflege St. Otmars dargestellt hat.[20] »Denn die Sorge für die Kranken steht vor und über allen anderen Pflichten. Man soll ihnen wirklich wie Christus dienen ... Es soll also die oberste Sorge des Abtes sein, daß sie nicht vernachlässigt werden« (RB 36.1, 6). Dies wird an anderer Stelle nochmals bekräftigt: »Der Abt soll sehr darum besorgt sein, daß die Kranken vom Verwalter und von den Pflegern nicht vernachlässigt werden. Er ist für jeden Fehler verantwortlich, den die Jünger begehen« (RB 36.10). Den Schwachen, Kindern, Greisen und Kranken gilt die liebevolle Sorge der Regel St. Benedikts. Darin kommen ihre Milde, Weisheit und Menschlichkeit besonders zum Ausdruck (RB 37). Diese menschliche Rücksichtnahme auch bei der täglichen Arbeit gehört zu den hohen

Pflichten des Abtes: »Kranke oder schwächliche Brüder sollen eine solche Arbeit oder Beschäftigung bekommen, daß sie nicht untätig sind, aber auch nicht durch Überbürdung in der Arbeit niedergedrückt oder gar zur Flucht veranlaßt werden. Der Abt muß auf ihre Schwäche Rücksicht nehmen« (RB 48, 24f.).

Die Sorge des Abtes für die Kranken und Schwachen gehört vor allem deshalb zu seinen vorzüglichen Pflichten, weil er in der besonderen Nachfolge Christi steht (RB 2.2). Eigentlicher Hausherr des Klosters ist Christus. Der Abt ist im Lichte des Glaubens sein Stellvertreter (Georg Holzherr) von ihm hat er seine Autorität.[21] Jesus Christus aber ist für die Menschen ein Nothelfer, ein wirklicher Heiland in den vielen Belastungen und Widerwärtigkeiten des Erdenlebens (Mt. 11, 28–30). Er ist der wahre Arzt und Apotheker. Auf ihn lassen sich also auch die Bemühungen Walahfrids zurückführen. Jesus Christus ist für ihn nicht nur der Arzt, der mit Hilfe der Pflanzen heilt, sondern die Heilpflanze in Person (Hort. 423, 424), der Arzt, der sich selbst hingibt als wahre Blume, als Lilie und Rose.

Walahfrid weist ausdrücklich darauf hin, daß auch seine Bemerkungen zur Pflanzenheilkunde teils auf Gehörtem (Hort. 320), teils auf gesicherter Erkenntnis (Hort. 319) beruhen. Er betont damit auch für den medizinischen Bereich seine praktische Erfahrung, die er im Hinblick auf den Gartenbau in der Eingangsstrophe deutlich gemacht hat (Hort. 17, 18). Oft stellt er nämlich Wirkungen und Anwendungen fest, ohne sich auf Allgemeinwissen zu berufen (Hort. 95, 96, 189, 201, 226, 243–248, 355–358, 363–368). Manchmal gibt er besonders lebendige Anweisungen (Hort. 191, 317). In der Fenchelstrophe deutet Walahfrid den Gegensatz zwischen Erlerntem und Erfahrenem (Hort. 215, 216) an. Klarer tritt sein eigener Standpunkt gegenüber der Praxis der Ärzte dann in der Sclaregastrophe hervor. Auch in der Selleriestrophe wird die Meinung anderer der eigenen Ansicht gegenübergestellt. Die Ärzte selbst erwähnt Walahfrid nur zweimal im Gedicht, und zwar in Distanz zu ihrer Auffassung in der Sclaregastrophe (Hort. 278) und in der Ambrosiastrophe (Hort. 372–374).

Würdigt man all dies nicht nur stilistisch, so kommt Walahfrid hier dem hohen Ideal nach, das Benedikt ganz allgemein und nicht zuletzt auch hinsichtlich der Krankenpflege vom Abt zeichnet. Selbst wenn man unterstellt, daß Walahfrid seinen Hortulus nicht als regierender Abt verfaßte, so wird doch deutlich, daß er sein Gedicht aufgrund einer hervorgehobenen Stellung, mit entsprechender Autorität und in entsprechendem Geist geschrieben hat.

GARTEN UND GEDICHT

*D*ie Eigenart des Werkes bringt es mit sich, daß die Anlage des Gärtleins, das Walahfrid vor sich sah, fragmentarisch nachvollziehbar ist. Es lag zunächst innerhalb der Klausur. Nach der Regel Benedikts soll das Kloster so angelegt sein, daß sich alles Notwendige – Wasser, Mühle, Garten usw. – innerhalb des Klosters befindet. »So sind die Mönche nicht genötigt, draußen herumzulaufen, denn das ist für ihre Seelen durchaus nicht zuträglich« (RB 66).

Ein quadratischer Innenhof (*Atreolum*) schloß sich, wenn man dem Text des Hortulus folgt, östlich an Walahfrids Wohnung an (Hort. 33) und war von dort aus betretbar. Gegen Süden begrenzte ihn die Mauer eines höheren Gebäudes (Hort. 63–67). Eine Seite des Gartens blieb ohne Regen, weil ein hohes Dach seinen Rand überdeckte. Man könnte an ein Vordach im Atrium denken. Der Flaschenkürbis wurde in der Nähe eines Säulengangs mit Rundbögen gezogen (Hort. 125). Im St. Galler Klosterplan, der ja auf der Reichenau gezeichnet wurde, hatte neben den Kreuzgängen nur das Abtshaus Säulengänge. Im Garten selbst lagen wohl unter Einschluß des Costus-Beetes, dem keine eigene Strophe gewidmet ist (bei Sclarega, Hort. 281–283), 24 Beete (*areolae*), zum Teil an den Mauern entlang (Hort. 63), schön in Reihen (Hort. 361, 387). Die Beete waren von Brettern begrenzt und gehäufelt, damit die Erde nicht auf die Wege wegrutschen konnte (Hort. 47).

In einer früheren Ausgabe dieses Buches wurde ein Zusammenhang zwischen den Grabungsergebnissen von Emil Reisser und dem im Gedicht beschriebenen Geviert des Hortulus als Hausgarten der Abtswohnung Walahfrids vermutet und illustriert.[22] Die Untersuchungen von Alfons Zettler haben jedoch ergeben, daß diese Deutung nicht aufrechterhalten werden kann und durch die Illustration ein Befund nahegelegt wird, der nicht in diesen Zusammenhang gehört: »Durch die wiederaufgefundenen Handblätter Reissers und die neuerlichen Grabungen sind die Beschreibungen und Deutungen Reissers und Erdmanns überholt, insbesondere was die Raumanordnung und den Typus der Anlage betrifft. Die in seinem Übersichtsplan enthaltene, bei Wolfgang Erdmann umgezeichnete Raumeinteilung entzieht sich einer Deutung als frühmittelalterliches Ensemble, weil sie lediglich den jüngsten, über Jahrhunderte gewachsenen Bauzustand beim Abbruch der Anlage wiedergibt.« Daher ist eine schlüssige Bindung des Gedichtinhalts an einen archäologischen Befund bis jetzt nicht möglich.[23]

Der Zusammenhang zwischen dem Hortulus Walahfrids und dem Herbularius des Klosterplanes wird von diesen Ergebnissen nicht berührt. Der Hortulus hat deutliche Züge des Herbularius, dessen Entstehung auf der Reichenau gesichert ist. Beide Werke sind in ihrer Bildhaftigkeit, ihrer Architekturbezogenheit und ihrer ins einzelne gehenden Beispielhaftigkeit verwandte Dokumente, die etwa zur selben Zeit und aus derselben Tradition entstanden sind.

Der Herbularius des nur wenig älteren Klosterplans, der als Botschaft der Reichenau an St. Gallen belegt ist, zeigt eine erstaunliche Ähnlichkeit mit der Gartenbeschreibung des Hortulus. Zwar werden dort nur sechzehn Beete aufgeführt, im Hortulus dagegen vierundzwanzig, aber man erhält ohne Schwierigkeiten im St. Galler Klosterplan acht weitere Beete, wenn man die acht Randbeete oder die acht Innenbeete halbiert, denn die Beete des Klosterplans sind recht lang. Die zwölf kürzeren Beete sind drei Fuß breit und zwölf Fuß lang (Salvia, Ruta, Gladiola, Pulegium, Sisimbria, Cumino, Lubistico, Feniculum Sataregia, Fasiolo, Rosmarino, Menta), drei Außenbeete sind 18 Fuß lang (Lilium, Rosa, Costo) und ein Außenbeet fünfzehn Fuß (Fenagreca).[24] Rosen- und Lilienbeet sowie vermutlich Salbei- und Rautenbeet liegen im Klosterplan und im Hortulus (Hort. 405) nebeneinander. Der gesamte Herbularius ist in der Nord-Süd-Erstreckung vierzig Fuß, in

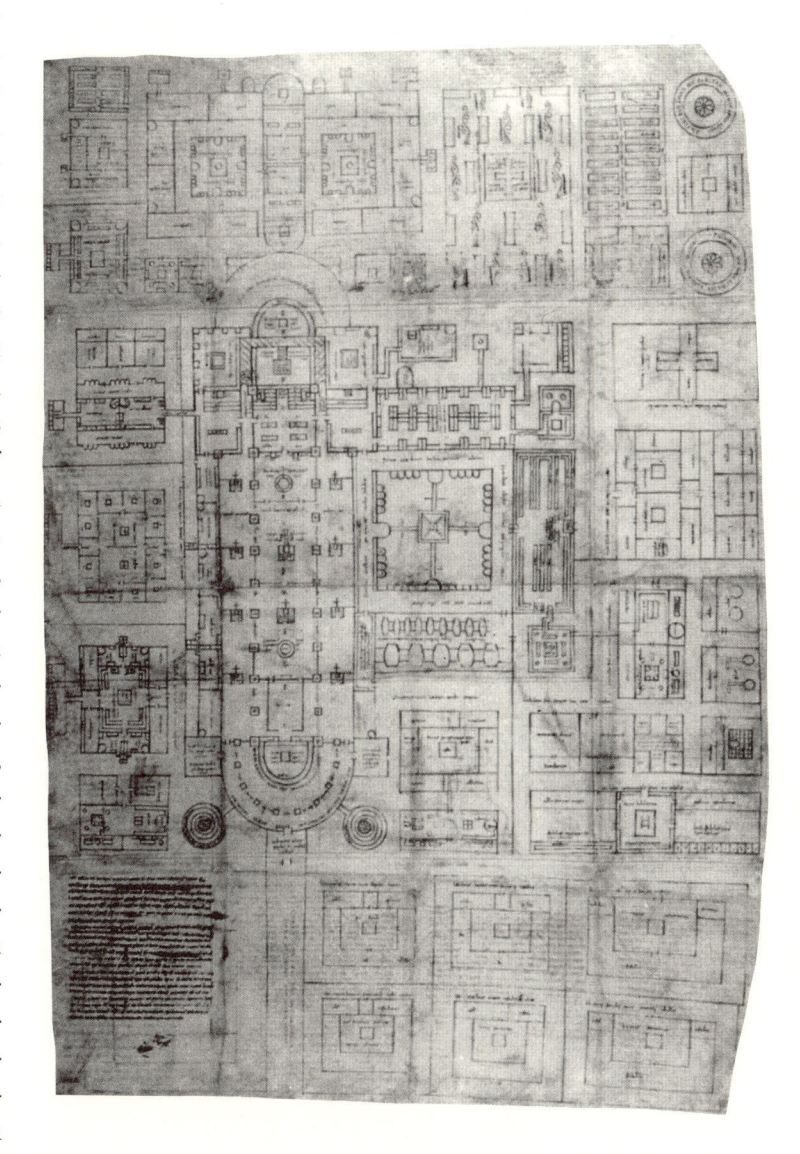

Der St. Galler Klosterplan wurde auf der Reichenau gezeichnet.

der Ost-West-Erstreckung dreißig Fuß lang. In beiden Fällen finden wir die Salbei am Eingang neben der Raute, das Rosen- und Lilienbeet liegen jeweils nebeneinander an hervorgehobener Stelle (Hort. 405). Beiden fehlt ein Brunnen oder eine vergleichbare Mitte. Zentralität wird im Herbularius durch einen breiten Mittelweg, im Gedicht Walahfrids durch die Hervorhebung der Lilie, also durch einen Kunstgriff, erreicht.

Heilkräutergarten (Herbularius) im St. Galler Klosterplan mit 16 Pflanzen in ebensoviel Beeten. Unten: Der Hortulus Walahfrids im Vergleich mit dem Herbularius. ▭ *= identische Pflanzen;* ▬ *= Pflanzen aus dem Gemüsegarten des Klosterplans;* ▥ *= zusätzliche Pflanzen im Hortulus. Beide Pläne sind Varianten eines Typs, der den idealen Vorstellungen eines umschlossenen Gartens (hortus conclusus) zur Zeit des karolingischen Mittelalters entspricht. Die ihn umgebenden Mauern kann man sich durch Bögen und Säulen gegliedert denken. Auffallend sind die großzügigen Wege zwischen den Beeten, vor allem die breite Mittelachse. An ihrer Front wachsen zu beiden Seiten Lilien und Rosen, die beiden wichtigsten Pflanzen, deren symbolische Bedeutung ihrer Schönheit entspricht. Dazwischen kann man sich an der Mauer am Ende einen gestalteten Abschluß vorstellen. Zu den Pflanzen, die nicht nur als nützlich und bedeutungsvoll, sondern auch als besonders schön empfunden werden, gehört die Schwertlilie (gladiola). Am Eingang leuchtet in beiden Plänen der Salbei hervor. Licht und Schatten werden im Rautenbeet bewundert, gleich daneben im Beet der Eberrauten feine Blattformen bestaunt. Im windgeschützten umschlossenen Garten verbreitete sich der Wohlgeruch der Heilpflanzen, häufig Lippenblütler. In der Variante Walahfrids kommen zwei ausgesuchte Speisefrüchte hinzu, der Flaschenkürbis und die Honigmelone.*

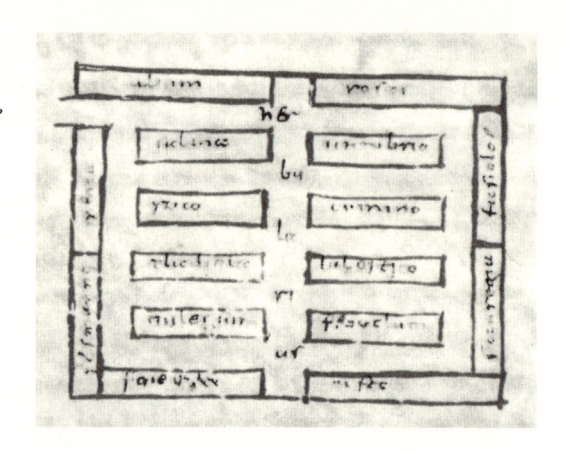

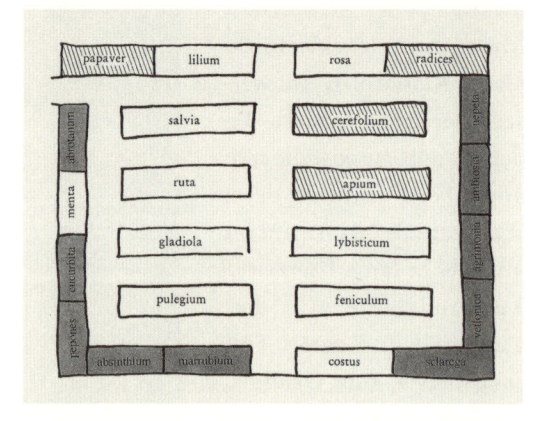

GARTEN UND
GEDICHT

PERSPEKTIVEN

*I*m Gegensatz zum Herbularius kommt im Gedicht ein dynamisches Element hinzu, das dem in sich ruhenden Herbularius zu fehlen scheint. Die Klosterbrüder hatten im Baumgarten das Kreuz als Zeichen der Erlösung immer vor Augen. Im Herbularius scheint auf den ersten Blick eine derartige Orientierung nicht vorhanden zu sein. Man sollte aber bedenken, daß am vertikalen Abschluß des Hortus conclusus zwischen Lilie und Rose, am Ende der breiten Achse des Mittelweges, ebenfalls ein christliches Heilszeichen vermutet werden darf. Der Besucher des Herbularius ist durch den Eingang gekommen, ging nach rechts zuerst an Salbei und Raute vorbei, kam dann zur Mittelachse und sah an deren Ende links das Lilienbeet und rechts das Rosenbeet. Damit hat der scheinbar in sich ruhende, quaternäre Herbularius eine ähnliche Ausrichtung wie das Gedicht, das theologisch so eindeutig auf die Schlußstrophe ausgerichtet ist wie ein Kirchenschiff auf den Hauptaltar.

Columella hatte als Segensspender und Gartenhüter einen Priap in die Mitte seines Bauerngartens gestellt (Col. 10, 33). Dieser Gartengott wird von Walahfrid nicht verdrängt, sondern als Zeichen an den Eingang seines Gedichtes versetzt. Hier steht er nun am Anfang (Hort. 3) im Bewußtsein des Lesers als obszöne, ityphallische Holzplastik, roh behauen aus einem geeigneten Baumstück, so wie ihn Columella beschreibt und wie er wohl in der Spätantike allenthalben in Gärten noch lange zu sehen war und bis in unsere Tage als Vogelscheuche oder »Butzengeigel« ein heruntergekommenes Dasein fristet. Im Hortulus ist er vielleicht nur als Emblem eines ehrenwerten, zivilen Berufsstandes aufzufassen, das die Gärtner als Zeichen ihrer Gilde führten.

Weder zotige Satire noch frommer, heidnischer Sinn passen auf den Priap des Hortulus. Er verliert dort seine zentrale religiöse Bedeutung, die er bei Columella hatte. Um den Gott herum sind bei Columella Beete aphrodisierender Pflanzen angelegt, »und es stürzt sich die Seele des Erdkreises von den Stacheln der Lust getrieben in die Arme der Venus« (Col. 197–214). Ähnlich wie das Gartengedicht des Columella hat auch der Hortulus eine praktische und eine religiöse Seite. Im Hortulus steht dem Priap als Apotheose der fortzeugenden Kraft der Natur Lilie und Rose als Apotheose der Liebe Christi gegenüber.

SYMBOLIK DER VIER

Die Geometrie, die uns in mittelalterlichen Gärten begegnet, geht in ihrer Bedeutung über den Rechenwert hinaus, den wir heute gewöhnlich mit dem Begriff der Zahl verbinden. Ihre symbolische Bedeutung wird weniger durch Auszählen und Berechnen als durch Meditation erschlossen.

Dies wird vor allem an der Zahl Vier deutlich. In der Vierzahl wird das Unbegreifliche, Unermeßliche der Natur faßbar. Mit den vier Elementen Feuer, Wasser, Luft und Erde treten die Urstoffe der Welt seit jeher in das Bewußtsein der Menschen. Ihre kultische Bedeutung durchdringt auch die christliche Liturgie. Durch die Vierteilung der Fläche mit Hilfe rechter Winkel ergibt sich die Anordnung von Quartieren in Städten und Gärten. Vier Ströme gehen vom Garten Eden aus: Pischon, Gichon, Tigris und Euphrat (Gen. 11–14). Einen Schlüssel zur symbolischen Dimension der Vierzahl bietet uns folgender Text aus der Geheimen Offenbarung des Johannes (22,2): »Der mit mir redete, hatte ein goldenes Meßrohr, um die Stadt, ihre Tore und ihre Mauer auszumessen. Die Stadt ist in einem Viereck angelegt, so lang wie breit ... Er maß auch ihre Mauer, einhundertvierundvierzig Ellen nach dem Maß der Menschen, das auch das der Engel ist.« Man personifiziert vier Windrichtungen und orientiert sich an vier Himmelsrichtungen. Vier Jahreszeiten begleiten den Lauf des Jahres. Maßgebend für die Charakterisierung des Wertes der Heilpflanzen waren bis in die frühe Neuzeit ihre vier sogenannten Qualitäten: warm/kalt, trocken/feucht.

Der Kirchenlehrer Augustinus, der für die mittelalterliche Theologie von großer Bedeutung war, hat diese Gedanken in seine Lehre übernommen. Für Augustinus ist sie der Inbegriff des Natürlichen, Symbol kosmischer und körperlicher Bezüge. Damit kann auch die Gartenarbeit begriffen werden. Das mühselige irdische Wirken bringt Augustinus mit der Zahl vierzig in Verbindung. Dazu gehören auch die vier Kardinaltugenden: Klugheit, Maß, Tapferkeit und Gerechtigkeit.

In diesen symbolischen Zusammenhang müssen daher die 444 Verse des Gartengedichtes Walahfrids und die 4 x 4 Beete des Kräutergartens im St. Galler Klosterplan gesehen werden. Die Vier wird mit ihrem ganzen symbolischen Hintergrund vierhundertvierundvierzigmal vor uns ausgebreitet. Diese Zahlen sind nicht beliebig oder leer, sondern lebendig und bedeutungsvoll.

PFLANZENPAARE

Die Pflanzenvielfalt der Gärten kommt der bilderreichen Sprache Walahfrids entgegen. Ähnlich wie in einem kunstvoll gestalteten Garten sind in seinem Gedicht die Pflanzen nicht wahllos und bedeutungslos aneinandergereiht. Es fällt auf, daß in seinem poetischen Garten die Pflanzen oft paarweise beschrieben werden, und zwar so, daß eine neben der anderen zur Geltung kommt. Zur Schule Walahfrids gehört die Kunst der Gegenüberstellung. Auf dieses Zueinander der Pflanzen des Hortulus soll hier besonders hingewiesen werden. Die Maßstäbe des Vergleiches sind verschieden. Sie sind nicht auf Gestalt und Farbe beschränkt. Der ganze Charakter der Pflanzen kommt zum Ausdruck, und dieser ist poetisch und nicht so sehr botanisch zu verstehen. Das schließt freilich ihre aufmerksame Beobachtung ein.

»Salbeienkraut und Raut' gefahrlos Bechern erlaubt.«

Die Reihe der Pflanzenvergleiche beginnt mit der Gegenüberstellung von Brennesselwurzeln und Geflechtmatte bei der Bestellung des Gartens (Hort. 32–38). Ein auffallendes Beispiel sind Salbei und Raute, deren synergetische Kräfte in den jeweiligen Pflanzenkapiteln beschrieben werden. Rose und Lilie sind ein Paar seit jeher. Mit ihnen beginnt schon die Krongüterverordnung Karls des Großen, als ob es zunächst das Wesentliche hervorzuheben gälte. In der Schlußstrophe des Hortulus werden sie als Zeichen des Lebens (Lilie) und Sterbens (Rose) Jesu einander gegenübergestellt. Auch hier sei auf die entsprechenden Kapitel verwiesen. Aber es sind nicht nur diese wichtigen Paare, das ganze Gedicht folgt weithin dem Pulsschlag der Zwei.

Rose und Lilie sind ein Paar seit jeher. In der Schlußstrophe des Hortulus werden sie als Zeichen des Lebens (Lilie) und Sterbens (Rose) Jesu einander gegenübergestellt.

Flaschenkürbis und Melone – Oben und Unten

Nach Salbei und Raute folgen als Pflanzenpaar Flaschenkürbis und Melone. Während jener »schwimmenden Flugs« (Walter Näf) die Dächer hinauf rankt, kriecht diese »auf staubigem Grund«. Und während die Melone auf der »Erde trockenem Rücken« runde Früchte schwellen läßt, gedeihen im Spätsommer hoch oben die geschwungenen Flaschenkürbisse. Beide Pflanzen werden nicht numerisch nacheinander, sondern beieinander beschrieben. Im Licht des Flaschenkürbis gewinnt die Melone an Schönheit und umgekehrt.

Flaschenkürbis und Melone. Während die Melone auf der »Erde trockenem Rücken« runde Früchte schwellen läßt, gedeihen im Spätsommer hoch oben die geschwungenen Flaschenkürbisse.

Flaschenkürbis und Erle – Ranke und Stütze

Rankengewächse mit ihren zugehörigen Baumstützen fügen sich in den Gedanken der Zusammengehörigkeit von Pflanzenpaaren besonders gut ein. Rebe und Baum sind dafür ein klassisches Beispiel. Vorbild sind vor allem Vergil und dessen mit Weinstöcken überwachsene Ulmen in seinen ländlichen Gedichten. Dort sind Ulmen mit üppigen Reben behangen[25], leiden aber auch unter Trockenheit[26] und müssen geschnitten werden.[27] Nach und nach soll die Rebe in die Ast- und Stockwerke der Ulmenkrone klettern, ihrer neuen Kraft vertrauen und den Sturm verachten, der sie sonst abreißen könnte.[28] Nach Vergil beschreibt der Dichter des Gartenlobes, wie sich die fruchtbare Rebe auf die mit ihr »verheiratete« Ulme stützt.[29]

Der Wermut ist fein silbergrau, während die Blätter des Beifußes oberseits auffallend dunkelgrün sind.

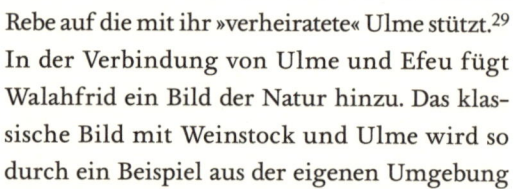

In der Verbindung von Ulme und Efeu fügt Walahfrid ein Bild der Natur hinzu. Das klassische Bild mit Weinstock und Ulme wird so durch ein Beispiel aus der eigenen Umgebung ergänzt und geht in eine Strophe ein, die in ihrer Vielfalt und Bildhaftigkeit alle vorhergehenden literarischen Beispiele übertrifft. Sommerliche Laubengänge, Bilder von efeubehangenen Ulmen in Auewäldern und Parks, bewachsene Peristyle und überwachsene Dächer werden beim Lesen gegenwärtig.

Wermut und Beifuss – Unterschiedliche Farben

Zur Beschreibung des Wermuts zieht Walahfrid eine botanisch nahe verwandte Art heran (Hort. 181). Dadurch gewinnt die korrekte, wenn auch nicht erschöpfende Pflanzenbeschreibung jeweils an Eindeutigkeit. Die beiden Arten der Gattung Artemisia, Beifuß und Wermut, unterscheiden sich weniger durch die Form als durch die Farbe der Blätter. Die Blätter des Beifußes sind auf der Oberseite dunkelgrün, die des Wermuts silbergrün.

Andorn – Herb und süss

Auch dort, wo Walahfrid keine Pflanzenpaare darstellt, liebt er es, Pflanzeneigenschaften mit Hilfe von Gegensätzen zu beschreiben. Das wird in der Andornstrophe deutlich (Hort. 200). Einerseits brenne der Andorn herb im Munde, andererseits dufte er angenehm. Diese Pflanzenbeschreibung in Gegensätzen wird auch in der Salbeistrophe deutlich und begegnet uns immer wieder.

Einerseits brenne der Andorn herb im Munde, andererseits dufte er angenehm.

Andorn und Eisenhut – Heilpflanze und Giftpflanze

Zur Andornstrophe gehört auch der Eisenhut. Die Heilpflanze steht hier der Giftpflanze gegenüber (Hort. 204ff.). Eine ähnliche Gegenüberstellung finden wir in der Lilienstrophe, wo Lilie und Giftschlange gegenübergestellt sind.

Schwertlilie und Veilchen – Blaue Blüten

In der Gladiola-Strophe werden Schwertlilie und Veilchen verglichen. Walahfrid beobachtet, wie im Frühsommer die Blautöne durch die Schwertlilien vertreten werden, wenn die Veilchen nicht mehr blühen (Hort. 220, 221).

Das stärkereiche Rhizom der Schwertlilie wurde zum Stärken der Wäsche verwendet.

Liebstöckel – Geringfügiges und Bedeutendes

Mit dem Liebstöckel nennt der Dichter ein aus seiner Sicht relativ unbedeutendes Gewächs, das eher kritisch bewertet wird. Am Ende der kurzen Strophe wird sie dennoch als kleine Hilfe an die Seite wichtiger Heilpflanzen gerückt und hat damit auch Anteil am Lob, das diesen zukommt, ein Bild gegenseitiger Hilfe ungleicher Partner.

Mohnkapsel und Granatapfel – Fülle der Samen

Um die Mohnkapsel bildhaft zu beschreiben, erwähnt Walahfrid die Frucht des Granatapfels. Damit wird die große Fülle der Körner besonders deutlich gemacht. Dazu kommt aber auch der faltige Mantel der festen Schale, der zum Vergleich einlädt. Die ausgeprägte Narbe der Mohnkapsel und der stark ausgeprägte, ausdauernde Kelch, der die Frucht des Granatapfels krönt, mögen ebenfalls zur gegenüberstellenden Betrachtung beigetragen haben.

Vielleicht wurde der Granatapfel als Delikatesse aus den mediterranen Gebieten des Reichs bezogen.

Baldrian und Attich – Die gefiederten Blätter

Walahfrid ist zunächst von der Fülle der Minzenarten beeindruckt. Dann aber beschreibt er als Auswahl zwei Arten: eine Minzenart gegen Heiserkeit und eine andere, größere, die er mit dem Attich (*Sambucus ebulus*) vergleicht, mit seinem üppigen Wuchs und seinen gefiederten Blättern (Hort. 290ff.).

POLEI UND PFEFFER – ALLTÄGLICHE HEIMAT UND KOSTBARE FERNE

Pfefferkörner und Minzenblätter haben botanisch wenig miteinander zu tun. Beide Pflanzen stehen hier vielmehr für den Blick auf Nähe und Ferne, und zwar nicht als Trennendes, sondern als Verbindendes östlicher und westlicher Weltgegenden. Diese Pflanzen sind jeweils in ihrer Heimat alltäglich, aber in der Fremde kostbar. Fremdes ist kostbar und begehrenswert. In dieser Hinsicht sind die Pflanzen miteinander verwandt.

Polei und Pfeffer. Pfefferkörner und Minzenblätter haben botanisch wenig miteinander zu tun. Diese Pflanzen sind jeweils in ihrer Heimat alltäglich, aber in der Fremde kostbar.

BETONIE UND ODERMENNIG – ZWEI WILDPFLANZEN IM KLOSTERGARTEN

Gegen Ende des Gedichtes bringt Walahfrid ein Wildpflanzenpaar, die Betonie und den Odermennig. Beide haben den natürlichen Fundort, ferner die häufige Verbreitung und die Verwendung in der Wundarznei gemeinsam. Interessant ist dabei, daß Walahfrid in beiden Fällen von Wunden spricht, die von feindlichen Hieb- und Stichwaffen herrühren, als ob er sie Kriegern an die Hand geben wollte. Auch hier steht eine Pflanze, die als Beispiel genügt hätte, nicht allein.

Betonie und Odermennig. Beide haben die Verwendung in der Wundarznei gemeinsam.

PFIRSICH UND PALME – ZEIT UND EWIGKEIT

In der Widmung des Gedichtes sehen wir zunächst Grimald im Kreise seiner Schüler[30], die für ihren Lehrer im Obstgarten des Klosters Pfirsiche auflesen. Begreift man das Gedicht Walahfrids von seiner Widmung her, so ist es ein feinsinniger Ausdruck der Freundschaft zu Grimald, dem Abt von St. Gallen, dem Staatsmann und einstigen Lehrer. Ein Freund begegnet dem anderen und die Pflanzenpaare werden zu Bildern menschlicher Begegnungen. Am Ende soll der verehrte Lehrer die Palme des ewigen Lebens erhalten. Die Schüler überreichen dem Lehrer den Pfirsich, wie ihm Gott einst den grünen Palmzweig des ewigen Lebens in die Hand geben soll.

PFLANZENPAARE

BLICK IN DEN KÜCHENGARTEN

Hier, die Gemüsebeete, die schön aufsprießend ergrünen
AUFSCHRIFT AUF DEM PLAN DES GEMÜSEGARTENS IM ST. GALLER KLOSTERPLAN

Der Hortulus beschreibt genausowenig wie der Herbularius des St. Galler Klosterplans einen Küchengarten.³¹ Auch dort, wo Küchenkräuter aus dem Gemüsegarten in den Hortulus übernommen werden, sind sie als Heilpflanzen beschrieben. Kerbel (Hort. 241, 242) und Sellerie (Hort. 237, 238) werden als gewöhnliches Gemüse zwar erwähnt, aber eher als Heilpflanzen gelobt, und auch Rettich, Fenchel und Mohn haben als Heilmittel in den Hortulus Eingang gefunden. Die ausgesuchten Früchte, denen Walahfrid besondere Beachtung schenkt, wurden im gewöhnlichen Gemüsegarten nicht gezogen. Sie waren etwas Besonderes (Hort. 139, 176–178), eine Delikatesse und wohl mehr für die Gäste am Tisch eines Abtes als für den alltäglichen Speiseplan der Küche bestimmt. Rote Rosen und weiße Lilien hoben seine Bedeutung über einen normalen Küchengarten hinaus.

Eine Reihe unentbehrlicher und gewöhnlicher Küchenkräuter wie Knoblauch, Zwiebel und Dill fehlen im Hortulus dagegen, von Kohl und Salat ganz zu schweigen. Viele Gemüsepflanzen wurden feldmäßig angebaut wie die Bohnen (*Vicia faba L.*), die Walahfrid als Speise der Enthaltsamen auf dem Altar weiht.³²

Es fehlt auch der Lauch, ein Liebgemüse Walahfrids, den er an anderer Stelle³³ in einem kulinarischen Zweizeiler erwähnt, der zwischen Askese und Luxus ein ausgewogenes Maß seiner Küche und Freude an Speis und Trank vermittelt:

Der Rettich, den wir heute als Rettich im eigentlichen Sinne, als Radieschen und als Eiszapfen kennen, gehört zu den Kreuzblütlern.

Der Fenchel ist ein vielgestaltiger und vielseitiger, »von Kopf bis Fuß« nutzbarer Doldenblütler.

Knoblauch und Zwiebel

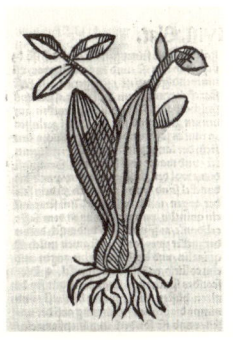

Salz und Brot, Lauch, Fisch und Wein steh'n vor mir als Speise
Leckerbissen am Hof will ich bloß nicht mehr seh'n.
WALAHFRID STRABO, VERSUS IN CONVIVIO

Lauch, ein Lieblingsgemüse Walahfrids.

Deshalb lohnt es sich, einen Blick in den Gemüsegarten zu werfen, zumal vegetarische Kost in den Klöstern eine große Rolle spielte.[34] Gemüse und Kräuter als sparsame und gesunde Nahrung beschreibt aber schon die römische Tradition. Wer Gemüse hat, braucht nicht aus der Rauchkammer zu leben.[35] Gärten bezeichnete man als »zweite Speckseite«.[36] Die Kräuter bedurften bei der Zubereitung keines Feuers und halfen daher, Holz zu sparen. Was die Gärten brachten, war allemal bereit und gebrauchsfertig. Vielleicht nahm man noch etwas Essig und Salz dazu.

Als besonderer Vorteil galt ihre leichte Verdaulichkeit und die Eigenschaft, den Kopf nicht durch einen überladenen Magen zu beschweren und wenig Appetit auf Brot zu machen. Wurden Kräuter im Garten gebaut, so zeigte dies, daß man zu wirtschaften verstand, weil man nicht auf teure, ausländische Gewürze angewiesen war.[37]

Wer Gemüse hat, braucht nicht aus der Rauchkammer zu leben. Gärten bezeichnete man als »zweite Speckseite«.

Ein treffendes Beispiel für einen klassischen Küchengarten einfacher Leute gibt das Kräuterkäse – Gedicht.[38] Früher, so beklagt sich Plinius, hatte man auch in der Stadt vor dem Haus noch täglich ein Stück Land vor Augen, »ehe die Raubgier der Gesellschaft zwang, alle Aussichten zu verbauen«. Plinius lobt die Grünkost und erwähnt, daß sich sogar vornehme römische Geschlechter nach Gartenkräutern benannt haben wie zum Beispiel die Lactuciner.[39] Vertreter der vegetarischen Kost gab es also schon in der Antike, und schon damals mußten sie mit Spöttern rechnen. So mokiert man sich bei Plautus[40] über Gastmähler bei Vegetariern:

Die Toren würzen uns in Schüsseln ganze Wiesen
Und setzen uns als Gäst' gleich ihren Ochsen hin.
Sie kräutern jedes Kraut und lassen Öl dran fließen.
Ach daß ich so ein Ochs' und so ein Gast mit bin.
PLAUTUS, PSEUDOLUS, 3. AKT, 2. SZENE 10

Zum Küchengarten des St. Galler Klosterplans schreibt Walter Berschin, der die schlichte Ästhetik seiner Gemüsebeete erkannt hat: »Die Planverfasser haben die Zeit vor Augen, da die Beete frisch gerichtet, und die jungen Pflanzen gesetzt sind: und nun haben sie Wurzel gefaßt und beginnen zu wachsen. Ein neues, ästhetisches Element ist hinzugetreten.« Mitten auf dem Weg zwischen den Beeten steht der Vers, der diesem Kapitel vorangestellt ist und »den ganzen Gemüsegarten in eine höhere Ordnung bringt«.[41]

Um wieviel mehr gilt das für den Herbularius und den Hortulus Walahfrids, wo die Salbei hervorleuchtet, Schwertlilien in der Pracht der Blüten stehen und Lilien und Rosen mit Gold und Edelsteinen aufgewogen werden!

Doch Nutzen und Schönheit sind hier genauso wie im Herbularius und im Hortulus Walahfrids keine Gegensätze, die sich ausschließen. Ähnliche Gedanken zu Nützlichkeit und Schönheit der Gärten hat eine moderne französische Dichterin, die ansonsten weniger in den Kontext des Hortulus zu passen scheint.

In ihrem Werk »Prisons et paradis« (1932) beschreibt Sidonie-Gabrielle Colette[42] ihren Garten in Saint-Tropez als »la treille muscate«. Die Dichterin weist zunächst lyrische Anwandlungen von Harz und Lavendel zurück, ihre Sinnlichkeit zieht sie nach der Schönheit des Nahrhaften. »Il passe, sur la pinède proche de la ›treille muscate‹ un vent chargé de résines, et les labiées de la côte distillent le camphre, l'esprit de lavande et de mélisse. Mon jardin n'en sera pas moins plus sage, sous sa vigne devenue aérienne. La tomate, attacheé sur des palis, brillera de mille pommes, dès juin empourprées, et voyez combien pommes d'amour, aubergines violettes et piments jaunes vont enrichir, groupés en un massif bombé à l'ancienne mode, mon enclos bourgeois ... Sage, jardin, sage! N'oublie pas que tu vas me nourrir ... Je te veux paré, mais de grâces potagères. Je te veux fleuri, mais non de ces tendres fleurs qu'un jour d'été crépitant de criquets calcine ...« (»Ein Wind von Harz zieht über den Kiefernwald bei der ›Treille muscate‹, und die Labiaten der Küste verströmen ihren Kampferduft, ihr Aroma von Lavendel und Melisse. Davon wird mein Garten aber kein bißchen brauchbarer unter seinem luftigen Rebendach. Die Tomaten an ihren Palisaden glänzen bald gleich tausend Äpfeln – seit Juni röten sie sich –, und schaut, wie die vielen Liebesäpfel, die violetten Auberginen und gelben Pfefferschoten, in ein altmodisch geschwungenes Blumenbeet geordnet, meinen einfachen, umschlossenen Garten bereichern. Garten, sei artig, sei schön vernünftig! Vergiß nicht, daß du mich ernähren sollst. Ich will dich herausgeputzt sehen, aber mit der Anmut der Küchenpflanzen. Ich will dich in Blüten sehen, aber nicht im Kleid jener zarten Blümchen, die ein Sommertag im Sirren der Heuschrecken verbrennt ...«)

»*Ein Wind von Harz zieht über den Kiefernwald bei der ›Treille muscate‹, und die Labiaten der Küste verströmen ihren Kampferduft.*«

»*Durch das Aroma von Lavendel wird mein Garten aber kein bißchen brauchbarer.*«

Die Dichterin redet ihrem Garten wie einem Kind gut zu. Sie hält ihn an, sich schön ordentlich zu betragen und sich nützlich zu machen. Gegen Felsenheide und Blumenrondell *à l'ancienne mode* grenzt sie ihn gleichermaßen ab, ohne auf seinen besonderen ästhetischen Reiz zu verzichten.

GARTENARBEIT

Wirlichkeitssinn und Tradition des Mönchtums kennzeichnen das Verhältnis Walahfrids zur Gartenarbeit. Die Beschreibung der praktischen Arbeit im eigenen Garten wirkt überzeugend; große Teile am Anfang des Gedichtes sind ihr gewidmet (Hort. 1–75). Die Schilderung des flachen Netzgeflechts der Brennesselwurzeln kann so lebendig nur jemandem gelingen, der tatsächlich im Vorfrühling Brennesselwurzeln aus dem Gartenboden gehackt hat. Walahfrid bekennt sich zur Gartenarbeit; es erscheint ihm besser, zu arbeiten und Erfahrungen zu sammeln, als tagelang müßig zu sein (Hort 1). Dieses wichtige Anliegen zeigt zugleich die Spannung zwischen aktivem und kontemplativem Leben in der bekannten Benediktinischen Lebensregel: *ora et labora* – bete und arbeite. Aus der Sicht des heutigen Gemüseanbaus auf der Insel Reichenau ist es besonders sinnfällig zu vernehmen, daß Walahfrid gleich eingangs auf den Gemüsebau zu sprechen kommt (Hort. 9, 11). Für ihn sind Düngen mit Stallmist (Hort. 14, 50), Saat und Pflanzung (Hort. 51, 52), Bewässerung (Hort. 57–60), Bodenbearbeitung (Hort. 41–43) sowie Unkraut jäten wichtige Arbeiten, die er ausführlich beschreibt. Bemerkenswert ist die Behutsamkeit seiner Arbeit. Er gießt vorsichtig (Hort. 60, 61).

Saat und Pflanzung. Arbeiten, die Walahfrid ausführlich beschreibt.

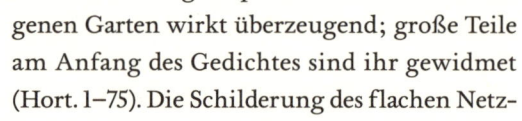

Wir erkennen hier aber auch, daß die Gartenarbeit als Teil der Askese und als Gegengewicht zu Müßiggang und Bettelei anzusehen ist.

Den Boden beschreibt er als Lebensraum; das verrät die Wortwahl. Er geht damit um wie mit einem Teig, der unter dem Einfluß von Wärme in der Backschüssel geht und gar wird (Hort. 46, 50).

Gartenbau im Dienst der Gäste erwähnt bereits die Vita des heiligen Antonius. In dieser ersten Schilderung einer herben Idylle monastischen Gartenbaus heißt es: »Als er von seinen Besuchern eine zweizinkige Hacke, ein Beil und ein wenig Getreide erhalten hatte, da durchforschte er die Umgebung des Berges, fand einen kleinen geeigneten Platz und bestellte das Land, und da er es aus seiner Quelle reichlich begießen konnte, säte er aus. Davon gewann er sein Brot. Er freute sich, daß er keinem deswegen lästig falle und in allem anspruchslos bleibe. Als er dann wieder einige Besucher bei sich hatte, baute er auch ein wenig Gemüse, damit sich die Gäste etwas nach der Mühsal des beschwerlichen Weges erfrischen könnten.«[43] Wir erkennen hier aber auch, daß die Gartenarbeit als Teil der Askese und als Gegengewicht zu Müßiggang und Bettelei anzusehen ist.

Die monastische Idylle ist jedoch auch doppelbödig; Gärten können ja auch zu Faulheit und Verführung reizen. Schon Hieronymus[44] beanstandete die sinnlichen Verlockungen der Gärten. Daher zeichnet der bedeutendste Lehrmeister des abendländischen Mönchtums, Johannes Cassian, ein asketisches Bild der Beschäftigung eines Mönchs mit Gartenarbeit, ein Bild der Bescheidenheit und Nüchternheit am Beispiel des Abtes Pinufius, der seinen Hochmut bei der Gartenarbeit begraben wollte: »Dieser war Abt eines sehr großen ägyptischen Klosters. Aus Ehrfurcht vor seinem frommen Lebenswandel, seinem hohen Alter und seiner priesterlichen Würde stand er bei allen in hohem Ansehen. Doch er erkannte, daß ihn das jene Demut, die er so eifrig zu erlangen suchte, nicht erreichen lasse und ihm keine Gelegenheit zur Unterordnung gebe. Deshalb floh er heimlich aus dem Kloster und erlangte unerkannt Einlaß in ein fremdes Kloster in der Thebais. Die Brüder hielten den Alten für jede Arbeit unbrauchbar und übertrugen ihm deshalb die Sorge für den Garten. Dort tat er unter Leitung eines jüngeren Bruders Tag für Tag mit Eifer die ganze Gartenarbeit und alle jene Arbeiten, die den Brüdern recht schwierig, niedrig und beschämend schienen.«[45]

»Die Brüder hielten den Alten für jede Arbeit unbrauchbar und übertrugen ihm deshalb die Sorge für den Garten.«

Auch Walahfrid war ein Abt, der gleich Pinufius »den Boden des Gemüsebeetes lockerte und Mist an die Wurzeln legte«. Es wäre also falsch, die Idylle des Hortulus zu sehr zu betonen, ohne zunächst die Beschwerlichkeit seiner Pflege zu sehen.

Augustinus: »Was mich betrifft, so wollte ich viel lieber Tag für Tag zu gewissen Stunden Handarbeit verrichten, um dann die übrigen Stunden zum Lesen, Beten oder zum Erklären der Heiligen Schrift freizuhaben.«

Andererseits hat die beschwerliche Gartenarbeit Vorzüge gegenüber den Streitigkeiten des öffentlichen Lebens, wie Walahfrid zu Beginn seines Gedichtes betont (Hort. 1). Diese Vorzüge kannte schon Augustinus: »Was mich betrifft, so wollte ich viel lieber Tag für Tag zu gewissen Stunden Handarbeit verrichten, um dann die übrigen Stunden zum Lesen, Beten oder zum Erklären der Heiligen Schrift freizuhaben, als daß ich unter der Unruhe und Wirrnis fremder Prozesse leide, weil ich weltliche Streitigkeiten entscheiden muß.«[46] Nach seinen politischen Enttäuschungen konnte Walahfrid dies sicherlich bestätigen. Es geht bei der monastischen Handarbeit nicht um ein Übermaß an Arbeit – auch dies ersehen wir aus dem Augustinuszitat. Sie durfte sich nicht verselbständigen, das monastische Leben aufzehren. Für Walahfrids Garten kann man daher wohl sagen: um ein Stück Land von der Größe eines Ar zu bestellen, brauchte man nicht so viel Zeit, als daß darüber andere Verpflichtungen hätten vernachlässigt werden müssen. In diesem Rahmen war Gartenarbeit sehr nützlich. Walahfrid baute Kräuter an für die Hausapotheke, für Gäste, für Mitbrüder und für sich selbst. Er sammelte Erfahrungen, um besser über die Möglichkeiten und Bedürfnisse des Gartenbaus mitreden zu können. Hinter der Ökonomie des Gartenbaus stand die Ökonomie des Herzens; denn der Garten war zugleich Sinnbild der Seele, und der Abt als Seelenarzt (RB 27.2; 28.2; 30.3; 46.5) war zugleich Gärtner. So wird der ägyptische Mönch Pachomius als guter, sorgsamer Gärtner beschrieben, der am Heil der Seelen seiner Brüder wie an einem Weinberg arbeitet und Sorge trägt, seine Mauern und Hecken gegenüber Dieben und wilden Tieren zu schützen. Gartenarbeit galt als körperlicher und geistiger Ausgleich, als Heilmittel gegen die Unlust der Seele (*acedia*) und als Übung zur Demut, denn »der arbeitende Mönch wird von einem, der müßige aber von unzähligen Teufeln geplagt«.[47] Wer einen Garten umspatet, kann auch nichts Törichtes schreiben. In der Regel des Paulus und Stephanus steht daher: »Brüder, denkt daran, daß ein körperlich fauler Mönch in seinem Geist niemals von bösen Gedanken frei sein kann, wie Salomon sagt: Gar viel Übles ersinnt die Faulheit (Sir. 33,28), und auch: Jeder Faule ist voller Verlangen (Spr. 13,4). Wer sich bisher so verhalten hat, soll diese Laster nun von sich werfen und eifrig zu jeder Arbeit eilen, denn es steht geschrieben: Verachtet die mühevolle Arbeit nicht, noch die vom Höchsten geschaffene Landarbeit (Sir. 7,16). Dann werden wir mit Gottes Hilfe von unseren eigenen Arbeiten und von den für den täglichen Bedarf nötigen Dingen Überfluß haben und können denen in geziemendem Maß zu Hilfe kommen, die uns in geistlicher Liebe besuchen. Den von schwerer Not Bedrängten können wir dann die schuldige Hilfe von unserer eigenen Arbeit gewähren; das gerade hat unser Herr und Erlöser sicher befohlen: Seliger ist Geben als Nehmen (Apg. 20, 35).«[48]

Der Betrachtung der Lilienschönheit und des Glanzes der Blume als Symbol Christi (*otium internae contemplationis*) stellt der frühmittelalterliche Theologe Beda Venerabilis[49] mit Nachdruck die Arbeit in seinem Weinberg, in einer Welt voller Dornen, entgegen (*labor praedicationis*). Er warnt vor der »sorglosen Ruhe, dem Leben in redlicher Einfalt«. Doch am Ende beschreibt er Frucht und Fülle, Glanz und Schönheit Christi am Beispiel der Lilie. Diese Einstellung Bedas entspricht dem Charakter und Aufbau des Gedichtes.

Gartenarbeit galt als körperlicher und geistiger Ausgleich, als Heilmittel gegen die Unlust der Seele (acedia) und als Übung zur Demut.

Die Arbeit in einem Weinberg, in einer Welt voller Dornen.

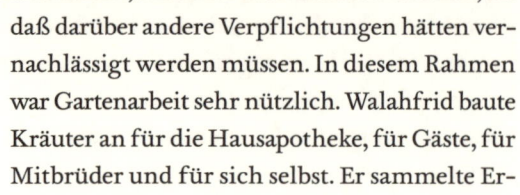

GARTENARBEIT

BAUERNGÄRTEN

Die Gärten des Klosterplanes von St. Gallen und Walahfrids Gedicht sind exemplarische Modelle des Gartenbaus zur Zeit des frühen Mittelalters.⁵⁰ Sie stehen im Zusammenhang mit der Krongüterverordnung Karls des Großen (Capitulare de villis) und den Pflanzenlisten kaiserlicher Gärten. Von besonderer Bedeutung ist bekanntlich die Krongüterverordnung. Bedenkt man die große Autorität Karls des Großen und die zahlreichen Krongüter in seinem Reich, so kann man sich eine Vorstellung von der weitreichenden Auswirkung dieser Initiative machen.

Daß es in der Spätantike Medizinalgärten gab, geht aus dem Gartengedicht des Luxorius hervor.

Gärten und Gartengedichte gab es freilich schon früher. Auch in der Merowingerzeit war der Gartenbau nicht etwa ausgestorben. Daß es in der Spätantike Medizinalgärten gab, geht aus dem Gartengedicht des Luxorius hervor.⁵¹ Auch Klostergärten gab es schon früher, wie aus den bildhaften Kommentaren Bedas zum Hohenlied zu schließen ist.⁵² Doch Walahfrids Gedicht ist die erste bedeutende und wirklichkeitsbezogene literarische Quelle des Gartenbaus in Mitteleuropa mit künstlerischer Konzeption.⁵³

Alltägliche Küchenpflanzen, aber auch Blumen und Heilkräuter, an die sich vielerlei Hoffnungen und Ängste hefteten, hatten ihren vertrauten Platz.

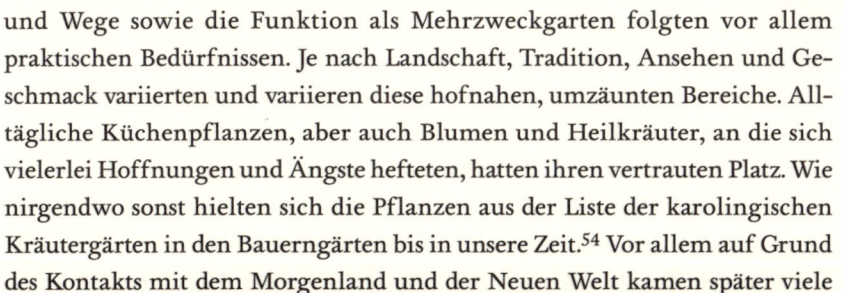

Im Hortulus Walahfrids und im Herbularius des Klosterplans wird, von der Anlage und Bepflanzung her gesehen, ein Garten beschrieben, der uns heute noch häufig begegnet, oft mit neuen vielfältigen Formen, Düften und Farben. Wegkreuz oder Mittelachse waren in der Regel das Grundmaß für die Aufteilung des Bauerngartens. Einfriedigung, Anlage und Einfassung der Beete und Wege sowie die Funktion als Mehrzweckgarten folgten vor allem praktischen Bedürfnissen. Je nach Landschaft, Tradition, Ansehen und Geschmack variierten und variieren diese hofnahen, umzäunten Bereiche. Alltägliche Küchenpflanzen, aber auch Blumen und Heilkräuter, an die sich vielerlei Hoffnungen und Ängste hefteten, hatten ihren vertrauten Platz. Wie nirgendwo sonst hielten sich die Pflanzen aus der Liste der karolingischen Kräutergärten in den Bauerngärten bis in unsere Zeit.⁵⁴ Vor allem auf Grund des Kontakts mit dem Morgenland und der Neuen Welt kamen später viele andere Pflanzen hinzu, doch sah man Salbei, Raute, Eberraute, Lilie und Zentifolie noch oft beieinanderstehen.

Ein schönes Beispiel für den Aufbau eines derartigen Bauerngartens gibt J. H. Ditrich in seinem Gartenbüchlein für den »Landmann, den Bürger der niedrigsten Classe, wie auch den Prediger und Schullehrer auf dem Lande«.[55] Zum Aufbau eines solchen Hortulus schreibt Ditrich: »Ein recht winklichtes oder längliches Viereck ist am bequemsten. Zwey Hauptgänge ... mitten durch den Garten und ein Gang um den Garten herum sind hinlänglich. An diesen Gängen laufen die Rabatten hin, die nach der Größe des Gartens 3–5 Schuh breit sein können ... Eine mäßige hohe Lehmwand (Wellerwand) wäre die beste Befriedigung ... Sie sichert gegen Thiere, gegen Samen des Unkrauts ... und erlaubt eine schöne Benutzung durch Anlage von Spalierbäumen und Wein.« Das ist, mit geringfügigen Änderungen, nichts anderes als das schlichte, aber praktische und geordnete Modell des Klosterplans, wie es auch im Gedicht der Clara Hätzlerin, das bei der Beschreibung der Poleistrophe wiedergegeben wird, zum Ausdruck kommt (vgl. S. 104).

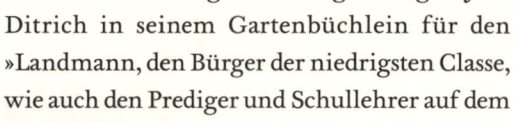

Eine mäßige hohe Lehmwand (Wellerwand) wäre die beste Befriedigung.

»Etliche haltens vor ein unnötig Ding / daß einer einen Garten habe. Etliche haltens vor ein mühselig Ding ...«.

Die Ähnlichkeit der Pflanzenliste des Capitulare de villis mit der Pflanzenliste, die Johannes Colerus, der Verfasser des bekanntesten Hausbuches der frühen Neuzeit, für Bauerngärten empfiehlt, geht aus der folgenden Gegenüberstellung hervor.[56]

Empfohlene Pflanzenliste eines Bauerngartens bei Johannes Colerus[57]

BAUERNGÄRTEN

VORBEMERKUNG DES AUTORS:
Etliche haltens vor ein unnötig Ding / daß einer einen Garten habe. Etliche haltens vor ein mühselig Ding / wie mans bey uns allhier in der Mark Brandenburg siehet, daß sich Bauersleut nicht groß auf Gärten befleissen. Es hat je einer ein Garten hinter dem Hofe / bezäunen ein kleines Flecklein Lands / daß sie nur ein wenig Kohl / Mohrrüben / Petersilien und dergleichen nötige Ding innen haben. Will er aber kein armer Hümpler sein / der überall steckt und Mangel findet / wo er nur in seiner Nahrung und Haußhaltung hinsiehet, so befleißigt er sich, daß er allerlei Küchenspeise darauß hat, alsda sind:

Pflanzenliste im Vergleich:

Colerus:	Capitulare de villis:
Morrüben	carvitas
Zwibeln	cepas
Knobloch	alia
Petersilien	petreselinum
Mohn	papaver
Schotten	ascolonias
Kohl	caulos
Melden	adripias
Rote Rüben	betas
Hopfen	–
Gurcken und dergleichen	cucumeres
Liebstock	levisticum
Calmus	–
Meerrettig	–
Fenchel	fenicolum
Lilien	lilium
Raute	rutam
Bethonien	[im Hortulus Walahfrids]
Roßmarin	ros marinum
Salbey	salviam
Eysop	–
Angelica, weiße und rote	–
Nelcken	–
Violen, blau, gel und weiße	–
Odermennig oder Agrimonia	[im Hortulus Walahfrids]
Cypreß	savina
Lavendel/Spica	–
Beinwell	–
Majoran	–
Osterlucia	–
Judekirschen oder Alkekengi	–
Kümmel	ciminum (?)

und viel dergleichen Kräuter mehr / die man wegen der Speise und Artzney beyde Menschen und Viehes haben muß.

Im Geviert der Bauerngärten ist Blumenzier und Suppengrün vereint. Auch hier scheut sich die Rose nicht, neben dem Rettich, die Lilie nicht, neben dem Kerbel zu wachsen.

ANTIKE GARTENPOESIE

»Ihr Musen, steht mir bei, des höchsten Gottes Töchter, die Fruchtbarkeit des Gärtleins zu besingen ...«.

Aus der klassischen Literatur sind die poetischen Gartenschilderungen Vergils bekannt.[58] Der Bauerngarten des Corydon[59] und der Garten des Korykischen Greises[60] bieten ihren Freunden ein kleines Paradies. Die Stille des Gartens und die Zuneigung zur Natur – das Lob des Heils der Pflanzenwelt und der Schönheit des Schlichten – sind vergilische Züge, deren Bedeutung für die Stimmung des Hortulus nicht zu unterschätzen ist.[61] Der Hirtenidylle steht die Gartenidylle gegenüber. Was Friedrich Klingner[62] an diesem vergilischen Ansatz bemerkt (entrückte Stille, Kargheit, die durch hohe Kunstfertigkeit und emsiges Tun gemeistert und zu Gedeihen und Fülle, Genügen und Vollkommenheit im kleinen verwandelt ist), das schwingt auch im Hortulus Walahfrids nach. Der »liebliche Platz«[63] ist nicht nur an das klassische Bild der Bukoliker, an die Quelle und an den Baum, gebunden, der dem Hirten und der Hirtin Schatten gibt.[64]

Das Gartengedicht Columellas[65], in dem sich der gebildete Praktiker zur Poesie aufschwingt, knüpft bewußt an Vergil an. Sein umfangreiches Gedicht ist zwar weniger stimmungsvoll, dafür aber um so frischer und direkter, ein Lehrgedicht mit einer Fülle von Informationen für Gärtnerinnen und Gärtner. Diese praktische Seite des Gedichtes und die Freude an detaillierter Information finden wir im Hortulus wieder, in dem, ähnlich wie bei Columella, Gartenarbeit, Gartenboden und Pflanzen »unbeirrbar sachlich, eindeutig und geordnet« (Will Richter) beschrieben werden. Mehr noch als Walahfrid verzichtet Columella auf Metaphern und Redensarten, die bei Walahfrid eher zum Stil seiner Zeit gehören.[66]

ANTIKE GARTENPOESIE

Preziös und stimmungsvoll, aber auch detailliert und realistisch ist der Hausgarten des Simulus im »Moretum« beschrieben, auf das im Kapitel über den Küchengarten und im Kommentar zur Selleriestrophe näher eingegangen wird.[67] Weitgehend unbekannt ist indessen das Gärtlein des Weisen, dessen spätantiker Verfasser auch auf den Erholungswert seines Hortulus abhebt. Das Gedicht ist von besonderem Reiz und zeigt die vielfältige Bedeutung kleiner Gärten auch in dieser Zeit.[68]

Gartenlob

5 *Ihr Musen, steht mir bei, des höchsten Gottes Töchter,*
Die Fruchtbarkeit des Gärtleins zu besingen:
Es spendet deinem Leib gesunde Nahrung,
Und vielerlei Kulturen bietet es dem Gärtner:
Den leckren Kohl und Kräuter mannigfacher Arten,
10 *Prangende Trauben und der Bäume Früchte;*
Auch fehlt im Garten nicht das innigste Vergnügen,
Zerstreuung mancherlei und Fröhlichkeit.
Glasklares Wasser murmelnd von der Quelle rinnt,
Gelenkt im Graben netzt das Bächlein deine Saat:
15 *Die Blumen leuchten in der bunten Blüten Pracht*
Und schmücken mit der Edelsteine Zier die Erde.
Wohltuend fein ertönt uns das Gesumm der Bienen;
Sie sammeln Blütenkronen ab, den frischen Tau.
Die schwere Rebe stützt sich auf den Ulmengatten[69],
20 *Des Weinlaubs Dach bedeckt das Rohrgeflecht.*
Die Bäume geben kühle Schattenplätze,
Durch dichte Zweige hindern sie die Sonnenstrahlen.
Der Vögel lieblicher Gesang klingt unaufhörlich,
Und immer tönt ihr Lied uns in den Lüften.
25 *Der Garten freut, hilft, nährt uns und erhält,*
Aus traurigem Gemüt scheucht er die schweren Sorgen:
Den Gliedern gibt er Kraft, auf sich lenkt er den Blick;
Er lohnt die Müh' durch volleres Gedeihen,
Und mannigfache Freude wird dem Gärtner zum Geschenk.

Der Garten ist klein und vielfältig. Er dient der Ernährung und der Entspannung. Der Dichter geht im Unterschied zu Walahfrid nicht ins Einzelne, er zeichnet eher Stimmungsbilder, die meist in Verspaaren beschrieben werden. Bemerkenswert ist die psychologische Bedeutung der Beschäftigung mit dem Garten, und die Ablenkung von den alltäglichen Sorgen und Nöten. Der Garten nimmt den Blick gefangen, der auf die kranke Seele fixiert war.

Verwiesen sei schließlich auch auf einen merowingischen Hortulus, ein kleines Gartengedicht des Venantius Fortunatus, das er der Königin Ultrogothe und ihrem verstorbenen Gatten, dem König Childebert, widmet, dessen gute Taten in den Äpfeln fortduften und süß schmecken, damit alle, die davon kosten, an den guten König denken. Er hatte die Sorte selbst aufgepfropft. Rosen, frisches Grün und Rebenlauben geben dem Gedicht zu Beginn eine freundliche Stimmung, die sich auf das himmlische Gefilde erstreckt, das die Königin nach ihrem Tod erwarten wird.[70]

GARTENIDYLLE
UND KONTEMPLATION

Wie Venantius Fortunatus war Walahfrid ein Dichter, der zwischen Spätantike und Mittelalter die römische Tradition mit der christlichen Botschaft zu verbinden suchte. Aber nicht nur Askese und nützlicher Dienst sind Teil dieser Botschaft, sondern auch Idylle, fromme Betrachtung und Kontemplation.

Der Garten ist klein und vielfältig. Er dient der Ernährung und der Enspannung. Der Dichter geht nicht ins Einzelne.

Den Schlüssel zu dieser Sicht gibt uns wieder Augustinus, wenn er vom Landbau sagt: »Denn es gibt kein größeres und wunderbareres Schauspiel und keines, bei dem sich der menschliche Verstand in einem gewissen Sinn besser unterhalten könnte: Hier kann er den Samen ausstreuen, Schößlinge pflanzen, Reiser aufpfropfen, junge Stauden setzen und dabei jede Wurzel- und Sproßkraft gleichsam nach ihrem Vermögen und ihren Grenzen fragen, nach deren Ursprung und nach dem, was sie aus sich und was sie mit Hilfe der ihr von außen zugewandten Pflege vermag. Und bei diesen Erwägungen kann er sich zu der Erkenntnis aufschwingen, daß weder der, der pflanzt, noch der, der sät, etwas ist, sondern der allein, der das Wachstum gibt, Gott.« In dieser zwischen Vergil (Georg. I, 2,1; II, 177, 178; II, 490) und Paulus (1 Kor. 3,7) stehenden Betrachtung hat der Landbau eine schöne Würdigung gefunden. Der Hortulus ist poetischer Ausdruck dieser Haltung.

Der mauerumschlossene, kleine, neben dem gemeinsamen Gebet noch leicht zu versorgende Garten bietet sich für die Kontemplation besonders an. Daher hatte schon Hieronymus in seinem Brief an Marcella vorgeschlagen, sie solle mit ihren Freundinnen aufs Land ziehen, um dort, fern von der Großstadt »mit ihrem Tumult, ihren Arenen, ihrem Zirkus, den Theatern und den ständigen Besuchern«, in klösterlicher Abgeschiedenheit zu leben. »Selbstgebackenes Brot, Gemüse aus dem eigenen Garten, frische Milch, all die Köstlichkeiten des Landes bieten uns bescheidene, aber bekömmliche Nahrung. Wenn wir so leben, wird uns der Schlaf nicht vom Gebet, die Übersättigung nicht von der Lesung abhalten ...«[71]

Die der Welt abgekehrte Stille des Gartens gibt dem Kirchenlehrer Petrus Damiani (1007–1072), der selbst lange als Einsiedler lebte, später Anlaß, die Einsiedelei als Lilien- und Rosengarten der Tugenden zu beschreiben: »Denn eine Einsiedelei ist ein Garten himmlischer Freuden; ebenso wie man in einem Garten den Geruch verschiedener Kräuter finden kann oder den Duft süßer Blumen, so füllt in einer Einsiedelei der Wohlgeruch der Tugenden die Luft mit einem süßen Duft. Dort leuchten die Rosen der Barmherzigkeit rosenrot, die Lilien der Reinheit strahlen in ihrem schneeweißen Gewand«.[72]

Doch Walahfrid geht es nicht um Einsiedelei und Einsamkeit in der Wildnis. Obwohl der aufgeschlossene Beobachter seine Freude an Betonie und Odermennig in Wald und Flur hatte (Hort. 338, 360), werden sie doch erst im Garten »handzahm« (Hort. 340). So schreibt auch Ambrosius – für uns heute etwas einseitig –, »daß die Lilien nicht auf rauhen Bergeshöhen wachsen und nicht in unbebauten Waldtälern, sondern in anmutigen Gärten gedeihen«.[73]

Wiederum finden wir hier die Gartenwelt des Korykischen Greises und eine von der Hirtenidylle unterschiedliche Betrachtung des *locus amoenus*, die dem Ideal des klösterlichen Mönchtums weit eher entsprach als die Hirtenwelt, die sich vor den Pforten der Klöster Europas in Berg und Wald, in Gebüsch und Fels (Vergil, Ekl. I, 14, 15) auftat. Der Eremit mochte in Felsenschründen unter der Fichte Theokrits Genüge finden, der Mönch lebt im Kloster, der Klostergarten als umschlossener Bezirk ist sein *locus amoenus*, sein Ort der Askese und Betrachtung.

Begeistert beschreibt Ambrosius die Schönheit der Kulturlandschaft, die in der Schönheit des Gartens gipfelt:

»Hier kann er den Samen ausstreuen, Schößlinge pflanzen, Reiser aufpfropfen, junge Stauden setzen und dabei jede Wurzel- und Sproßkraft gleichsam nach ihrem Vermögen und ihren Grenzen fragen.«

Der mauerumschlossene, kleine, neben dem gemeinsamen Gebet noch leicht zu versorgende Garten bietet sich für die Kontemplation besonders an.

»Was bedeutet doch der Anblick der reichen Flur, welch ein Geruch, welche Süße, welche Freude der Bauern. Können wir's würdig erklären in unserer Sprache? Nun, wir haben das Zeugnis der Schrift, durch das wir hingelenkt werden auf den Vergleich der Lieblichkeit der Flur mit dem Segen und der

Gnade der Heiligen, wenn Isaac sagt: ›Der Duft meines Sohnes ist wie der Geruch der reichen Flur.‹ Was also beschreibe ich noch die purpurnen Veilchen, die weißen Lilien, die rötlichen Rosen, die Felder, jetzt mit goldenen, vielfältigen, auch gelben Blumen geschmückt, von denen ich nicht weiß, ob das schöne Aussehen oder der kräftige Duft mehr erfreuen? Es weiden die Augen im reizenden Schauspiel, weit und breit verbreitet sich der Duft, mit dessen Süße wir erfüllt werden. Daher sagt der Herr mit Recht: ›Die Schönheit des Feldes ist mit mir.‹ Mit ihm ist sie nämlich, die er selbst geschaffen hat. Welcher andere Künstler könnte denn so viel Lieblichkeit einzigartiger Dinge ausdrücken?

Der Klostergarten als umschlossener Bezirk, als locus amoenus. Ein Ort der Askese und Betrachtung.

Betrachtet die Lilien, welche Weiße der Blütenblätter, wie diese von unten nach oben dicht gedrängt aufwachsen, wie sie einen Kelch bilden, wie ihnen gleichsam die Schönheit des Goldes aufleuchtet, wie sie dennoch, um die Blüte herum mit einem Wall umgeben, keinem Unrecht offensteht. Wenn einer diese Blüte abreißt und ihre Blütenblätter zerpflückt, wo ist dann die Hand eines so großen Künstlers, die das Aussehen der Lilie wiederherstellen könnte? Wo ist ein so großer Nachahmer der Natur, daß er sich vornehmen könnte, die Blume wieder ganz zu machen, der der Herr ein solches Zeugnis gab, wenn er sagt: ›Und nicht Salomon in all seiner Pracht war so gekleidet wie eine von diesen.‹ Der reichste, weiseste König wurde für unbedeutender gehalten als die Schönheit dieser Blume. Was soll ich die Heilkräfte der Kräuter, was soll ich der Sträucher und Blätter Heilmittel aufzählen …?«[74]

GARTENIDYLLE UND KONTEMPLATION

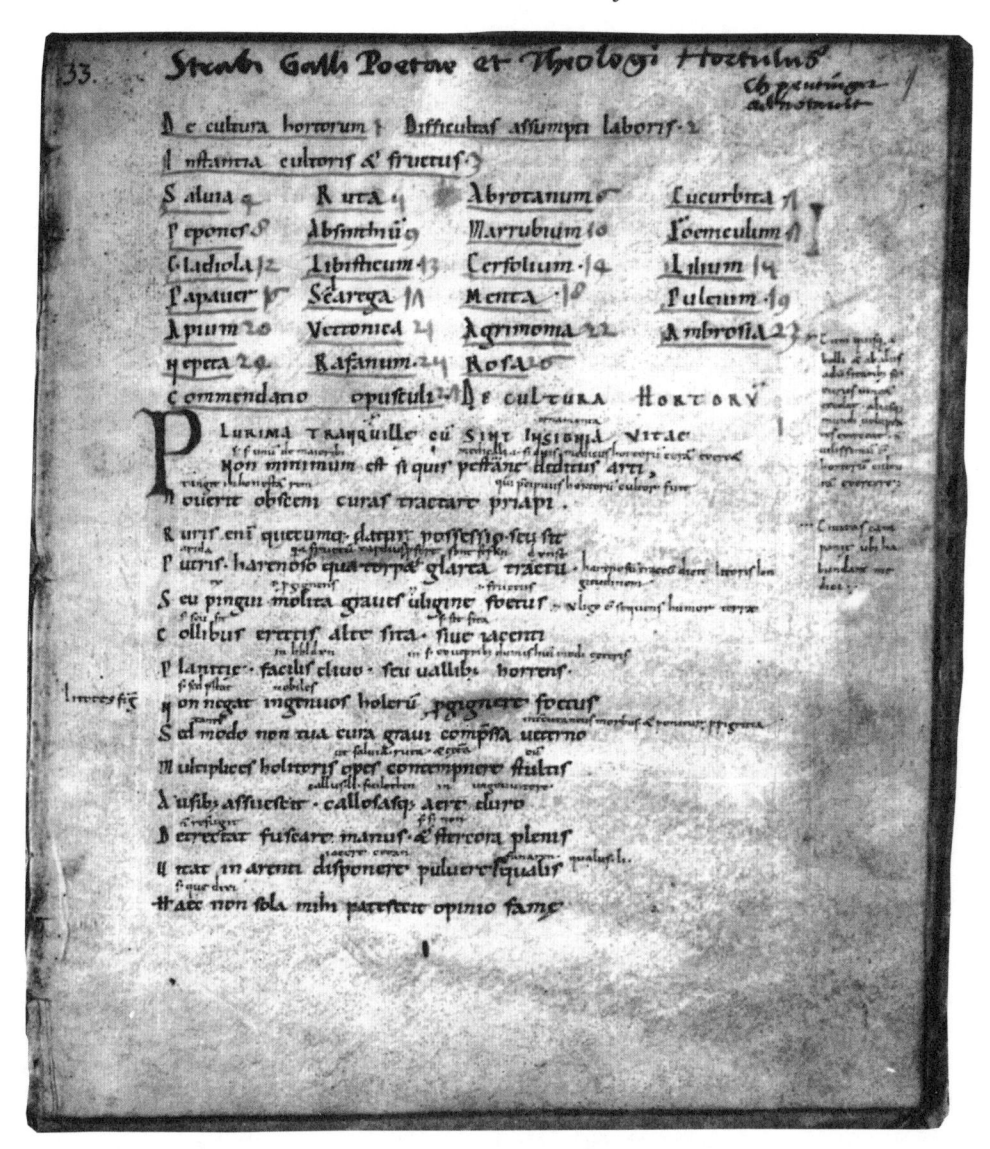

Titelblatt der Leipziger Handschrift des
Hortulus Walahfrids.

DIE PFLANZEN DES HORTULUS

*W*er sich für die Flora interessiert, benötigt Lupe, Pinzette, Messer, Präpariernadeln sowie vor allem gute Bestimmungsschlüssel mit klaren Alternativen. Das gilt für uns heute zu Recht als selbstverständlich. Doch diese sezierende Methode erscheint in Walahfrids Garten unzureichend; seine Flora wird damit nur oberflächlich bestimmt. Der Mangel an moderner systematischer Konsequenz, der freilich bei seinen Pflanzenbeschreibungen auffällt, wird durch eine beziehungsreiche Fülle des Schauens ersetzt. Daher werden in den folgenden Kapiteln immer wieder die bildhaften Beschreibungen der alten Kräuterbücher herangezogen, da sie den Stil Walahfrids besser treffen als die quantitativen Angaben der modernen Bestimmungsbücher.

Im Hortulus verliert die Flora den Charakter einer Liste; die starren Schubladen der Systematik springen auf. Die Pflanzen entfalten Duft und Würze. Der freundliche Schieler hatte einen weiten Blick, er läßt seine Pflanzen in ihrer taxonomischen Enge und in ihren Beeten nicht alleine stehen. Sein wacher Geist knüpft Beziehungen zum ganzen Leben. Er erreicht dies durch die Dichtung. Um die vielfältigen Erinnerungen, Träume und Gedanken des Lesers im Sinne dieses Lehrgedichtes zu unterstützen, wurde der Bogen der Kräuterpoesie von der Antike bis heute weit gespannt. Der Hortulus ist nicht nur Gegenstand der botanischen und historischen Wissenschaften, sondern auch ein Paradiesgärtlein.

Doch bevor diese schöne Ordnung der Gartengewächse beginnt, muß der Boden bereitet werden. Das Gärtchen vor Walahfrids Tür ist im Frühjahr von Brennesseln ganz überwuchert. Vergiftete Spieße sind dort gewachsen. Das sind keine gewöhnlichen Unkräuter. Flächendeckende Brennesselbestände sind nicht mit der üblichen Ruderalflora einjähriger Hackunkräuter vergleichbar, mit denen es der Gärtner vor der Bestellung gepflegter Gärten üblicherweise zu tun hat. Erst nach längerer Vernachlässigung können sich große Brennesselbestände entwickeln. Als eng verkettet beschreibt der Dichter deren Wurzelwerk und vergleicht es mit dicht geflochtenen Rutenmatten, wie sie seinerzeit zum Schutze der Hufe auf feuchte Stallböden gelegt wurden. Pflanzenwahl (Brennessel), Pflanzenbeschreibung (Giftgeschoß) und der gesteigerte Vergleich des Wurzelwerks mit einer festen Flechtmatte sind geeignet, den vernachlässigten und daher besonders verwilderten Zustand des Gärtchens zu beschreiben. Um so mehr wird dadurch die Notwendigkeit unterstrichen einzugreifen, und um so deutlicher wird der Gegensatz zu der Reihe der folgenden Heilpflanzen.

BRENNESSEL

Heyternessel. LVIII.

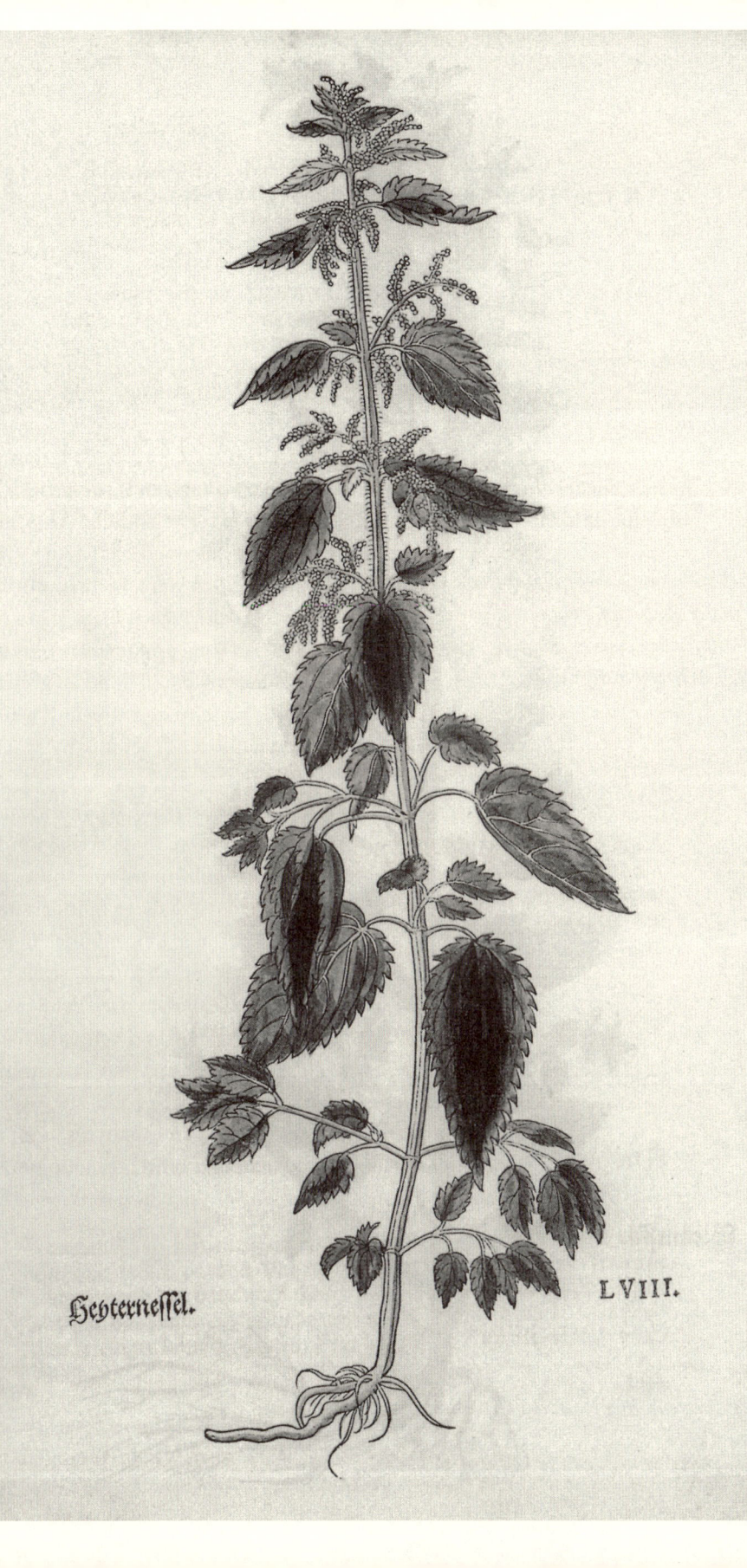

GARTENSALBEI / LELIFAGUS
(Salvia officinalis L.)

Salvia heißt ein Kraut, Elelisphakos nennen's die Griechen.
MACER FLORIDUS[75]

Der Salbeistrauch steht im Gedicht Walahfrids an erster Stelle in der Reihe der Pflanzen. Seine Verdienste als Heilpflanze sind so groß, daß er mit immergrünen Blättern ausgezeichnet ist.

Abb. rechte Seite: Gartensalbei (Salvia officinalis), verschiedene Typen

*I*n einer älteren freien Übertragung des Kräuterbuches des griechischen Arztes und Pharmakologen Dioskurides wird die Salbei bildhaft beschrieben: »Salbey / Griechisch Elelisphacon / zu Latein Salvia genennet / ist ein staudecht Kraut / voller Äst / lang / mit weißen viereckechten Rütlin / seine Blätter sind den Quitten Blättern an Gestalt gleich / jedoch länger / räuher anzugreifen unnd dicker / die anzusehen unnd zu greiffen sind wie ein alt verschlissen Kleydt / weiß / harecht / eines fast lieblichen Geruchs / seine Same wächst zuöberst an den Stengeln.«[76]

Die Gartensalbei ist ein nahezu meterhoher Halbstrauch, dessen Triebe von unten her verholzen. Diese Triebe werden an ihrem Ende alljährlich im Frühsommer von ährenartig wirkenden Blütenständen gekrönt. An deren Spindel sitzen die blauen, violetten oder rosafarbenen Lippenblüten in lokker aufeinanderfolgenden Stockwerken kurz gestielt beisammen. Diese blühenden Sprosse sterben nach der Samenreife ab. Gleichzeitig mit dem Fruchten und Vergehen dieser Blütengeneration wachsen von den unteren Teilen ihrer Sprosse her neue beblätterte Langtriebe nach. Diese überwintern samt ihren gestauchten, kleinblättrigen Kurztrieben, die im Frühling zu neuen Blütenständen heranwachsen. Blütenstände entwickeln sich also stets an neuen Trieben. Randständige Sprosse werden nach außen gedrängt, wachsen seitwärts am Boden und wurzeln als Absenker. So können große Flächen vegetativ besiedelt werden.

Der Strauch erneuert sich also immer von unten her. Dies ist auch an anderen Sträuchern im Prinzip zu beobachten, nirgends wird das aber so deutlich wie bei der Salbei mit ihren schönen, aufstrebenden Blütenständen und den üppig nachwachsenden Jungtrieben. Das ist auch Walahfrid aufgefallen.

Die Gartensalbei variiert sehr. Es gibt in Spanien

III. Salvia minor pinnata. II. Salvia Hispanica flor. albo. I. Salvia maior latifoliis flore cæruleo.

Oft findet man an der Basis kleine Fiedern; das sind die Öhrchen der volkstümlichen Müsli (Mäuschen).

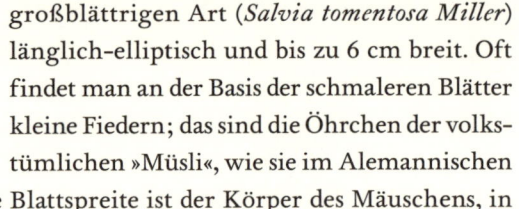

eine Unterart mit sehr schmalen lavendelähnlichen Blättern; dieser Typ wird in Gärten weniger kultiviert. Dagegen sind die Blätter bei der gebräuchlichen großblättrigen Art (*Salvia tomentosa Miller*) länglich-elliptisch und bis zu 6 cm breit. Oft findet man an der Basis der schmaleren Blätter kleine Fiedern; das sind die Öhrchen der volkstümlichen »Müsli«, wie sie im Alemannischen genannt werden. Die Blattspreite ist der Körper des Mäuschens, in den Nebenblättern erkennt man die Öhrchen, und der Stiel ist das Schnäuzchen. Schwimmend gebacken erhalten sie noch dazu plastische Form. Dieser Typ (*Salvia minor Gmelin*) wurde von den Vätern der Botanik als »Kreuzsalbey« bezeichnet, weil die schmalen, quergestellten »Ohren« mit dem Blattstiel ein Kreuz (*crux commissa*) bilden. Die Anschaulichkeit der Benennung zeigt auch hier die aufmerksame Beobachtung des Sammlers sowie seine Sympathie für Bild und Bedeutung.

Die Salbei ist eine mediterrane Pflanze. Schwerpunkt des ursprünglichen Vorkommens unserer Gartenformen ist vor allem das östliche Mittelmeergebiet. In Dalmatien bedeckt sie mit anderen duftenden Labiaten ganze Karsthänge. In dieser Trockenvegetation kommen auch Raute (*Ruta graveolens*) und Muskatellersalbei (*Salvia sclarea*) wild vor, dazu andere auffallende Duftpflanzen wie der Ysop (*Hyssopus officinalis*), die Ungarische Salbei (*Salvia aethiopis*), Andorn (*Marrubium peregrinum*) und verschiedene Thymianarten.

Die Salbei, eine neue Heilpflanze, eine neue Gartenpflanze

Der Salbeistrauch steht im Gedicht Walahfrids an erster Stelle in der Reihe der Pflanzen. Sein Vorrang wird als »hervorleuchtend« beschrieben. Seine Verdienste als Heilpflanze sind so groß, daß er mit immergrünen Blättern ausgezeichnet ist; damit kann er sich zu Recht ewiger Jugend erfreuen (Hort. 79). Wie Myrte, Lorbeer, Efeu, Zypressen- und Kieferngewächse gehört er damit zu den göttlichen Pflanzen, die dem Wechsel von Werden und Vergehen im Laufe der Jahreszeiten nicht unterworfen sind wie andere.

Diese Wertung der Salbei ist außergewöhnlich und in der Geschichte der Heilpflanzen erstmalig. In der Zeit der römischen Klassik war die Salbei zwar bekannt, aber unbedeutend.[77] Bei Plinius spielt sie noch eine ganz untergeordnete Rolle. Er setzt sie nicht einmal als bekannt voraus und widmet ihr nur wenige Sätze. Andere Pflanzen wie Raute, Minze, Polei oder Andorn werden von ihm dagegen ausführlich behandelt. Man findet die Salbei weder in der Bibel noch bei Martial, Ovid oder Cicero. Selbst bei dem spätantiken Quintus Serenus spielt sie keine große Rolle. Im Mustergarten des Columella fehlt sie genauso wie später im Gartenkalender des Palladius aus dem 5. Jahrhundert. Dort finden wir zwar Anweisungen für Mohn, Minze, Fenchel, Raute und vieles mehr, von der Salbei ist aber nicht die Rede. Erst durch die karolingische

GARTENSALBEI

Literatur wird sie populär, wird sie zur »Gartensalbei«. Im Capitulare de villis, im Klosterplan von St. Gallen und in den Inventaren karolingischer Güter wird sie durchgehend als Salvia erwähnt.

Der Salbeistrauch als politisches Gleichnis

Im Zusammenhang mit der Beobachtungsgabe Walahfrids haben wir schon auf den Sproßaufbau der Salbei und dessen Erneuerung hingewiesen. Der blühende Strauch stirbt im Verblühen oben ab und im selben Prozess erfolgt das Nachwachsen der jungen Triebe von unten. Der »hervorleuchtende Erste« wird von seinem nicht blühenden Nachwuchs bedrängt. Dies deutet Walahfrid politisch-kritisch. Er bezeichnet diesen Vorgang als *civile malum*, als politisches Übel. Zu dieser Metapher gehört nicht nur botanische Beobachtung, sondern mehr noch Betroffenheit und eine dezidierte Meinung, denn es handelt sich ja bei der Entwicklung der Pflanze um einen natürlichen Vorgang der Erneuerung. Von Walahfrid wird also nicht nur auf der Grundlage dieser Erscheinung, sondern auch gegen deren biologischen Sinn die Beobachtung in ganz eigener Weise gedeutet, um seine politische Meinung zum Ausdruck zu bringen. Der Konflikt zwischen der Natur und dem vierten Gebot wird politisch gesehen und hinter einem Bild versteckt.

Walahfrid Strabo war 829 an den Kaiserhof in Aachen berufen und zum Erzieher des jungen Prinzen Karl, des späteren Karls II. (des Kahlen) (823–877), bestellt worden, der aus Ludwigs des Frommen zweiter Ehe mit der Welfin Judith stammte. Im Jahre 817 war anläßlich eines Reichstages in Aachen in der *ordinatio imperii*, eine Erbfolgeordnung von Kaiser Ludwig bestimmt worden. Danach wurde der älteste Prinz, Lothar (Lothar I., 795–855), zum Erben und Mitkaiser erwählt; die beiden nächsten Prinzen, Ludwig der Deutsche (804–876) und Pippin (797–838), erhielten Unterkönigreiche am Rande des Reiches, Ludwig in Bayern, Pippin in Aquitanien.

Inzwischen war aber ein vierter Prinz zur Welt gekommen, eben jener Prinz Karl, dessen Erzieher Walahfrid später werden sollte. Um ihm seinen Anteil am Erbe zu sichern, wurden auf dem Reichstag zu Worms 829 die Unterkönigreiche neu verteilt und abgegrenzt. Gegen diese Neuverteilung erhoben sich in wechselnden Koalitionen Lothar (830), Ludwig und Pippin (832), die sich schließlich gemeinsam gegen den Vater stellten. Als es zur bewaffneten Auseinandersetzung kommen sollte, lief das Heer des Kaisers auf dem »Lügenfeld« bei Colmar zu seinen Söhnen über (833). Der Kaiser wurde nach Reims verschleppt, aller Würden entkleidet, von der Schwelle der Kirche verstoßen und auf demütigende Weise in Soissons zur Ablegung eines Sündenbekenntnisses gezwungen, das ihn als Herrscher unmöglich machen sollte. Die Reichsteile wurden selbständig, und die Streitigkeiten zogen sich bei wechselnden Koalitionen hin. Nachdem Ludwig der Fromme am 20. Juni 840 gestorben war, entschied offener Bruderkrieg. Lothar versuchte, nach seines Vaters Tod die Oberhoheit über seine jüngeren Brüder Ludwig und Karl zu behaupten – Pippin war inzwischen (838) gestorben –, wurde jedoch von ihnen 841 in der Schlacht von Fontenay geschlagen.

Das also war die *saeva, invida progenies*, ein Nachwuchs, herrisch und neidisch. Walahfrid hat dies zu Recht als *civile malum*, als politisches Übel, angesehen, das der Salbeistock – *Lelifagus* – zu tragen hat. Das kann sich nicht allein auf die Pflanze selbst beziehen. Die Bildhaftigkeit der Wortwahl ist zu eigenwillig, und der verborgene Zusammenhang kann assoziativ erraten werden. Walahfrid stand treu auf der Seite Ludwigs des Frommen, des *Lelifagus*. Es war wohl ein Stück Anerkennung und Politik des Kaisers, als Walahfrid 838 Abt der Reichenau wurde, freilich unter dem unguten Zeichen des Streites zwischen dem Kaiser und seinem Sohn Ludwig. Die Schwächen des hochgebildeten Kaisers überging Walahfrid. Für ihn war er *gravis virtute*, reich an guten Eigenschaften und Fähigkeiten. Sein Herrschertum war ein von Gott verliehenes Amt, sein Ziel Gottes Herrlichkeit auf Erden. Das soziale und staatliche Leben sollte von den Geboten des Christentums durchdrungen sein. Aufgabe und Gnade des Herrschers war es, für Recht und Schutz der Schwachen in einem geeinten Reich besorgt zu sein.

Als der Kaiser im Sommer 840 starb mußte Walahfrid gehen. Auf die Reichenau, in den Reichsteil Ludwigs des Deutschen kehrte er 842 zurück, als er sich mit diesem versöhnt hatte. Ein neuer Salbeistock war erblüht, aber auch er würde neuen Trieben weichen müssen. Das sollte schon bald nach dem Tode Walahfrids in derselben Familie wahr werden, als der Sohn Ludwigs des Deutschen, Karlmann (830–880), 862 gegen seinen Vater rebellierte wie dieser einst gegen Ludwig den Frommen.

Salbei – Lelifagus

In der Salbeistrophe bezeichnet Walahfrid die Pflanze als *Lelifagus*. Das Wort ist genau genommen einmalig, aber man versteht sofort, daß nur die Salbei gemeint sein kann. Diese wird bei Plinius als *elelisphacos* und *sphacos*, bei Quintus Serenus als *elelisphacus* und *elelisphagon* bezeichnet. Er gebraucht also einen Begriff, der dem griechischen Synonym nahesteht. Der Gebrauch des Griechischen ist nicht ungewöhnlich, Walahfrid bezeichnet ja auch den Fenchel mit seinem griechischen Namen (*maratron*). Aber in jener Zeit war der lateinische Name *Salvia* bereits üblich. Walahfrid benützt hier den griechischen Namen als Titel und macht sich ihn zurecht. Er läßt das Wort mit einem L beginnen und kürzt die Silben. Diese Textstelle ist gesichert; es handelt sich also nicht um einen Schreibfehler, wie offensichtlich spätere Herausgeber glaubten. Und er legt sich dieses Wort auch nicht wegen des Verses zurecht[78], denn man könnte gerade das daktylische *Salvia* sehr leicht in einen metrischen Vers einfügen, wie der Eingangsvers aus dem hochmittelalterlichen Lehrgedicht »Macer floridus« des Odo von Meung zeigt. *Lelifagus* paßt nicht nur zur Pflanze, sondern genauso zur politischen Bedeutung der ganzen Strophe. Es erinnert an Ludovicus oder Hludovicus, der »als erster hervorleuchtet«. Das dürfte sich auf Ludwig den Frommen beziehen, es könnte aber auch Ludwig der Deutsche, mit dem sich Walahfrid 842 versöhnt hatte, unter dieser Chiffre verstanden werden.

Gartensalbei

Die Salbeistrophe als Datierungshilfe

Gestützt auf das Votum von Alf Önnerfors[79] und den Eindruck der Souveränität, die das Gedicht zu erkennen gibt, bin ich in einer früheren Ausgabe dieses Buches von einer Datierung nach 842 ausgegangen. Dazu trug auch die Salbeistrophe bei, die eine Frühdatierung ausschließt. Walter Berschin hat nun aber aus der Deutung der Salbeistrophe als politisches Bild im Hinblick auf die Frage der Datierung des Gedichtes auch eine Spätdatierung in Frage gestellt. Das Gedicht konnte, wie Berschin zu bedenken gibt, kaum zu einer Zeit entstanden sein, als sich Walahfrid nach dem plötzlichen Tode Ludwigs des Frommen am 20. Juni 840 von der Reichenau in den Schutz Kaiser Lothars nach Speyer begeben und sich schließlich 842 mit Ludwig dem Deutschen versöhnt hatte. Es steht dahin, ob ein derart weitgehender Schluß aufgrund der obigen Überlegungen zwingend ist. Ich rechne nach wie vor eher damit, daß Walahfrid das Gedicht als Abt der Reichenau geschrieben und seinem ehemaligen Lehrer und späteren Abt von St. Gallen zugeschickt hat.

Werner Näf schreibt in seiner Einleitung: »Vadian nahm an, daß Strabo sein Gedicht Grimald als Abt von St. Gallen gewidmet habe. Danach wäre das Werk auf frühestens 841 anzusetzen, ja, da Strabo erst im folgenden Jahre auf die Reichenau zurückkehrte, auf frühestens 842. Tatsächlich läßt das reizende Widmungsgedicht seinem Wortlaut nach nur eine Deutung ungezwungen zu: Strabo sendet das Gedicht über den Klostergarten von der Reichenau nach St. Gallen ...«[80]

Salbei, »der Rat der Natur«

Im Mittelalter, ja bis in unsere Zeit hinein, hatte die Salbei einen festen Platz in Haus und Garten, in den Apotheken, im Bewußtsein der Menschen und in ihrer Phantasie. Allgemein bekannt und berühmt wurde sie durch die Salernitanische Ärzteschule. Das medizinische Lehrgedicht »Regimen sanitatis Salerni«[81] war durch das gesamte Hochmittelalter bis in die Neuzeit bekannt, und selbst in unserem Jahrhundert[82] werden die holperig-naiven Verse zitiert:

> *Salvia cum ruta faciunt tibi pocula tuta*
> Salbeienkraut und Raut' gefahrlos Bechern erlaubt
>
> *Cur moriatur homo cui salvia crescit in horto?*
> *Contra vim mortis non est medicamen in hortis*
> Warum sterben denn Leut', denen Salbei im Garten gedeiht?
> Gegen des Todes Macht fehlt Kräutern im Garten die Kraft
>
> *Salvia salvatrix, naturae consiliatrix*
> Salbei schafft Remedur, Salbei, der Rat der Natur!

Im letzten Vers kommt auch die Verbindung des Namens mit dem lateinischen *salvare* (= heilen) zum Ausdruck. *Nomen est omen*; im Namen klingt etwas von der Bedeutung der Pflanze mit, und dieser Gedanke hat sicher zu der populären Vorstellung von ihrer Heilkraft beigetragen.

Später schreibt Hieronymus Bock, Verfasser eines der bekanntesten Kräuterbücher des 16. Jahrhunderts: »Under allen stauden ist kaum ein gewechs / uber die Salbey / dann es dienet dem Artzet / Koch / Keller / armen un reichen. Ist ein sonderlich Wurtz denen so nit gehn Frankfurt und Venedig haben zu fahren / von denen es billich in Gärten als die edelst Teutsch wurtz gepflantzt solt werden. Etlich habens dafür / wann sie morgens nüchtern drei spitz Salbey blättlein mit saltz essen / sie seien den selbigen Tag vor gifft und bösem luft behütet ... Salbey inn wasser gesotten / seubert und heylet wunden und biss / von gifftigen thieren geschehen / stillet das blut und seubert die faulen geschwer / heilet den grind. Salbey in wein gesotten / damit gegurgelt / benimpt die sehrigkeit des halses und der kälen ...« Über Hildegard von Bingen erfahren wir ebenfalls handfeste Salbeirezepte: »Wer an starker Verschleimung und stinkendem Atem leidet, soll Salbei in Wein kochen und öfter trinken. Gegen Appetitlosigkeit dient eine Würze aus Salbei, Kerbel und Zwiebel in Essig«. Über die Salbei wurden zahlreiche, auch monographische Abhandlungen geschrieben. Neben dem 1688 in Augsburg erschienenen Buch von Ch. Fr. Paullini, Sacra herba seu nobilis salvia, gibt es eine Schrift des Engländers Johann Hill.[83]

Die Salbei gehört schlechthin zur gesunden Lebensweise. Johannes Colerus[84] empfiehlt sie in seinen poetischen Lebensregeln für jeden Monat:

VOM HEUMONAT

Wann die Sonn im Löwen gehet,
Die größte Hitz im Jahr anfähet,
Drumb laß nicht, meid: Wein, Bad, Artzney:
Iß aber Eyer, Salat, Salbey,
Und so durch Bewegung dir wird heiß,
Mutir dein Hemd, leg weg den Schweiß.
Salbeyentranck ist jetzt sehr gut,
Es labet Hertz, Magen und Blut.

Die Stoffe der Salbeidroge sind heute bekannt; sie enthält vor allem ätherisches Öl und Bitterstoffe. Salbei wirkt schweißhemmend, zusammenziehend[85] und schwach bakterizid. Salbeitee wird bis heute zum Gurgeln bei Halskrankheiten verschrieben.

Es gibt aber auch Rezepte, die den Segen Gottes und die praktische Seite als ein Ganzes sehen und wirken lassen wollen. Dies zeigt folgendes magisches Rezept: »Nym 3 salvay pletter auff einen stengel ains morgens vor der sunnen und schreyb auff das ain plat + pater + pax, auff das ander plat + filius + vita, auff das dryt plat schreyb + spiritus + sanctus / sit tibi contra remedium febris amen. Das du drey morgen vor der sunnen und alle male so nym 3 pletter, dor noch sprich fünff pater noster und fünff ave maria und ain glauben.«[86]

Salbei in Hygiene und Kosmetik

Salbeiblätter wurden gerne als »Zahnbürste« verwendet.[87] Die aufgerauhte Oberfläche ihrer Blätter sowie die schwach zusammenziehende und bakterizide Wirkung der Inhaltsstoffe machen sie auch durchaus dazu geeignet. Ein schwacher (ca. 10%) Aufguß ist entsprechend als leicht antiseptisches Mundwasser bekannt. Das herbwürzige Salbeiöl aus Dalmatien und Spanien dient zur Seifenparfümierung. Auch zum Schwarzfärben der Haare soll die Pflanze geeignet sein.[88]

Salbei in Küche und Keller

In der Küche wird Salbei frisch oder getrocknet zu fetten Gerichten wie Hammel und Aal als Würze gebraucht. Auch zum Garnieren eignen sich die kleinen wintergrünen, gedrängten Triebe, die wie kleine Bäumchen mit ihrer typischen, kreuzweise gegenständigen Blattstellung in Pasteten gesteckt und mitverzehrt werden.

Salbeiblätter, in Omeletteteig getaucht und in Fett gebacken, gehören zu den alten alemannischen Freitagsspeisen. Sie werden auf der Reichenau heute als »Salvine-müsli« bezeichnet. Hierzu eignet sich besonders *Salvia tomentosa*, die früher im Bodenseegebiet allgemein verbreitete Art, da sie größere und rauhere Blätter besitzt. Diese kulinarisch nutzbare Textur der Salbeiblätter kommt in der oben zitierten Beschreibung ihrer rauhen Blätter besonders zum Ausdruck.[89] Aus der frühen Neuzeit gibt es Anweisungen zur Herstellung von Salbeiwein. Johannes Colerus empfiehlt neben anderen Methoden: »Sobald der Most beginnt zu gehren und aufzubrausen / so wasche grüne Creutzssalbei fein rein / wirff sie oben zum Spund hinein / laß sie damit vergehren / Wann es aber abgegohren hat / so spuende es zu / ... laß also ligen biß umb Mitfasten / darnach ziehe es in ein ander Faß ab biß nach Ostern / dann magstu ihn trinken oder außschencken.«[90]

Salbei in der Liturgie

Eine der ältesten Mitteilungen über die Bedeutung der Salbei im Gottesdienst bezieht sich auf die spätmittelalterliche Fronleichnamsprozession in Dubrovnik.[91] Dort sollen alle Straßen zur Prozession mit Salbei ausgelegt worden sein. Salbeizweige gehören heute in katholischen Gemeinden, die auf den Zusammenhang der Liturgie mit der Natur noch Wert legen, mit anderen

Pflanzen aus dem Hortulus in den Kräuterstrauß, der am Fest Mariae Himmelfahrt (15. August) geweiht wird.

Salbei in Kunst und Kräuterpoesie

Seiner Heilkraft wegen ist der Salbeistock in Kunst und Dichtung des Mittelalters zu Ehren gekommen.[92] So gedeiht er im bekannten Paradiesgärtlein des Frankfurter Städelmuseums[93], in der »Goldenen Schmiede« des Dichters Konrad von Würzburg[94] oder im »Mayenkrantz« der Clara Hätzlerin.[95] In der elsässischen Komödie »d'Hüsmittel« von Henri-Auguste François[96] vertritt Frau Salway die Hausmedizin:

Kein Dokter derft merr meh ins Hus
Wenn ich dät Meister wäre,
Sie schaffe-n-aim nurr d'Gsundheit nus
Indem sie d'Säck aim leere.

Herr Salway dagegen vertritt die Schulmedizin und weiß ihr zu antworten:

Nurr Unheil stifte-n-Jehr als an
No, wenn merr fast nimm helfe kann,
Ze sucht merr Doktersmittel.

Es ist besonders bezeichnend für die vielseitige Wertschätzung der Pflanze, daß sie in dieser köstlichen elsässischen Komödie sowohl die Haus- als auch die Schulmedizin vertritt.

Als sentimentales Gegenstück zur karolingischen Salbeistrophe Walahfrids kann man aus bürgerlicher Zeit das Silcherlied »Abschiedsgruß« ansehen.[97]

Rosmarin und Salbeiblättlein schenk ich dir zum Abschiedsgruss,
Und das sei mein letzt Gedenken, weil ich dich verlassen muss.
Warst mir treu so viele Jahre, hast mir viel zulieb gethan,
Meine Äugelein, die fließen, dass ich nichts mehr sagen kann.

GARTENSALBEI

In unserem Jahrhundert hat dem Salbeistrauch Francis Jammes[98] in seinem »Hasenroman« einen schönen Platz im Garten Gottes eingeräumt: »Es war dieser Garten der einfachste und schönste ... Und zu Gott, voll heiteren Vertrauens, nicht hochmütig noch kriechend, erhob ein Salbei sein geringes Rüchlein«. Auch in Ithilien, dem verlassenen Garten von Gondor in J. R. R. Tolkiens Roman »Herr der Ringe«, gediehen Salbeiarten zusammen mit einer üppigen, mediterran anmutenden Buschvegetation: eine Idylle, umgeben von Unrat und Düsternis.

Die Salbei begleitet also das Leben der Menschen in heilsamer Weise, sie wird zu einem menschlichen Strauch. In der Dichtkunst kommt dies besonders zum Ausdruck, und Walahfrid hat mit dieser Poesie begonnen.

Seiner Heilkraft wegen ist der Salbeistock in Kunst und Dichtung des Mittelalters zu Ehren gekommen. So gedeiht er im bekannten Paradiesgärtlein des Frankfurter Städelmuseums.

WEINRAUTE/RUTA

Gartenraute, Weinraute (Ruta graveolens L.)[99]

*D*ie Weinraute ist ein kleiner, nur im unteren Teil verholzender und insoweit überwinternder Halbstrauch von der Höhe der Gartensalbei. Die Blätter sind dekorativ gefiedert, die Einzelblättchen spatelig zugeschnitten. Wie die steif abstehenden Ästchen und Stengel sind sie von blaugrüner Farbe, herbem, aromatischem Geruch und beißend-würzigem Geschmack. Das kommt von den Öldrüsen, die auf der Unterseite der Blättchen liegen. Diese werden zu Heil- und Würzzwecken seit der Antike genutzt. Das Moretum, ein mit Knoblauch, Sellerie und Koriander angemachter Kräuterkäse, der in einem antiken Gedicht besungen wird (siehe dazu auch das Selleriekapitel), ist auch mit Weinraute gewürzt. Die Blüten, die in einem doldenartigen, unregelmäßigen Blütenstand angeordnet sind, haben in der Regel einen vierzähligen, seltener fünfzähligen Aufbau. Die gelben Kronblätter sind löffelartig vertieft und wirken wie zierlich gepunzt. Sie spielen im Blumenschmuck der Gotik eine beachtliche Rolle.[100]

Zusammen mit der Salbei steht die Raute im Hortulus, im Capitulare de villis und im Klosterplan als Pflanzenpaar, dem man das ganze Mittelalter hindurch begegnet. Dem Heil (*salvia*) ist Schutz und Abwehr (*ruta*) beigegeben.[101]

Die Bedeutung der Raute als Gegengift wird schon bei Plinius betont. Demzufolge erhöht sich ihre Wirksamkeit, wenn man ihre Blätter zerrieben in Wein einnimmt. Sie gilt nach Plinius als Mittel gegen Eisenhut- und Pilzvergiftungen, Schlangenbisse, Stiche von Skorpionen, Spinnen, Bienen, Hornissen und Wespen, Gift der Spanischen Fliege und Salamander sowie Bisse tollwütiger Hunde. Wer sich mit dem Saft eingerieben habe oder die Raute bei sich trage, soll von diesen Übeln nicht befallen werden. Sie galt lange als ansteckungswidrig und war ein wichtiger Bestandteil des sogenannten Pestessigs. Auch Dioskurides betont ihre Wirkung als Gegengift. Über diese Eigenschaft erlangte sie auch Bedeutung als Abwehrzeichen in der Magie. Fünfzählige Fruchtkapseln, für alle Fälle bei sich zu tragen hilft im Aberglauben gegen allerlei Schaden. Der Vergleich mit dem »Schrättelefuß« (Pentagramm) als Abwehrzeichen drängt sich auf. Die Blütenteile der Raute sind normalerweise vierteilig, fünfzählige Blütenteile sind eine häufige Ausnahme. Die gotischen Kreuzblumen gelten als Rautenblüten und insofern ebenso als stilisierte Abwehrzeichen.

Die Raute gilt heute als leichtes Beruhigungsmittel. Aber das ätherische Öl wirkt in höheren Dosen als Abortivum. Von der Unverträglichkeit der Raute berichtet auch Columella im Zusammenhang mit seinen Anweisungen zur

Weinraut. CCCL.

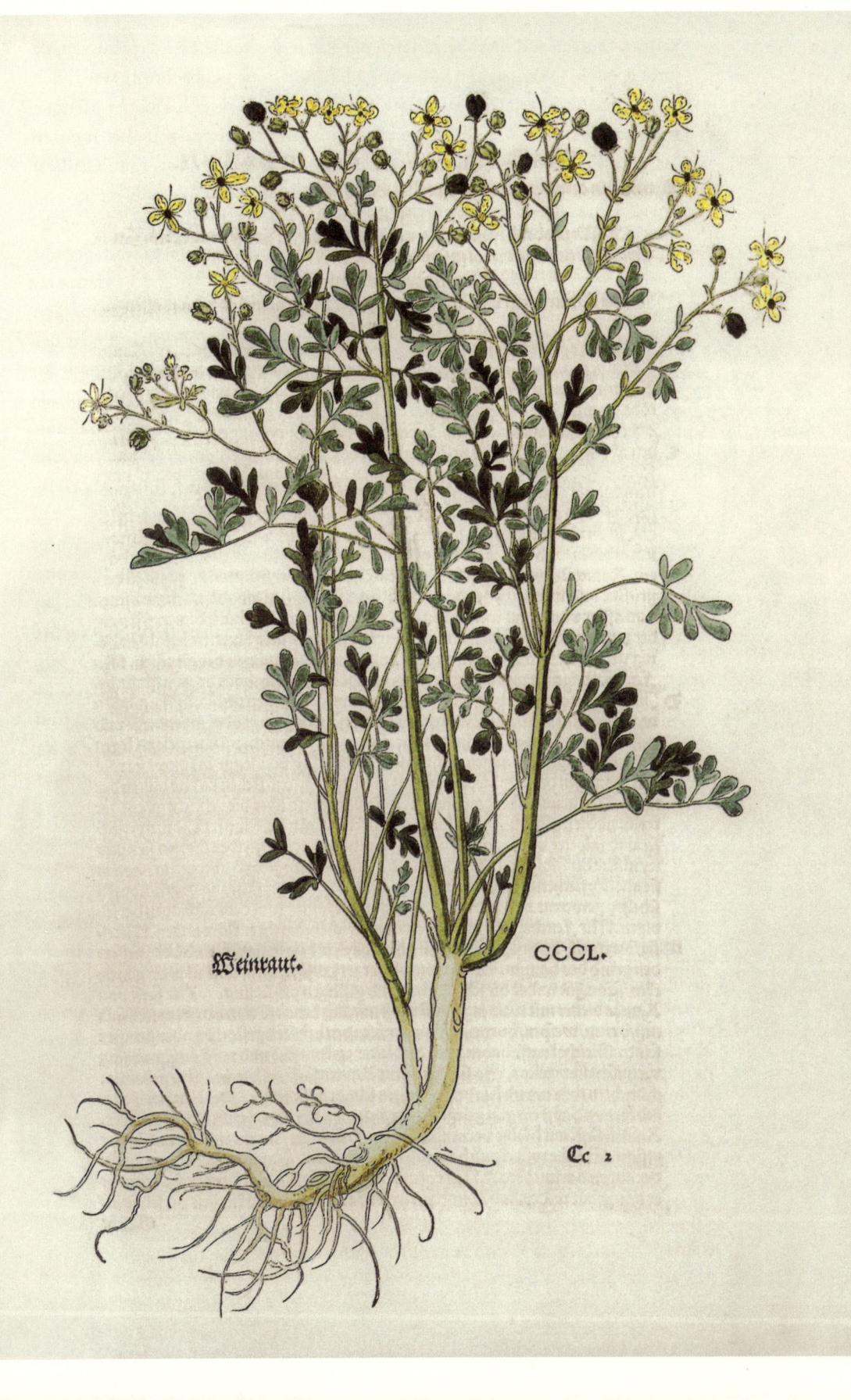

Cc 2

Kultur. Danach soll man beim Jäten der Rautenbeete die Hände schützen, da sonst Ausschläge entstehen können (Col. 11, 48). Diese Beobachtung wird auch heute zum Teil bestätigt. Die Blätter sollten danach nur in kleinen Mengen genossen werden. Ich selbst machte nur gute Erfahrungen mit meinen herbwürzigen Rauten, auch roh verzehrt, als Küchengewürz. Kein Grillfest ohne Raute!

In Litauen gilt die Raute auch heute noch als Nationalpflanze.

Während die Raute nach Plinius zu den wirksamsten Heilmitteln überhaupt gehört, bezieht sich Walahfrid auf die Wirkung der Pflanze als Gegengift ausdrücklich nur vom Hörensagen (Hort. 89). Viele andere Verordnungen des Plinius, die in der späteren Literatur bedeutsam geworden sind, übergeht er ganz, so etwa ihre Wirksamkeit als Augenheilmittel oder als Antiaphrodisiakum bei Hildegard von Bingen und Albertus Magnus. Ebensowenig ist von abergläubischen Praktiken die Rede. Von acht Versen widmet er nur die drei Schlußverse der Raute als Heilpflanze.

Denn dem Dichter und Gärtner Walahfrid geht es bei aller Wertschätzung ihrer Heilkraft mehr noch um die ästhetische Wirkung der Pflanze im Garten, um die Beschreibung der blauen Farbe, des starken Duftes der ätherischen Öle und um die zerstreuten Lichtreflexe und Schattenflecken im »Rautenwäldchen« (Hort. 83–90). Bei der medizinischen Anwendung zitiert er lediglich; den sinnlichen Reiz von Licht und Duft in der Atmosphäre des Gärtchens hat er selbst erfahren und erstmalig beschrieben. Deshalb wollen wir, im Sinne des Dichters, die im deutschen Sprachraum weithin unbekannte Rautenpoesie hier ein wenig weiterverfolgen.

Rautenpoesie

WEINRAUTE

Als Pflanze der Gärten und Volkslieder hat die Raute vor allem in Litauen Bedeutung.[102] Wahrscheinlich wurde sie seit dem Mittelalter, von den Kloster- und Pfarrgärten ausgehend, weiter verbreitet. Den Litauern gilt sie heute noch als Nationalpflanze. Bei Taufe, Hochzeit und Beerdigung spielt sie eine beachtliche Rolle. Der Rautenkranz wurde in Litauen vor allem von Mädchen im heiratsfähigen Alter getragen. Zu den Hochzeitsbräuchen gehörte die Verabschiedung vom Rautengarten. »Die Raute wird auch heute noch in allen litauischen Gärten angepflanzt. Besonders beliebt war sie bei den Exillitauern und bei den Litauendeutschen als Symbol für die verlorene Heimat.«[103]

AUS DER LITAUISCHEN RAUTENPOESIE

Ich habe die Raute gesät,
die Rose gepflanzt.
Ich sagte dem Burschen,
er möge zu mir kommen,
wenn die Raute grün ist,
wenn die Rose rot blüht,
komme dann, junger Bursch,
an einem Herbsttag. I, S.259

Viele Rauten pflückte ich, die grünen, die prächtigen;
ich wand einen Kranz daraus und setzte ihn auf mein Haupt.
Kam der Nordwind, riß meinen Kranz herunter. I, S.308

Liebes Mädchen, wo soll ich mein Roß grasen lassen?
Darf es in den Rautengarten, oder in den Klee, den bunten?
Laß dein Roß in den Rautengarten, soll die Rauten fressen,
es ist mir egal, ich werde sie nicht mehr tragen. I, S.311

Lieber Bursche, mein Reiter,
du zäunst den Garten ein, ich säe die Raute,
dabei reden wir miteinander. I, S.313

Du Schlaf, mein Schlaf, fern von der Heimat,
ich kann nicht zurückgehen.
Der Wind braust, die Rauten ächzen,
es ist so schön, sich zwischen den Rauten auszuruhen. II, S.112

Ich pflückte die Raute, pflückte die Minze
und auch die Lilie,
ich pflückte die jungen Tage,
wie die grüne Raute.
Kommt ein Bursche
mit einer Stahlsense,
will meine jungen Tage abmähen,
wie die grüne Raute. II, S.120

Die im Mittelmeerraum beheimatete Raute verbindet also nicht nur Mitteleuropa mit dem Süden, sondern auch mit dem Osten; dies ist ebenfalls ein Anliegen des Dichters Johannes Bobrowski, der in seinem Gedicht »Dorfmusik« aus den Rautengärten seiner Heimat an der Memel einen Strauß bricht für seine Fahrt aus der Zeit.[104]

*Letztes Boot darin ich fahr
keinen Hut mehr auf dem Haar
in vier Eichenbrettern weiß
mit der Handvoll Rautenreis
meine Freunde gehn umher
einer bläst auf der Trompete
einer bläst auf der Posaune
Boot werd mir nicht überschwer
hör die andern reden laut:
dieser hat auf Sand gebaut*

*Ruft vom Brunnenbaum die Krähe
von dem ästelosen: wehe
von dem kahlen ohne Rinde:
nehmt ihm ab das Angebinde
nehmt ihm fort den Rautenast
doch es schallet die Trompete
doch es schallet die Posaune
keiner hat mich angefaßt
alle sagen aus der Zeit
fährt er und er hats nicht weit*

*Also weiß ich's und ich fahr
keinen Hut mehr auf dem Haar
Mondenlicht um Brau und Bart
abgelebt zuendgenarrt
lausch auch einmal in die Höhe
denn es tönet die Trompete
denn es tönet die Posaune
und von weitem ruft die Krähe
ich bin wo ich bin: im Sand
mit der Raute in der Hand.*

WEINRAUTE

EBERRAUTE/ABROTANUM
Eberraute, Eberreis (Artemisia abrotanum L.)

*D*ie Eberraute ist ein Strauch von der Höhe der Gartensalbei und der Weinraute, wächst aber wegen der großen Zahl dünner, elastischer Ruten buschiger. Die Pflanze fällt durch ihre schmalen, doppelt gefiederten, oben fiederteiligen Blätter auf, deren fädige Zipfel den ganzen rispigen Blütenstand durchwirken. Die kleinen, unscheinbaren Blütenköpfchen verstecken sich geradezu im Schopf der feinen Hochblätter. Das sind also die biegsamen Zweige mit ihrem duftenden Haarschopf, die Walahfrid in wenigen Hexametern treffend beschreibt (Hort. 92–94).

Bezeichnend ist der Volksname des Ysop. Er wurde im Land zwischen Hegau und Randen als »Chilchesoope«, als Kichenseife, bezeichnet.

Weinraute und Eberraute sind nicht miteinander verwandt. Der jetzt gebräuchliche deutsche Name ist dadurch entstanden, daß man mittel- und niederdeutsche Angleichungen an Abrotanum ins Hochdeutsche übersetzt hat.[105] In der frühen Neuzeit war der deutsche Name »Stabwurz« verbreitet. Im Unterschied zur Weinraute duftet die Eberraute erfrischend, süß und herb zugleich. Der würzige, manchmal etwas an Zitrone erinnernde Geruch macht sie zur Königin der Duftsträuße. Selbst im Winter duften die dürren, braunen Blätter und das Reis der Pflanze noch nachhaltig. Kleine Eberrautengestecke trugen als Parfüm der Bäuerinnen beim Sonntagsgottesdienst zum liturgischen Wohlgeruch bei. Eberraute wurde daher wie Rosmarin als Ersatz für Weihrauch benützt. Nach Georg Kummer aus Schaffhausen wurde sie wegen ihres Geruchs als »Schmekkis« oder »Zitronenchrut« bezeichnet. Wie Lavendel oder Ysop wurden auch im Schwarzwald kleine Sträußchen beim Kirchenbesuch angesteckt. Solche natürlichen Parfüms waren oft wegen des penetranten Stallgeruchs erforderlich. Bezeichnend ist in diesem Zusammenhang der Volksname des Ysop. Er wurde im Land zwischen Hegau und Randen als »Chilchesoope«, als Kichenseife, bezeichnet.[106] Eberrautenbüschel kann man als Duftsträuße und Mottenschutz in Schränke hängen oder in Duftkissen einnähen. Aus den feinen Ruten lassen sich dekorative Kränze flechten. Die zarten, pulverisierten Blättchen, Blüten und Früchte kann man auch schnupfen oder als Duftstaub verblasen.

Wenn Walahfrid schreibt, die Eberraute helfe den Gliedern, »die unter der unberechenbaren Gewalttätigkeit des tückischen Podagra leiden« (Hort. 96,

III.   I.
Abrotanum Mas.   Reseda Plinij.   Dracuncellus Hortensis.

97), so mag das wohl in der heutigen Pflanzenheilkunde der Verwendung gegen Rheumatismus entsprechen. Tabernaemontanus, der Verfasser eines umfangreichen Kräuterbuchs aus dem späten 16. Jahrhundert, verweist auf den umfangreichen äußerlichen und innerlichen Gebrauch der Droge in der frühen Neuzeit. Der aufgeklärte Botaniker erwähnt auch die Verwendung der Zweige in Kräuterbüscheln und wendet sich gegen den Aberglauben, der damit getrieben wird: »Es wird die Stabwurz von den alten Weibern auch zu den Würtzwischen gesamblet / damit sie dann mancherley aberglaubische Fantaseyen treiben / welches wir als ein unnütz Fabelwerck fahren lassen.«[107] Bei Walahfrid sind derartige »aberglaubische Fantaseyen« nicht anzutreffen.

Links Eberraute (Artemisia abrotanum) in einer Reihe mit Resede, Mitte, und Estragon (Artemisia dracunculus), rechts.

Als anspruchsloser und gegen Trockenheit sehr widerstandsfähiger Strauch ist die Eberraute wie Salbei und Weinraute eine besondere Zier jedes Würzgartens. Gegen Winterkälte ist sie noch resistenter als Raute und Salbei. Vor allem ist sie viel widerstandsfähiger als der Rosmarin, den sie in ungeschützten Freilagen als Duftpflanze ersetzen kann. Sie läßt sich leicht durch Teilung, Absenker und Stecklinge vermehren. Wie alle diese Kleinsträucher wird sie jedoch von Unkräutern überwuchert, die vorsichtiger von Hand mit der Wurzel ausgerissen als mit der Hacke (Hort. 41) entfernt werden.

FLASCHENKÜRBIS / CUCURBITA
(Cucurbita lagenaria L.)

Hängen tu ich schon bei der Geburt, dann wachs' ich im Hängen,
Mich wiegt im Hängen der Wind, mich nähren schaukelnd die Lüfte;
Also, wenn ich nicht häng', werde ich später nicht lang sein.
ANTIKES PFLANZENRÄTSEL

Man unterscheidet nach der großen Formenfülle die dünnhalsigen »Pilgerflaschen«, »Pulverflaschen«, »Herkuleskeulen«, »Trompeten« und »Kanonenkugeln«.

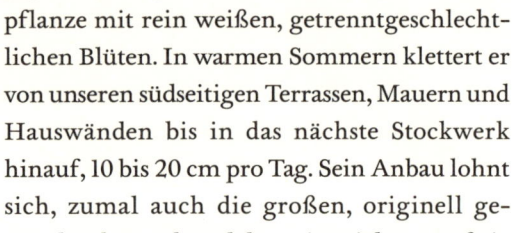

FLASCHENKÜRBIS

Die Kürbisstrophe gehört mit Recht zu den besonders beachteten und zitierten Teilen des Hortulus. Der Flaschenkürbis, nicht zu verwechseln mit den in der Neuzeit aus Mittelamerika eingeführten Kürbisgewächsen, ist eine üppige, einjährige, weithin verzweigte Schlingpflanze mit rein weißen, getrenntgeschlechtlichen Blüten. In warmen Sommern klettert er von unseren südseitigen Terrassen, Mauern und Hauswänden bis in das nächste Stockwerk hinauf, 10 bis 20 cm pro Tag. Sein Anbau lohnt sich, zumal auch die großen, originell gestalteten, hängenden Früchte besonders dekorativ wirken. Auf sie bezieht sich das spätantike Pflanzenrätsel am Eingang des Kapitels.

An jedem Knoten der Pflanze entsteht eine gegabelte Ranke (Hort. 116). Da die »Zinken« der »Gabel« viel länger sind als ihr »Stiel«, kann man eher von einem doppelten Seil (Hort. 117) sprechen. Die Ranken hat Hermann Sierp[108], der wohl als erster auf den Zusammenhang von Pflanze und Gedicht aufmerksam machte, so beschrieben: »Diese von der Pflanze ausgestreckten Organe beschreiben, gleichsam um ihre Umgebung nach Stützen abzusuchen, Kreise, und wenn sie so eine Stütze gefunden haben, umschlingen sie diese mit der Spitze, während der basale Teil sich zu einer dichten Spirale aufrollt. Durch dieses Aufrollen wird der Sproß sowohl näher an die Stütze herangezogen als auch in eine federnde Verbindung mit ihr gebracht.«

Auch der von Walahfrid verwendete Begriff *funis*, Schiffstau, möchte das Festmachen an der Halterung jenen verständlich machen, denen das Anlegen der Schiffe am Landungssteg geläufig ist.

In den beschriebenen Knoten sieht man jeweils eine männliche oder weibliche Blüte im Schmuck ihrer fünf Blütenblätter wie leuchtend weißer Krepp oder ungebügelte frische Weißwäsche, bis sie wenig später wie zu lange getragene Hemdlein isabellefarben und unansehnlich zusammenschrumpfen. An den weiblichen Blüten bemerkt man schon im Ansatz ihrer Knospen den ausgeprägten Fruchtknoten, der die künftige Form der Frucht erkennen läßt.

Klein Kürbs.
CCVIII.

Neben Ranke und Blüte erscheinen in den Knoten ein Blatt und alternierende Verzweigungen oder solche von verwirrender Unregelmäßigkeit. Dem Kürbis passt die strenge Form der Gartenbeete nicht; er überwuchert sie nach allen Richtungen. Genauso greift die Kürbisstrophe weit über das mittlere Maß der Pflanzenstrophen hinaus. Der Kürbis überwächst gleichsam Beete und Gedicht. Die saftigen Früchte werden, ähnlich den Zucchinis, jung geerntet, in Scheiben oder Stücke geschnitten, gesalzen und in der Pfanne gebraten. Das Flaschenkürbisrezept Walahfrids (Hort. 136–142) ist schon in dem Apicius, einem römischen Feinschmecker, zugeschriebenen spätantiken Kochbuch bekannt und auch neuerdings wieder erprobt. Dort finden wir Rezepte für Kürbisgerichte, die mit Hilfe zahlreicher Kräuter aus der Pflanzenwelt des Hortulus bereitet werden: Raute, Minze, Liebstöckel, Sellerie, Polei.[109]

Wenn die Früchte nicht im Laufe des Sommers für die Küche geerntet werden, kann man sie im Herbst abräumen und aufbewahren. Im Laufe des Winters faulen sie aus und trocknen dabei ab, die Fruchtwände werden hart und bräunen mit der nuancierten, stockfleckigen Patina alter, geheimnisvoller Landkarten. So entwickeln sie sich zu den von Walahfrid beschriebenen Behältnissen.

Man unterscheidet nach der großen Formenfülle die dünnhalsigen »Pilgerflaschen«, »Pulverflaschen«, »Herkuleskeulen«, »Trompeten« und »Kanonenkugeln«.[110] Bei Walahfrids Pflanzen handelte es sich um die besonders typischen und häufigen »Pilgerflaschen« (Hort. 131), die auch Columella erwähnt (Col. 10, 234). An ihrem schmalen Hals lassen sich Schlingen befestigen, an denen man sie tragen kann. Die »Pulverhörner«, von der Gestalt langer Gurken, waren wohl von der Form her eher für die Verwertung als Speise geeignet. Plinius (19, 69–74) gibt eine Reihe von praktischen Hinweisen über Sorten, Pflege, Anbau und Verwendung, die uns zum Teil auch bei Walahfrid begegnen.

Die Vegetationszeit der frostempfindlichen und wärmeliebenden Gewächse ist in unseren Klimazonen allerdings oft etwas zu kurz bemessen. Deshalb ist es zweckmäßig, sie in Töpfen vorzutreiben, ab Juni an der Südwand im lockeren Kompost an Stützen hochwachsen zu lassen und eifrig zu gießen. Da die Flaschenkürbisse auf der Reichenau besonders gut gediehen, kann man annehmen, daß damals heiße Sommer die Regel waren. Hinzu kam der kleinklimatische Vorzug des Hortus conclusus vor allem durch Windschutz. Nach Mitteilung von Manfred Rösch wurde inzwischen (1994) in der römischen Siedlung Pforzheim erstmalig ein Kürbiskern nachgewiesen, ein erster paläobotanischer Beleg für den Kürbisanbau und damit ein weiterer Hinweis auf warme Sommer in der Spätantike.

Walahfrids Kürbisstrophe ist indessen nicht nur in botanischer Hinsicht, sondern mehr noch künstlerisch bemerkenswert. In der Cucurbita-Strophe kommen bestimmte Züge der Poesie Walahfrids besonders zur Geltung, vor allem die Freude am bildhaften Vergleich. Während das Bild des Wachstums von Efeu und Weinstock, die an der Ulme wie der Kürbis an der Erle hinaufwachsen, als klassisch gelten kann[111], zieht er das Bild spinnender Mädchen heran, um die Bewegung der Ranken deutlich zu machen, oder er vergleicht den schönen Schwung der Früchte mit Drechslerarbeiten. So kommen neben den Ärzten und Apothekern, den Gärtnern (Hort. 11), Bäckern (Hort. 46, 50), Walkern (Hort. 227, 228), Schmieden (Hort. 298), Fischern (Hort. 297) und Stallmeistern (Hort. 38) auch Spinnerinnen (Hort. 119) und Drechsler (Hort. 129) zu Ehren.

Sein Vergleich mit Hals und Bauch ist unmittelbar einleuchtend und treffend. Wer dächte daran, daß aus einem so schwächlichen Stock (Hort. 113) mit unverhältnismäßig dünnem Wurzelhals eine so hochrankende, üppige Pflanze entstehen könnte, die gleichsam »in der Luft schwimmend« über ein Säulendach wachsen kann (Hort. 115)? Auf diese Weise wird der Flaschenkürbis durch die Vermittlung des Dichters noch lebendiger, noch schöner, als er in Wirklichkeit schon ist. Dabei kommt ihm seine Freude am kunstvollen Herausarbeiten feiner Details zustatten. Er scheint sich zu freuen, wenn er die Kostbarkeit des Unscheinbaren sichtbar macht, und dabei ranken seine Verse im Gedicht von Bild zu Bild, wie der Flaschenkürbis im Klostergarten von Stütze zu Stütze klimmt. Columella zeichnet ebenfalls schöne Bilder vom Flaschenkürbis (11,385–388), ohne jedoch die Feinheit Walahfrids zu erreichen. Spätantike Darstellungen des Flaschenkürbis finden wir in Bogengräbern der Katakomben, wo häufig Jonas in der Kürbislaube dargestellt ist:[112] »Denn Gott befahl einem Kürbis[113], und er stieg auf über dem Haupt des Jonas, zu sein Schatten über seinem Kopf, ihn zu beschatten von seinen Übeln. Und es freute sich Jonas über den Kürbis mit einer großen Freude.« Am Kürbis macht Gott seine Barmherzigkeit deutlich, er wird zum Zeichen und Lehrstück des Lebens in Glückseligkeit, die nicht nur Pflanzen, sondern auch Menschen und Tiere ausdrücklich umfaßt.[114]

MELONE / PEPONES
Honigmelone (Cucumis melo L.)[115]

Die sogenannten Melonen sind besonders erfrischend zu essen.
PLINIUS 20, 10

Die Melone ist, wie der Flaschenkürbis, ein einjähriges Gurkengewächs, doch verzweigen sich seine Ranken vorzüglich am Boden. Die Blätter sind grau behaart, die Blüten gelb und die Wurzeln schwach ausgebildet. Sie stammt ebenfalls aus dem tropischen Afrika, ist deshalb ähnlich frostempfindlich und hat ähnlich hohe Ansprüche an die Sommerwärme, aber auch an die Feuchtigkeit. Für das Ausreifen der Melone ist gegenwärtig die Sommerwärme auf der Reichenau eher knapp bemessen; vermutlich lagen die Sommertemperaturen zur Zeit Walahfrids etwas höher. Aber in geschützten Lagen ist es durchaus möglich, daß Melonen bei entsprechender Düngung und Bewässerung auch heute auf der Reichenau geerntet werden können. Neuerdings werden Melonen sogar als Möglichkeit für den Erwerbsgartenbau im Weinbaugebiet angesehen. Im Hausgarten werden sie zunächst in Töpfen vorgezogen und Ende Mai in Komposterde oder verrotteten Stallmist gepflanzt. Dem hohen Wärmebedürfnis kommen folgende gärtnerische Maßnahmen entgegen: Abdecken in kühlen Nächten, Hügelbeete, Windschutz (Hecken, Mauern) sowie Pflanzung auf schwarzer Folie oder unter Glas.

Wie der Flaschenkürbis ist die Melone als geschätzter und wohl auch nicht alltäglicher Leckerbissen an der Tafel eines Abtes anzusehen.

Wie der Flaschenkürbis ist die Melone als geschätzter und wohl auch nicht alltäglicher Leckerbissen an der Tafel eines Abtes anzusehen. Die Lebendigkeit der Darstellung schließt jeden Zweifel an der Wirklichkeitsnähe aus. »Froh empfängt dann der Gast der Gärten köstlichen Reichtum, und der Gaumen erfreut sich an der Reinheit und Natürlichkeit des Geschmacks« (Hort. 176–180). Der Vergleich von Melone und Seifenblase zeigt wieder die Liebe zur detaillierten Beschreibung und Beobachtung der Pflanze und die Bevorzugung der Metapher.

In der Melonenstrophe kommen die Gäste des Klosters zu besonderen Ehren. Denn alle eintreffenden Gäste sollen ausnahmslos freundlich aufgenommen werden (RB 53). Daher soll das Kapitel der Regel St. Benedikts über den Empfang der Gäste hier in Auszügen wiedergegeben werden: »Alle Gäste, die zum Kloster kommen, sollen wie Christus aufgenommen werden; denn er wird

MELONE

Pfeben.
CCCCII.

einmal sagen: ›Ich war Gast, und ihr habt mich aufgenommen‹ (Gal. 6,10).
Allen soll man die Ehre erweisen, die ihnen zukommt, besonders den Brüdern
im Glauben und den Pilgern. Sobald ein Gast gemeldet ist, sollen ihm der
Obere und die Brüder mit aller Freundlichkeit entgegengehen, wie es die Liebe
verlangt. Zuerst sollen sie gemeinsam beten, dann sich den Friedenskuß geben.
Bei der Begrüßung behandle man alle Gäste mit großer Bescheidenheit. Man
liest dem Gast zur Erbauung aus dem göttlichen Gesetz vor. Dann soll man
ihn sehr freundlich bewirten. Der Obere bricht des Gastes wegen das Fasten,
außer es handle sich um einen besonderen Fasttag, der gehalten werden muß.
Der Abt reicht den Gästen Wasser für die Hände. Der Abt und ebenso die gesamte Klostergemeinde waschen allen Gästen die Füße. Ganz besondere Aufmerksamkeit soll man der Aufnahme von Armen und Pilgern schenken; denn in ihnen wird mehr als in anderen Christus aufgenommen. Die Reichen sorgen schon durch ihr herrisches Auftreten dafür, daß sie geehrt werden. Abt und Gäste sollen eine eigene Küche haben, damit die Gäste, die zu unbestimmten Zeiten kommen, die Brüder nicht stören.«

»Wir gedenken der Fische, die wir in Ägypten umsonst aßen, und der Kürbiß, Pfeben, Lauch, Zwiebeln, Knoblauch.«
4. Buch Mose 11,5 (von Martin Luther übersetzt)

Walahfrids Melonen waren nicht die ersten, die in Mitteleuropas Wärmegebieten angebaut wurden. Schon aus römischer Zeit stammen Funde von Melonenkernen.[116]

Andere Gurkengewächse beschreibt Walahfrid nicht. Das gilt vor allem für die Wassermelone (*Citrullus lanatus Mansf.*), die durch ihr rotes Fruchtfleisch allgemein bekannt ist. Sie stammt ebenfalls aus Afrika. Im Gegensatz zur Honigmelone gibt es bis jetzt keine paläobotanischen Nachweise für ihr Vorkommen in Mitteleuropa aus römischer Zeit oder aus dem Mittelalter. *Cucumeres*, Gurken, erwähnt zwar das Capitulare de villis; archäologische Funde aus karolingischer Zeit stammen jedoch fast alle aus dem slavischen Siedlungsgebiet. Die Gurken sind wie Melonen und Flaschenkürbisse uralte Kulturpflanzen, die in Europa ursprünglich nicht heimisch waren; sie sollen aus Vorderindien kommen. Die heutigen Kürbisse (*Cucurbita pepo L.* und *Cucurbita maxima Duch.*) stammen aus Amerika und sind demnach Kulturpflanzen der Neuzeit. Das gilt auch für die Zucchini (*Cucurbita pepo var. giromontii*), eine Kürbiszüchtung, die in Gemüsegärten häufig angebaut wird.

MELONE

WERMUT / ABSINTHIUM
(Artemisia absinthium L.)

*W*alahfrid geht zum nächsten Beet und setzt so das Gedicht fort. Bei der Beschreibung erörtert er den Vergleich mit dem Beifuß, eine Heilpflanze, die er als bekannt voraussetzt. Der Beifuß (*Artemisia vulgaris L.*) wird als »Mutter der Kräuter« bezeichnet, ein Beiname, der im ganzen Mittelalter üblich ist. Während sich beide Pflanzen in Sproßaufbau, Blütenstand und Schnitt der Blätter ähnlich sind, fällt beim Wermut zunächst der äußerst bittere Geschmack auf. Der Geschmack der Beifußblätter, mit denen bekanntlich Geflügel und Fische vor dem Garen gestopft werden, ist dagegen eher aromatisch und durchaus bekömmlich. Auch die unterschiedliche Farbe der Blätter und Sprosse ist ein unverwechselbares Unterscheidungsmerkmal. So ist der Wermut fein silbergrau, während die Blätter des Beifußes oberseits auffallend dunkelgrün sind.

Johannes Colerus betont: »Wermuth soll ein Hauswirth allezeit in seinem Hause haben.«

Beide Pflanzen sind in Mitteleuropa heimisch. Besonders verbreitet ist der Beifuß, der in staudenreichen Unkrautfluren häufig anzutreffen ist. Seltener ist der Wermut, den man eher in Trockengebieten auf basenreichen Ruderalstandorten findet. Beide Stauden sind Begleiter der menschlichen Besiedlung seit jeher, ohne daß sie gezielt über den Gartenbau gefördert wurden.

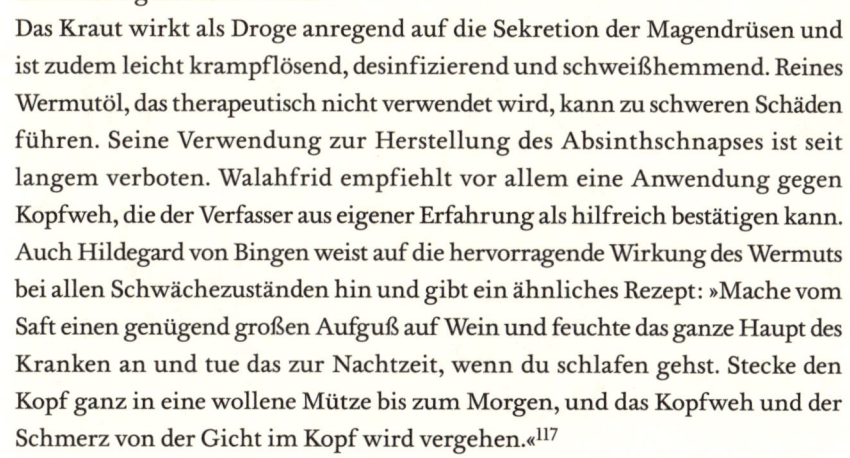

Das Kraut wirkt als Droge anregend auf die Sekretion der Magendrüsen und ist zudem leicht krampflösend, desinfizierend und schweißhemmend. Reines Wermutöl, das therapeutisch nicht verwendet wird, kann zu schweren Schäden führen. Seine Verwendung zur Herstellung des Absinthschnapses ist seit langem verboten. Walahfrid empfiehlt vor allem eine Anwendung gegen Kopfweh, die der Verfasser aus eigener Erfahrung als hilfreich bestätigen kann. Auch Hildegard von Bingen weist auf die hervorragende Wirkung des Wermuts bei allen Schwächezuständen hin und gibt ein ähnliches Rezept: »Mache vom Saft einen genügend großen Aufguß auf Wein und feuchte das ganze Haupt des Kranken an und tue das zur Nachtzeit, wenn du schlafen gehst. Stecke den Kopf ganz in eine wollene Mütze bis zum Morgen, und das Kopfweh und der Schmerz von der Gicht im Kopf wird vergehen.«[117]

Der Wermut fehlt in den bekannten karolingischen Quellen. Quintus Serenus empfiehlt ihn auch gegen Fieber.[118] Ambrosius berichtet von der lindernden Wirkung einer Wermutsalbe gegen Mückenstiche.[119] Seine Bedeutung als Bitter-

Absinthium Ponticum album. *Absinthium vulgare.* *Absinthium latifolium marinum.*

droge erwähnt Walahfrid nicht; es geht ihm offenbar nicht um eine erschöpfende Aufzählung von Anwendungen. Heute ist die Pflanze gerade deswegen allgemein bekannt und sprichwörtlich, denn »Was bitter dem Mund, ist dem Magen gesund«. Schon in der Antike hatten die Patienten Probleme mit dem Einnehmen der bitteren Arznei. Lukrez weiß von Ärzten, die den Becher mit Wermut am Rande mit Honig bestreichen, damit ihn die Kinder leichter trinken. Ebenso wollte er den bitteren Wermutstropfen seiner Lehre durch den Honig seiner Poesie versüßen.[120] Die späteren Kräuterbücher haben die Bedeutung des Wermuts hervorgehoben. Johannes Colerus betont: »Wermuth soll ein Hauswirth allezeit in seinem Hause haben.« Und so kommt es nicht von ungefähr, daß die silbergraue, dekorative Staude in keinem Bauerngarten fehlte.

Was bitter dem Mund, ist dem Magen gesund.

In der bildenden Kunst werden stilisierte Wermutblätter als Ornamente verwendet. Borte von Wermutblättern mit roten und weißen Rosen zieren in der Pfarrkirche von Wendelsheim bei Tübingen die Fresken mit Darstellungen des Leidens Jesu.[121]

Die Wermutstrophe Walahfrids befaßt sich ausschließlich und nachvollziehbar mit therapeutischen Wirkungen der Droge. Von Volksbräuchen[122] und Zauberei ist in dem Gedicht keine Spur zu entdecken. Es gibt indessen auch keine Polemik gegen »heidnische Bräuche«. In der frühen Neuzeit kommt Otto Brunfels, einer der Väter der Botanik in Deutschland, in viel schärferem Ton darauf zu sprechen, wenn er auf den deutschen Namen des Beifußes eingeht: »Beifuß ist etwan bey den alten Heyden / Parthenis und Artemisia genant von wegen einer Jungfrawen / welche ein Göttine gesein / und jm demselbige nammen geben. Wir Teutschen nennen es Beyfuß / Buck / Sonnenwendel / oder St. Johanskraut. Ist aber darumb also in den Brauch kommen / das an vilen Orten Teutschlands menigklich sich befleißet solich kraut zu bekomen / sich damit krönen unnd gürten / unnd zuletzt in das Johannisfewr werffen. Solichs soll ein sonderlich expiation sei / und geheimnuß. Also haben die Alten Heyden auch gegauckelt / so haben wir wie die affen nachgefolgt / un ist uff den heutigen Tag solicher und dergleichen superstitionen / weder maß nach ende.«[123]

In der Mitte der gewöhnliche Wermut (Artemisia absinthium), links der pontische (A. pontica), rechts der Salzwermut (A. maritima).

ANDORN / MARRUBIUM
(Marrubium vulgare L.)

Wie die Salbeiarten, Minzen, Polei, Heilziest und Katzenminze gehört auch der Andorn zu den Lippenblütlern in Walahfrids Garten. Man erkennt die Gattung Andorn an den hakig verdornenden Spitzen der zehn Kelchblätter, daher auch der deutsche Namen. Wer im Herbst in den Kräuterbeeten Walahfrids arbeitet, bemerkt dies leicht an seinen Kleidern, wo nach Art der Klettfrüchte die vertrockneten Reste des Kelches hängen bleiben.

Für Plinius ist der Andorn zu bekannt, als daß er beschrieben werden müßte.

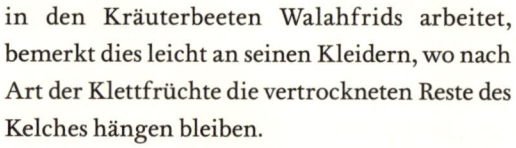

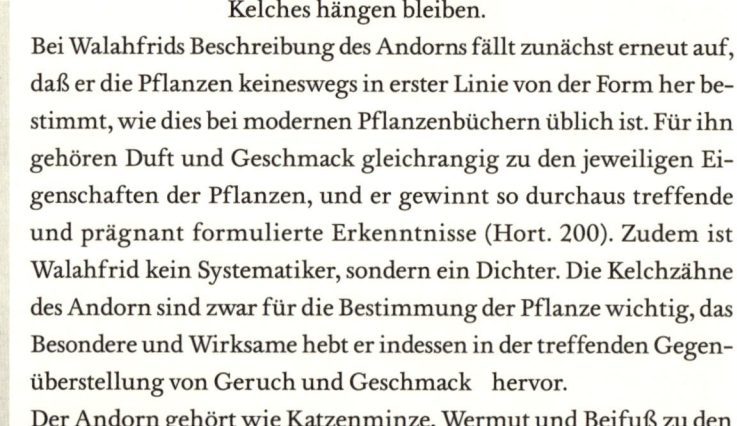

Bei Walahfrids Beschreibung des Andorns fällt zunächst erneut auf, daß er die Pflanzen keineswegs in erster Linie von der Form her bestimmt, wie dies bei modernen Pflanzenbüchern üblich ist. Für ihn gehören Duft und Geschmack gleichrangig zu den jeweiligen Eigenschaften der Pflanzen, und er gewinnt so durchaus treffende und prägnant formulierte Erkenntnisse (Hort. 200). Zudem ist Walahfrid kein Systematiker, sondern ein Dichter. Die Kelchzähne des Andorn sind zwar für die Bestimmung der Pflanze wichtig, das Besondere und Wirksame hebt er indessen in der treffenden Gegenüberstellung von Geruch und Geschmack hervor.

Der Andorn gehört wie Katzenminze, Wermut und Beifuß zu den Ruderalpflanzen, die seit der Jungsteinzeit im Gebiet die Siedlungen der Menschen begleitet haben. An Wegen und Mauern war die stickstoff- und wärmeliebende Pflanze mit anderen Ruderalpflanzen unserer Dörfer in wärmeren Gebieten nicht selten. Straßenverbreiterung und Versiegelung der Oberflächen möglichst bis zur Haustüre – »damit alles ein für allemal sauber aussieht« – haben sie äußerst selten werden lassen.

Abb. rechte Seite: In der Mitte der Andorn (Marrubium vulgare), links der Ungarische Andorn (Marrubium peregrinum) und rechts die Frauenminze (Tanacetum balsamita).

Bei Plinius sind zahlreiche Anwendungen notiert.[124] Für ihn ist der Andorn zu bekant, als daß er beschrieben werden müßte. Er hebt die Medikation gegen Schlangenbisse und seine vorzügliche Wirkung gegen Gift hervor. Für Quintus Serenus gehört er ebenfalls zu den wichtigsten Heilpflanzen, nützlich gegen allerlei Gebrechen.[125] Die »ärgerlichen Beklemmungen«, gegen die Walahfrid den Andorntee anwendet, sind daher schwer zu deuten. Noch im Kräuterbuch von Pierandrea Mattiolus, also im 16. Jahrhundert, ist der Andorn

Marrubium Creticum angu- / *stis folijs inodorum*.   Marrubium vulgare.   *Mentha Sarracenica*.

ein »Allerweltskraut« gegen verschiedenste Krankheiten. Heute wird er in der Pflanzenheilkunde bei Erkrankungen des Magen-Darm-Leber- und Galletraktes verwendet. Er gilt vor allem als Cholereticum, also als Heilmittel, das die Gallesekretion anregt.

Bemerkenswert ist, daß Walahfrid den Andorntee als Gegenmittel bei Eisenhutvergiftungen beschreibt. Der Eisenhut (*Aconitum*) ist seit alters her als gefährlichste Giftpflanze gefürchtet. Die tödliche Dosis der Droge (alle Pflanzenbestandteile) liegt bereits bei 2 g. Schon das Pflücken kann gefährlich sein, da das Gift durch die Haut eindringt. Neben dem Schierling wurde der Eisenhut dazu benützt, um Personen hinzurichten oder schnell zu beseitigen und um Speere und Pfeile zu vergiften. Der Sage nach ist der Eisenhut aus dem Geifer des Höllenhundes Kerberos entstanden, als dieser am Hügel Akonitos in Pontos von Herakles aus der Unterwelt herausgeschleppt wurde.[126]

Ähnlich wie bei Lilie und Salbei wird auch in der Marrubiumstrophe im letzten Drittel die Bosheit dem Heil besonders bildhaft und nachdrücklich gegenübergestellt.

ANDORN

FENCHEL / FOENICULUM
(Foeniculum vulgare Miller)

*D*er Fenchel ist ein vielgestaltiger und vielseitiger, »von Kopf bis Fuß« nutzbarer Doldenblütler. Aus dem einjährigen bis ausdauernden Wurzelstock (Rhizom) entwickelt sich mindestens ein unten von mützenförmigen Blattscheiden umgebener, ein bis zwei Meter hoher gerillter Sproß mit weit ausgebreiteten, fein gefiederten Blättern, die denen des Dill ähnlich sehen, aber leicht am Geschmack davon zu unterscheiden sind. Die ganze Pflanze ist von einer zarten Wachsschicht überzogen und wirkt daher blaugrün überreift.

»Der Fenchel hat eine angenehme Wärme, schadet auch roh genossen dem Menschen nicht. In jeglicher Zubereitung heitert er den Menschen auf, bewirkt wohltuende Wärme und Schweiß und fördert die Verdauung ...«.

An den gärtnerischen Kulturformen, die heute auch auf der Insel Reichenau wieder vermehrt angebaut werden, interessieren uns vor allem die Fenchelknollen, die als kräftige Zwiebel ähnlich der Küchenzwiebel aus schaligen Bildungen der Grundblätter bestehen. Sie werden roh oder gedämpft genossen und schmecken süßlich und würzig zugleich.

Will man indessen ätherisches Öl aus den Früchten gewinnen, dann sind die eßbaren Grundblätter weder für den Züchter noch für den Gärtner von Interesse. Damit wären wir beim Fenchel Walahfrids, der sich um die Pflanze als Heilmittel kümmert. Süß sei sein Fenchel in bezug auf Geschmack und Geruch. Da die Wildpflanzen des Mittelmeergebietes einen bitteren Geschmack haben, kann man davon ausgehen, daß Walahfrid eine Kulturform anbaute. Das ätherische Öl hat einen süßwürzigen Geruch und einen überwiegend süßen, kampferartigen Geschmack. Die Früchte werden heute vor allem als Tee genossen, sie wirken beruhigend und schleimlösend und werden gegen Blähungen und Husten verordnet.

Diese Anwendungen entsprechen auch heute noch den Empfehlungen, die Walahfrid ausdrücklich zitiert (Hort. 212). Danach sollen die Früchte, mit Ziegenmilch eingenommen, Blähungen mildern und die Darmträgheit beheben. Es ist freilich keine gewöhnliche Ziegenmilch, die er und Quintus Serenus[127] verwenden. Es ist die erste Milch einer Ziege, die gerade ihr Zicklein gesetzt hat. Diese Milch gilt bis heute als besonders leicht verdaulich und nahrhaft. Bei Husten wird Fenchel mit Wein gegeben. Diese Anwendungen finden wir auch später wieder im »Regimen sanitatis Salerni«[128] und bei Albertus

Fenchel. CCLXXXIII.

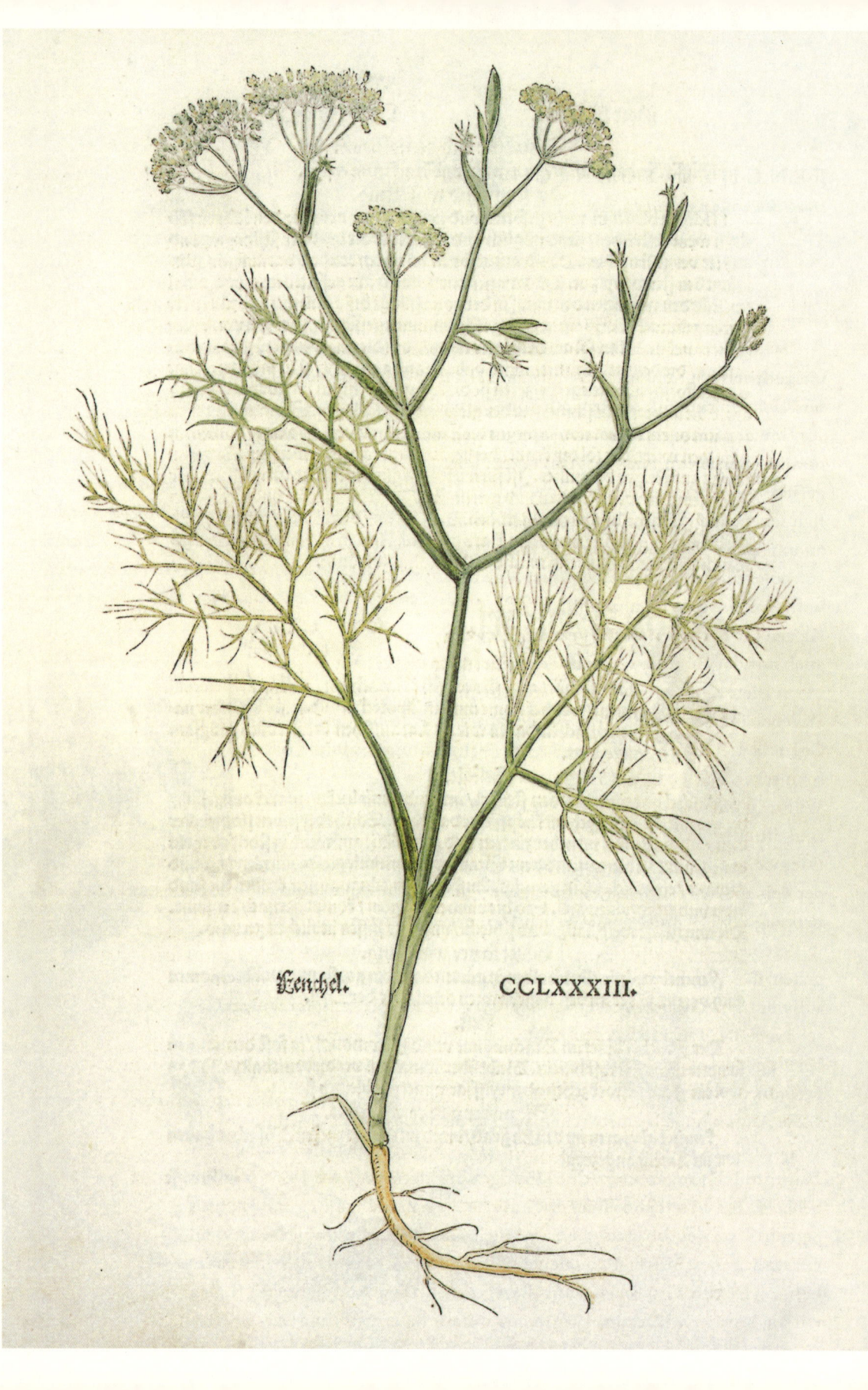

Magnus[129] sowie bei Hildegard von Bingen[130], die den Fenchel besonders empfiehlt: »Der Fenchel hat eine angenehme Wärme, schadet auch roh genossen dem Menschen nicht. In jeglicher Zubereitung heitert er den Menschen auf, bewirkt wohltuende Wärme und Schweiß und fördert die Verdauung ...«
Die Verwendung des Fenchels in der Augenheilkunde war in der Antike allgemein bekannt und ist vielfältig bezeugt. Walahfrid bezieht sich hier auf Gewährsleute, deren sagenhafte Quellen freilich übergangen werden. Plinius erzählt davon, daß der Gebrauch der Pflanze in der Augenheilkunde auf die Beobachtung zurückgeführt worden sei, daß Schlangen Fenchel fressen, wenn sie ihre Haut abstreifen, um die alte Sehschärfe wieder zu erlangen.
Die Fenchelstrophe Walahfrids ist nüchtern und läßt den verfeinerten Reiz der Pflanzensymbolik des späteren Mittelalters noch nicht ahnen, wo der Duft der Gewürzpflanzen beispielsweise bei Konrad von Würzburg[131] mit dem Gewand Mariens verglichen wird:

>*den venchel und die minzen*
>*salveien unde ruten*
>*wil ich dinem truten*
>*gewande nicht gelichen:*
>*ich will darzuo die richen*
>*aromatwürze mazen,*
>*wand uf der himelsstrazen*
>*darnach vil manec sele quilt.*

SCHWERTLILIE / GLADIOLA
(*Iris germanica L.*)

Bist schön wie im bunten Gärtchen
eines reichen Mannes der Hyacinthus steht
CATULL, 61. GEDICHT

Die Schwertlilien sind Lilienverwandte (*Liliales*) mit eigener Familie (*Iridaceae*) und eigener Gattung (*Iris*). Walahfrid beschreibt die Deutsche Schwertlilie (*Iris germanica L.*) oder eine nächstverwandte Art der Sippe, deren nach unten gebogene, äußere Perigonblätter auf der Oberseite eine Zeichnung aufweisen, einen Strich abstehender kurzer Haare. Diese Sippe wird auch unter einem eigenen Gattungsbegriff (*Pogoniris Bak.*) geführt.

»leuchtender noch als tyrischer Purpur wuchs eine Blume empor, an Gestalt den Lilien ähnlich ...«.

Die Schwertlilie wird von Walahfrid zunächst wegen ihrer Blütenpracht erwähnt, ist sie doch neben Lilie und Rose die einzige Pflanze des Gärtleins mit auffallend großen Blüten. Ihre drei inneren Perigonblätter sind nach oben gerichtet, die drei äußeren nach unten geschlagen und »beschriftet«; die überwiegend blaue, leuchtende Farbe ist variabel; Walahfrid umschreibt sie als Purpur und dunkles Veilchenblau.

Die Schwertlilie besitzt unmittelbar im Bereich der Bodenoberfläche ein kräftiges Rhizom, das sich nach den Seiten hin verzweigt und Jahr für Jahr in sichtbaren Marken weiter wächst. Diese ausdauernden, umfangreichen Sproßorgane speichern als Reservestoffe vor allem sehr viel Stärke (> 50%) und ein ätherisches Öl mit ausgeprägtem Veilchengeruch. Daher war das Rhizom als »Veilchenwurzel« im Gebrauch. Diese wurde früher auch in Apotheken als »Beißring« für zahnende Kinder geführt. Heute gilt dieses Kaumittel als unhygienisch, da das feuchte Substrat als Nährboden für Mikroorganismen geeignet ist. Iriswurzeln wurden zudem als Stärkemittel für Weißwäsche verwendet, mit dessen Hilfe das Leinen Steif-Appretur und einen angenehmen Geruch erhielt. Um diese Arbeiten kümmerten sich spezialisierte Handwerker, die Walker, welche das Walken, Reinigen, Weißen und Stärken der Wäsche besorgten. Walahfrid weist auf diese praktische Verwendung ausdrücklich hin, und daraus ergibt sich, daß es sich bei seiner Pflanze nur um die Sippschaft der von Linné so benannten *Iris germanica* handeln kann.[132] Die Gladiole besitzt lediglich nußgroße Knollen, die in der Wäschebehandlung nicht verwendet wurden. Auf diesen Zusammenhang hat erstmalig von Fischer-Benzon hingewiesen.[133] Damit stimmt auch die Be-

SCHWERTLILIE

Blaw Silgen. CLXXVIII.

schreibung der zweizeiligen, breiten, spitz zulaufenden Blätter überein, die einem Schwert gleichen. Für sich genommen wäre dies freilich kein ausreichender Beweis, da Gladiolenblätter ähnlich aussehen. Hingegen paßt die Beschreibung der Blütenfarbe zur Schwertlilie. Veilchenfarbe und Veilchenduft durchziehen somit die ganze Strophe. Die Identifikation der Pflanze Walahfrids ist heute unbestritten.

Wie steht es aber um die Mythologie des Namens Hyacinthus, den Walahfrid mit der Schwertlilie in einen Zusammenhang bringt? Es ist anzunehmen, daß er diesen Sagenstoff Ovid entnommen hat.[134] Dieser erzählt das Drama so: Phöbus Apollo und sein junger spartanischer Freund Hyacinthus, der Sohn des Oebalus, üben sich im Diskuswerfen. Apollo wirft die schwere Scheibe weit hinauf in die Lüfte, Hyacinthus eilt zum Ziel, die Scheibe schlägt auf dem harten Boden auf, springt zurück und trifft den Jüngling tödlich am Kopf. Bleich liegt er da, »wie wenn einer Veilchen, Mohn und Lilien im Garten bricht, und sie lassen auf einmal verwelkt die Köpfe hängen.« Apollo klagt über den Tod des Hyacinthus und sieht voraus, daß dieser zur Blume wird, die seinen Schmerz immer begleitet. Und während er so sprach,

hörte das Blut, das zur Erde rann und die Kräuter bemalte,
Blut zu sein auf, und leuchtender noch als tyrischer Purpur
wuchs eine Blume empor, an Gestalt den Lilien ähnlich,
doch von purpurner Farbe, nicht silbern scheinend wie jene.

Damit nicht genug – Hyacinthus schreibt seinen Schmerz auf die Blütenblätter, so daß die Aufschrift AI AI als Zeichen der Trauer auf ihnen zu lesen steht.

Der aber zeichnete seinen Schmerz auf die Blätter, und AI AI
steht seither auf der Blüte geschrieben als Zeichen der Trauer.

SCHWERTLILIE

Walahfrid hat aus dem Sagenstoff, den ihm Ovid bot, bewußt ausgewählt, denn es gibt neben Hyacinthus auch einen homerischen Helden, dessen Blut zur Blume wurde. Es war Ajax, der stärkste der griechischen Heroen vor Troja.[135] Er unterlag dem listenreichen Odysseus im Streit um die Waffen des Achill, eine Zurücksetzung, die er nicht ertragen konnte. Er tötete sich mit seinem Schwert, er, der als einziger dem Hektor widerstand, der dem Eisen und dem Feuer trotzte, ja dem Jupiter selbst, er widerstand seinem eigenen jähzornigen Trotz nicht, seiner mißgünstigen Wut, seinem verletzten Stolz und dem schmerzlichen Gefühl, ungerechterweise zurückgesetzt worden zu sein. – Eine solche Blume gehört wohl nicht in den Hortulus.[136]

Walahfrid übernimmt aber auch nicht den von Beda Venerabilis zitierten mystischen Gedanken an die Wundmale Jesu; er verbindet diesen vielmehr erst in der Schlußstrophe mit der Rose.[137] Nach dem anonymen Zitat Bedas sind die Hände Jesu mit Hyacinthen gefüllt, deren Farbstriche seines Namens tragen, vom Blut der Kreuzesnägel gefärbt. Beda stellt ausdrücklich fest, daß diese christliche Deutung nicht im Widerspruch zur antiken Sage stehe, und zitiert in diesem Zusammenhang Vergil (Ekl. III, 63), »der alle Kostbarkeit im Zeichen der Liebe vereinigt«. Diese Stelle zeigt die Einbindung Vergils in die Gedankenwelt Bedas und die Verbindung von antiker Mythologie und christlicher Mystik. Der Antike begegnen wir auch im Hortulus auf Schritt und Tritt, wie diese Strophe verdeutlicht.

Vergils Pflanzenrätsel

Es gibt vor allem zwei Pflanzensippen, die zu diesen Sagen von der Zeichnung durch Blut passen und im Hortulus anklingen: zum einen die bereits erwähnten Schwertlilien und zum andern die Gladiolen. Bei den Gladiolen, die mit den Schwertlilien zu einer Familie gehören, sind nicht die drei äußeren, sondern die drei unteren Blütenblätter gezeichnet. Damit hätten wir, wenigstens im Kontext des Hortulus, auch das Blumenrätsel Vergils gelöst:

> *Sag mir, wo auf Erden Blumen sprießen*
> *Mit Königsnamen, auf den Blütenblättern eingezeichnet?*
> *Und Phyllis soll alleine dir gehören.*[138]

LIEBSTÖCKEL / LYBISTICUM
Liebstöckel, Liebstock (Levisticum officinale Koch)

Das Liebstöckel ist der stattlichste Doldenblütler des Hortulus. Die Pflanze wird bis zu zwei Meter hoch, die zwei- bis dreifach gefiederten, schwach glänzenden Blätter sind lang und breit. Beschreiben wir seine Gestalt mit Tabernaemontanus[139], dem Meister anschaulicher Pflanzenbeschreibung: »Die Blätter sind dem Eppichkraut ähnlich / allein dass sie grösser / liechtgrüner und tiffer zerschnitten sind. Der Stengel ist rund / dick / groß / und innwendig hol / dem Stengel der Angelick / oder dem Fenchel gleich / der hat viel Nebenzincken / die bringen mit dem Haubtstengel oben schöne Dolden oder Cronen / die blühen gegen dem Heumonat geel / wie der Fenchel oder Dillkraut: wann sie abfallen / so folgt ein leichter / breiter Saamen wie der Saamen der Angelick allein daß er ein wenig kleiner ist / von Farben grawlechtig / wolriechend / und eines scharpffen und räsen Geschmacks auf der Zungen. Dieses Kraut ist von wegen seiner großen Tugend männiglich bekannt ...«

Aus Wurzel, Kraut und Samen stellt Tabernaemontanus zahlreiche Genuß- und Heilmittel her: Liebstöckelwein und -bier, Liebstöckelwasser und -essig als Wickel, Extrakte, Pflaster in vielerlei Mischungen zur Vorbeugung und Heilung unzähliger Gebresten. In der Antike hingegen schätzte man die Pflanze aufgrund anderer Eigenschaften: Nach Plinius ist das Kraut gut für den Magen bei Krämpfen und Blähungen.[140] Diese Wirkung und die Würze der Pflanze ließen sie auch als Küchenkraut geeignet erscheinen. Im Kochbuch des Apicius, das ein nahrhaftes, einfaches Gericht enthält, lautet das entsprechende Rezept:

Erbsen oder Bohnen á la Vitellius

Koche Erbsen oder Bohnen; schäume sie ab. Füge Lauch, Koriander und Malvenblüten hinzu. Während dies weiterkocht, zerstampfe im Mörser Pfeffer, Liebstöckel, Origanum und Fenchelsamen, befeuchte die Mischung mit liquamen (eine Art salzige Fischsauce) und Wein und gib sie in den Topf. Nach dem Aufkochen umrühren. Gieße bestes Öl darüber und serviere.[141]

Columella empfielt ein Hausmittel zum Abführen, dem er Liebstöckel beimischt: Einem halben Liter Rosinen werden Minze, Pfeffer und Liebstöckel beigegeben (jeweils eine Handvoll), das ganze wird mit Honig gut vermengt und so aufbewahrt.[142]

Liebstöckel.
CCCCXXXVI.

Alles in allem ist das Liebstöckel in römischer Zeit keine wichtige Heil- und Küchenpflanze gewesen.[143] In seinem Gartengedicht, in dem sonst die Fülle der Gärten römischer Landgüter ausgebreitet ist, erwähnt sie Columella nicht. Sie fehlt in der gesamten klassischen Literatur, etwa bei Vergil; auch im späteren Gartenkalender des Palladius finden wir sie nicht. Bei Quintus Serenus suchen wir sie ebenfalls vergebens. In archäologischen Grabungskampagnen konnte sie bis jetzt nicht nachgewiesen werden.

Erst seit der Zeit Karls des Großen finden wir an wichtiger Stelle Nachweise: Liebstöckel wird im Capitulare de villis, im Herbularius des Klosterplans und in Inventaren von Krongütern aufgeführt. Walahfrid widmet ihm gleichwohl nur einen sehr bescheidenen Platz in seinem Gedicht, zitiert schädliche Nebenwirkungen und läßt die Pflanze eben noch als bescheidenes Hilfsmittel gelten. Aber seine Liebe zu allen Pflanzen des Gärtleins schließt auch diese wenig nützliche Staude mit ein (Hort. 230). Nicht nur Königssymbole wachsen im Hortulus. Wer mag sich hinter dem Liebstöckel verbergen?

In der Arzneimittelkunde spielt die Liebstöckelwurzel heute als Diuretikum eine untergeordnete Rolle. Dagegen sind die Blätter des stattlichen, würzig duftenden Doldenblütlers mit »Maggigeschmack« im Küchengarten als wichtiges Suppenkraut allgemein bekannt.

KERBEL/CEREFOLIUM
(Anthriscus cerefolium L.)

Der Kerbel gehört ebenfalls zu den Doldenblütlern des Gärtleins. Die Pflanze ist aber kleiner und schwächer als das Liebstöckel, dem Walahfrid die vorhergehende Strophe gewidmet hat. Der Kerbel ist einjährig und sät sich jährlich leicht selbst aus. Sein Stengel ist hin- und hergebogen und meist nur einen halben Meter hoch. Die Blätter sind zart, dünn, hellgrün, oberseits kahl und unterseits wollig behaart sowie bis zu vierfach gefiedert. Die ganze Pflanze hat ein frisches, etwas süßliches, an Anis erinnerndes Aroma.

Der Kerbel, Gemüse armer Leute.

Der Kerbel ist heute weit über Europa hinaus verbreitet. Ursprünglich soll er aus Westasien stammen. Vielleicht läßt sich so erklären, daß die Pflanze im Hortulus als »Mazedonierin« vorgeführt wird, ein weiteres Beispiel für die Neigung Walahfrids, Pflanzen zu personifizieren oder doch eng mit dem Schicksal von Personen zu verbinden.[144] Der Kerbel gehörte schon in der römischen Antike zu den Küchenkräutern. Plinius, Columella und Palladius nennen ihn gemeinsam mit Dill, Koriander, Anis, Ampfer, Melde, Pappel und anderem Grün.[145] Er gehört heute zu den *fines herbes* der Haute Cuisine und ist Hauptbestandteil der »grünen Sauce« im Hessischen.

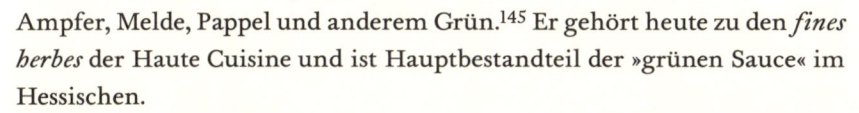

Bei den Heilpflanzen des Quintus Serenus wird er nicht aufgeführt. In den karolingischen Quellen, vor allem im Capitulare de villis, ist er hingegen erwähnt. Als Heilmittel empfiehlt ihn Walahfrid bei Blutwallungen und, mit Poleiminze und Mohn versetzt, bei Leibschmerzen. Dies entspricht etwa der heutigen Anwendung in der Pflanzenheilkunde.

Der Kerbel diente aber zu Walahfrids Zeiten ähnlich wie die Sellerie nicht nur als Heilpflanze, sondern wie in der römischen Antike mehr noch als Küchenkraut, als Gemüse, Salat und Gewürz für jedermann. Daher wurde er im St. Galler Klosterplan auch im Gemüsegarten gepflanzt. Er dürfte damit unter anderem Verwendung in der Beikost und der Fastenspeise der Mönche gefunden haben. Gartenkräuter und frisches Gemüse spielten bei den Mahlzeiten, vor allem an den Fasttagen Mittwoch und Freitag, eine erhebliche Rolle. Die ägyptischen Mönche, deren vorbildliche, asketische Haltung für Cassian beispielhaft ist, ernährten sich hauptsächlich von

Kerbelkraut. CXXII.

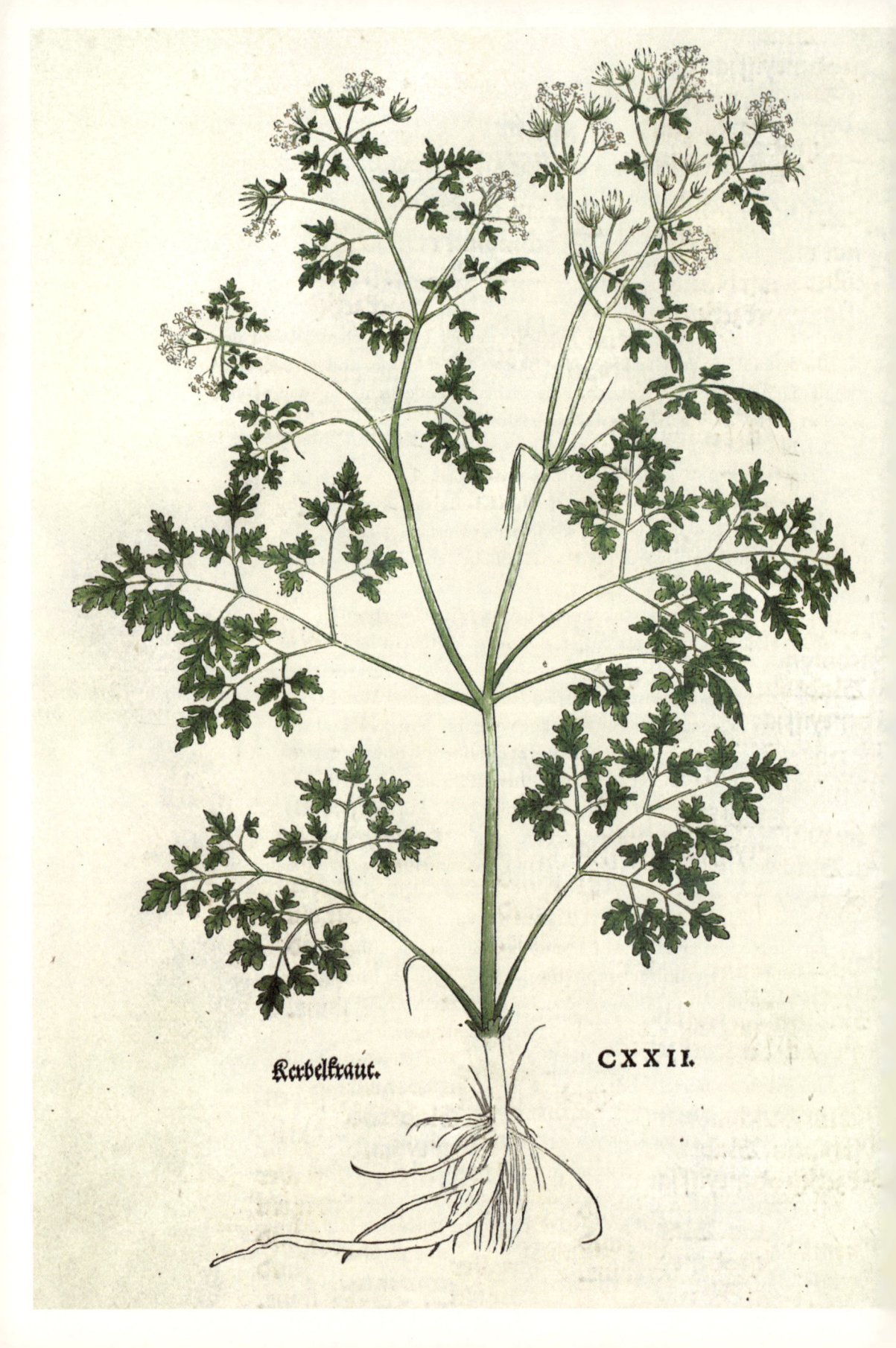

Kräutern: »Infolge ihrer strengen und sorgfältigen Art der Enthaltsamkeit sehen sie es als höchsten Genuß an, wenn ein mit Salz vermischtes Kraut, in Wasser aufgeweicht, den Brüdern zur Speise vorgesetzt wird«.[146] Doch der Hortulus ist kein Küchengarten, deshalb steht der Kerbel als Speisepflanze hier nicht im Vordergrund.

LILIE / LILIUM
Weiße Lilie (Lilium candidum L.)

*W*enn die Lilie mit ihrer grundständigen, überdauernden Blattrosette den Winter überstanden hat, treibt sie recht schnell einen kräftigen, beblätterten Langtrieb und am Ende auf schlank zulaufendem Sproß einen lockeren Blütenstand mit den bekannten, leuchtend weißen, duftenden Blumen. Wie bei allen Liliengewächsen sind diese Blütenblätter doppelt dreizählig. Bei unserer Art sind Kelch und Blüte gleich gestaltet, so daß im Grundriß eine Sechserstruktur sichtbar wird, ein Hexagramm, dessen Geometrie der des Sternes Salomons entspricht. Im Längsschnitt ist die Blume wie ein Trichter gestaltet; sie entfaltet sich von unten nach oben immer mehr, bis sie sich an ihrem äußeren Rand leicht zurückbiegt.[147] Im Innern befindet sich ein goldener Kranz von Staubgefäßen, wie »gelbe Pützlein auf zarten Stielen. Diese Pützlein geben einen anderen Geruch als die Blum und zerstieben leichtlich« (Tabernaemontanus). Der Blütenstaub liegt auf den Blumenblättern wie feiner Goldstaub auf festem, strahlend weißem Wachspapier. Der innerste Bereich ist der weibliche Teil der Blüte, das Gynaeceum, dessen grünlicher Griffel wesentlich länger ist als die Staubfäden. Ihren feinen Duft verströmt die Blume am Abend. Damit lockt sie Nachtfalter an, die für die Bestäubung sorgen. Sie fliegen von Blüte zu Blüte und berühren jeweils die Narbe am Ende des Griffels, der dadurch mit dem Blütenstaub anderer Blüten in Berührung kommt. Der feine Duft der unberührten Blütenblätter verliert sich, sobald man sie zerquetscht (Hort. 407–409). Die Lilie wurde deshalb zum Symbol der Reinheit. Nach der Blüte, etwa Ende Juni, steht der saftig-frische Sproß ab; die Pflanze zieht sich in die schuppige Zwiebel ihrer Niederblätter zurück und überdauert dadurch die heiße Sommerzeit. Insbesondere in ihrer palästinensischen Heimat kommt ihr diese Eigenschaft zustatten. Erst im Spätsommer treibt sie wieder eine Rosette, aus der sie im kommenden Jahr ihre schönen blühenden Sprosse entfaltet.

In der Mitte und rechts Weiße Lilie (Lilium candidum) mit Blütenschaft und Zwiebel, links Rote Lilie (Lilium Chalcedonicum)

LILIE

Von der besonderen Würde und göttlichen Herkunft der Lilie ist schon in der griechischen Mythologie die Rede.[148] Als der kleine Herakles an der Brust der Hera, der die Kühe heilig waren, kräftig sog, ergoß sich ein großer Strahl von Muttermilch in das All. So entstand die Milchstraße. Einige Tropfen fielen auf die Erde, und aus ihnen wuchsen die weißen Lilien. Um ihren Duft und ihre Schönheit besonders zu würdigen, verglich man sie mit Narde, Weihrauch

Lilium Byzantinum flore multi plici.   *Lilium album.*   *Scapus Lilij.*

und Marmor, dem Wertvollsten, was die Antike zu bieten hatte. Nardenöl galt als besonders kostbares Duftöl vor allem für kosmetische Zwecke. Wir kennen es auch aus der Bibel (Joh. 12,3 und Mk. 14,3). Reines Nardenöl wurde aus der echten Narde (*Nardostachys jatamansi*) hergestellt, die im zentralen Himalaya heimisch ist. Auch hier taucht wie in der Poleistrophe das ferne Indien am Horizont auf (Hort. 303). In den Wäldern von Saba in Südarabien (Jemen) wurden, wie heute noch, die Boswelliabäumchen kultiviert, deren Harz, das nach Einritzen der Stämmchen austritt und abgesammelt wird, den feinsten Weihrauch liefert.[149] Auf der Kykladeninsel Paros wurde der beste weiße Statuenmarmor der Welt gebrochen und verschifft (Vergil, Georg. III, 34–36). Die Bedeutung der Lilie im Gedicht Walahfrids wird allein schon dadurch hervorgehoben, daß sie zweimal, und zwar an den wichtigsten Stellen des Hortulus, erwähnt wird: in der zwölften von 23 Pflanzenstrophen im Zentrum und mit der Rose zusammen in der Schlußstrophe. In der ersten Stelle wird die leibhaftige Schönheit und Heilkraft gewürdigt, in der zweiten die zeichenhafte Schönheit und geistige Heilkraft, als ein Bild leuchtender Schönheit des Glaubens, hier metaphorisch dargestellt als schimmernder Schnee (Hort. 250, 418). An dieser Stelle kommt im Hortulus die symbolhafte Heilsgeschichte zum Ausdruck. Das Gärtchen hat, wie erwähnt, einen heidnisch-bäuerlichen Vorplatz im Zeichen des Priap, einen imperialen Eingang, sodann eine strahlende Mitte, geschmückt mit der Lilie, deren tiefe religiöse Bedeutung sich erst am Ende des Gedichtes, zusammen mit der Rose, offenbart. Eine wichtige Parallelstelle zum symbolischen Verständnis der Lilie bringt wenig später Hrabanus Maurus: »Die Lilie bedeutet Christus, welcher im Hohenliede sagt: ›Ich bin die Blume des Feldes und die Lilie der Täler‹ (Cant. II) und ebenso: ›um zu weiden in dem Garten und Lilien zu sammeln‹ (Cant. VI), als wenn er sagen wollte: Ich bin eine Zierde der Erde und ein Ruhm der Niedrigen; er, der von seiner Braut sagt: ›So wie eine Lilie unter den Dornen, so ist meine Freundin unter den Mädchen‹ (Cant. I), weil ihre Reinheit durch Trübsal erprobt wird und das Leben in der Öffentlichkeit größere Frucht bringt als die Zurückgezogenheit. Es kann aber auch unter Lilie die Jungfräulichkeit verstanden werden, weil die jungfräuliche Reinheit höher steht als alle anderen Tugenden, wie in der Apokalypse gezeigt wird.«[150] Ein vergleichbares Beispiel für die symbolische Deutung und zentrale Stellung der Lilie im – ebenfalls sinnbildlich gedeuteten – Pflanzenreich ist im »Liber floridus« des Lambertus von St. Omer aus der zweiten Hälfte des 12. Jahrhunderts enthalten.[151]

LILIE In der Lilienstrophe wird darüber hinaus die Anwendung als Antidot gegen Schlangengift[152] mit großer sprachlicher Kraft hervorgehoben, »wenn die falsche Schlange mit eingefleischter List all ihr Gift aus unheilbringendem Maul verspritzt und grausamen Tod durch verborgene Wunde ins innerste Herz stößt«. Der heilgeschichtliche Aspekt liegt hier nahe, Walahfrid verzichtet aber zunächst auf jede direkte Interpretation. Sein praktischer Sinn ist nicht zu übersehen, wenn er am Ende der Lilienstrophe medizinische Anwendungen niederschreibt.

Über die Bedeutung der Lilie während des gesamten Mittelalters und darüber hinaus kann es keinen Zweifel geben. Sie wird in allen karolingischen Quellen genannt, in den wichtigsten vor und mit der Rose an erster Stelle. – Die Lilie stammt ursprünglich aus Palästina und war schon in der Antike eine der wichtigsten Gartenblumen.[153]

Die Lilien des René Rapin SJ

Um die Besonderheit beider Lilienstrophen Walahfrids und den Dichter selbst zu würdigen, seine bei aller Hochschätzung Ludwigs doch eher zurückhaltende Art des Herrscherlobs[154], seinen praktischen Sinn und seine religiöse Innigkeit, lohnt es sich, einen Blick auf das Gartengedicht des René Rapin zu werfen. Es stammt aus der Zeit Ludwigs XIV., des Sonnenkönigs. Rapin bezieht sich ausdrücklich auf die Tradition Vergils; er schrieb nach Columella und Walahfrid das letzte große lateinische Gartengedicht.[155]

Bei Rapin spielt der praktische Nutzen des Gartens als Apotheke oder gar als »zweite Speckseite« (Cato) überhaupt keine Rolle. Knechtische Gartenarbeit besorgen andere, der Herr regiert und wandelt. Über den »Bauerngarten« des Königs Alkinoos rümpft Rapin die Nase.[156] Die christliche Bedeutung ist ganz und gar beiseite geschoben – kein Wunder, daß sich der Jesuit mit den Jansenisten anlegte. Dagegen ist die antike Mythologie allgegenwärtig; der *hortus conclusus*, klein und umschlossen, paßt nicht mehr zu den neuen, großen Ansprüchen. Die Lilie (hier ausdrücklich *lilium candidum*) wird ausschließlich als Zeichen nationaler Tradition, identisch mit den Insignien der französichen Könige, verstanden:[157] »König Chlodwig, unter dem die Franken das Christentum angenommen hatten, habe die Lilien mit reinen Händen empfangen und seinen Nachfolgern als Erbe anvertraut: als göttliches Geschenk, als Ehrenzeichen auf dem Schilde der Nation und als schicksalhaftes Waffenzeichen. Nun blühen sie in tiefem Frieden nach der Bestimmung des großen Ludwig. Nachdem er zuvor der Welt schrecklich den Meister gezeigt hatte, schlichtete er allen Waffenlärm, Unrecht, Tücke und wilden Streit und bestimmte aller Welt Bündnis und Satzung.«[158] Ein hochfliegender, prunkender Herrschaftsanspruch durchdringt Garten, Blume und Gedicht.

SCHLAFMOHN/PAPAVER

(Papaver somniferum L.)

Groß ist mein Kopf, und darin sind viele winzige Teilchen;
Einen einzigen Fuß hab'ich nur, doch dieser ist riesig;
Hab' auch den Schlaf zum Freund, doch selber kann ich nicht schlafen.
ANTIKES PFLANZENRÄTSEL[159]

*V*on den Nutzpflanzen des Hortulus kommt dem Schlafmohn sicher die größte Bedeutung zu. Er ist die älteste, vielseitigste und wichtigste Kulturpflanze des Gärtleins und schmückt es zudem mit seinen vier großen Blütenblättern und danach mit seiner dekorativen Kapsel auf hohem, blaugrün beblättertem, duftig grünem Sproß auf »seinem einzigen riesigen Fuß«. Die Farbe der Blütenblätter ist sehr variabel: meist zart violett und verwaschen weißlich getönt, rein weiß, trüb pfirsichrot gefleckt oder hochrot. Eine umfassende, botanisch und kulturgeschichtlich gleichermaßen wertvolle Darstellung des Schlafmohns gibt Udelgard Körber-Grohne in ihrem Buch »Nutzpflanzen in Deutschland«.[160]

Allein in Baden-Württemberg gibt es seit der frühesten Jungsteinzeit (Bandkeramik, 4600–3800 v. Chr.) zahlreiche Nachweise. Udelgard Körber-Grohne zeigt mehrere Abbildungen von antiken Kunstgegenständen und Münzen mit Mohnkapseln. Besonders interessant im Hinblick auf die Tradition des Blumenarrangements erscheint mir in unserem Zusammenhang ein Siegelring mit einer Darstellung von Frauen in kretischer Tracht, die Mohnkapseln, knospende Lilienblüten, Schwertlilien und andere Blumen in Händen tragen (16. Jh. v. Chr.).[161]

Der Schlafmohn ist zudem die vielseitigste Pflanze des Gärtleins. Der Mohnsamen enthält 41% Öl, 16% Kohlenhydrate und 13% Eiweiß. Er eignet sich deshalb als Nahrungs- und Genußmittel, zumal im Samen selbst kein Opium enthalten ist. Plinius berichtet, daß man Mohnsamen mit Honig zum Nachtisch aß oder ihn aufs Brot oder Ei streute. Mohnöl schmeckt und riecht angenehm, ist nahrhaft und bekömmlich. Noch als Schulkinder haben wir den Magsamen aus den abgepreßten Rückständen der Ölmühlen gegessen. Als Gebäckzutat ist er allgemein bekannt; Dioskurides erwähnt schon, daß man damit Brot backe.

SCHLAFMOHN

Aus dem Saft, der aus den angeritzten, grünen Mohnkapseln fließt, hat man bereits vor Jahrtausenden das Opium gewonnen. Im Museum in Heraklion (Kreta) steht eine weibliche Terrakottafigur in Orantenhaltung mit drei deutlich angeritzten Mohnkapseln auf dem Stirnreif. Nach Plinius soll Diagoras aus Melos um 400 v. Chr. als erster das Opium durch Anritzen der unreifen Mohnkapsel gewonnen haben.[162] Plinius steht also schon in einer

Magsamen. CCXCIII.

langen Reihe früher Gewährsmänner, die die Wirkung des Opiums bezeugen: »Der Milchsaft in der Größe einer Linsenwicke eingenommen beschwichtigt Schmerzen, bringt Schlaf, befördert die Verdauung. In größerer Gabe ist er gefährlich und kann Schlafsucht und Tod bewirken.«

Im Zusammenhang mit der schmerzlindernden und schlafbringenden Wirkung steht auch der Mythos von Demeter und Persephone, auf den Walahfrid in den ersten Versen anspielt.[163] Er macht zunächst aus *papaver* einen gleichsam binären Namen im Hinblick auf Vergil (Georg. I, 212) und Columella (10, 314–315), der ihn in seinem Gartengedicht in Bündeln auf den Markt bringen läßt:

Dann nehmt Knoblauch zusammen mit Zwiebeln,
Feldmohn mit Dill, tragt die gebündelten Pflanzen,
solange sie noch frisch sind, zum Markt, singt, wenn ihr
alles verkauft habt, das festliche Preislied auf Fors Fortuna
und eilt zurück in eure Gärten.[164]

Knoblauch, Zwiebeln und Dill.

Doch zurück zum Mohn und zu der traurigen Geschichte der Ceres, die ihre Tochter verloren hat. Vom Pfeil des Cupido getroffen, verliebte sich Pluto, der Fürst der Unterwelt, in deren Tochter Proserpina, als diese gerade zwischen Bäumen spielte und Lilien und Violen pflückte (Ovid, Met. V, 392). Er raubte sie, die Blumen fielen auf den Boden, und nahm sie mit seinem Gespann, ohne zu fragen, in den Hades. Die Mutter fand ihre Tochter nicht mehr und irrte, außer sich vor Schmerz und Sorge, Tag und Nacht durch die ganze Welt, um eine Spur von ihr zu finden. Bei dieser Gelegenheit nahm sie Opium als Schlafmittel. (Ovid, Fast. IV, 531).

SCHLAFMOHN

Die Mohnkapsel mit ihren unzähligen Samen vergleicht Wahlafrid mit dem gleichfalls zahlreiche Samen umschließenden Granatapfel.[165] Dies beweist, daß Walahfrid den Granatapfel gekannt hat. Vielleicht wurde die haltbare Frucht als Delikatesse aus den mediterranen Gebieten des Reichs bezogen. Man kann annehmen, daß der mäßig frostempfindliche Busch oder Halbbaum, den die Römer wohl über die Karthager kennengelernt hatten, in Aquitanien und der Lombardei damals genauso wie heute gedieh. In Deutschland kann er nicht im Freien überwintern. Temperaturen von unter -5° C ertragen die Triebe vor allem im Spätwinter nicht. Es ist aber leicht möglich, ihn in einem annähernd frostfreien, aber kühlen Raum zu erhalten. Quellen über die Pflege des Granatbäumchens als Kübelpflanze auf der Reichenau oder am Kaiserhof in Aachen sind nicht bekannt. Doch könnte er, wie auch der Feigenbaum und der Rosmarin, bei entsprechendem Schutz vor Frost auf diese Weise kultiviert worden sein. Aus der zurückhaltenden Formulierung Walahfrids geht zwar hervor, daß er die Frucht gekannt hat, von Anbau schreibt er aber, im Unterschied zu den anderen Pflanzen, nichts.

MUSKATELLERSALBEI / SCLAREGA
Muskatellersalbei, Scharlach, Scharley (Salvia sclarea L.)

Die Gesamterscheinung der Muskatellersalbei wird durch ihre breiten, grundständigen Blätter und den meist verzweigten, bis meterhohen Sproß bestimmt. In allen Teilen ist sie dicht und kraus behaart und strömt durch die dazwischen liegenden, am Stengel etwas schmierig wirkenden Drüsenhaare einen starken Muskatellergeruch aus. Die Stengel enden in quirligen Teilblütenständen, die dicht übereinanderstehen. Jeder dieser Quirle sitzt auf einem Paar auffallender Tragblätter. Sie sind stets größer und breiter als die Kelchblätter, aus breitem, herzförmigem Ansatz lang zugespitzt, von fester Konsistenz und weinroter bis violetter Farbe. Sie halten sich auch nach dem Verblühen und eignen sich dann immer noch zu duftenden Kräutersträußen. Die Farbe der Blüten ist hellila. Die Pflanze ist zweijährig, geht nach der Blüte meist ein und muß deshalb immer neu ausgesät werden. Die Muskatellersalbei ist eine mediterrane Wildpflanze trockener, etwas ruderaler Standorte. Im Hinblick auf die Geschichte ihrer Verwendung ist sie mehr noch als die Gartensalbei eine Pflanze des Mittelalters. Plinius, Columella, Palladius und Quintus Serenus kannten sie noch nicht. Im St. Galler Klosterplan, im Capitulare de villis und in der Pflanzenliste von Treola ist sie bereits aufgeführt.

Zur Anwendung heißt es in der »Flora von Deutschland«, einem Werk aus dem 19. Jahrhundert:[166] »Die ganze Pflanze hat einen sehr starken Muskatellergeruch, der fast betäubt, und einen bitteren Geschmack. Früher brauchte man die Blätter als Herba Sclarea s. Horminii sativi s. Gallitrichi gegen krampfhafte Beschwerden und andere Nervenleiden; jetzt wird mit ihr nur Weinverfälschung betrieben, um demselben einen Muskatellergeschmack zu geben. Diese Fälschung ist auf alle Fälle verwerflich ...«

Walahfrid weist darauf hin, daß man die Muskatellersalbei in das »lieblich warme Wasser« (Hort. 279) geben solle; auf diese Weise bringe sie ihren würzigen Duft kräftig zur Wirkung. Es ist nicht ausgeschlossen, daß er damit keinen Tee, sondern einen Badezusatz meint. Es ist aber auch möglich, daß damals ein besonderes Getränk mit Muskatellergeschmack hergestellt wurde.

Neben den von Walahfrid genannten Salbeiarten gibt es auch noch andere Würz- und Duftpflanzen dieser Gattung: *Salvia aethiopis L.*, die Ungarische Salbei, und *Salvia glutinosa L.*, die klebrige Salbei, die in praealpinen Bergwäldern selten vorkommt; ferner neuerdings *Salvia divinorum*, die Aztekensalbei aus Mexiko. – Hier erwähnt Walahfrid auch die Frauenminze als *costus hortensis*, eine Pflanze, die in allen karolingischen Quellen bekannt ist. Doch der Name ist schillernd.[167]

Horminum Syriacum.   Horminum hortense.

FRAUENMINZE/COSTUS

(Tanacetum balsamita L., Tanacetum balsamitoides Schultz. Bip.)

Die Frauenminze, auch Marienblatt oder Bibelblatt genannt, fällt durch Horste blaugrüner, lediger, lang gestielter[168], gekerbter Blätter auf, die am Ende von Wurzelsprossen entstehen, welche etwas über dem Boden liegen. Ihr Geruch ist mehr oder weniger scharf aromatisch und zieht wie Kampfer belebend in die Nase. Aus dem basalen Blattschopf entstehen stattliche rispige Blütenstände, deren Hauptachse sitzend beblättert ist. Die Pflanzen sind ausdauernd und wachsen im Laufe der Jahre zu stattlichen Komplexen heran. Diese gehen aber nach einigen Jahren zurück, wenn die Triebspitzen der Rhizome absterben.

Costus gehört zu den Pflanzen des Capitulare de villis, die aus antiken Schriften nicht eindeutig bestimmbar sind. Die Deutung des Costus als *Tanacetum balsamita L. (Chrysanthemum balsamita L.)* hat sich deshalb durchgesetzt, weil die Pflanze in Griechenland und Italien heute noch so heißt. In den Kräuterbüchern der frühen Neuzeit findet man kaum stichhaltige Ansatzpunkte, zumal eindeutige Abbildungen fehlen. Auch »in den Pflanzenglossaren begegnet man ihm sehr selten, was in seltsamem Kontrast zu der ehemaligen Beliebtheit der Pflanze steht«.[169] Selbst noch in der vielbändigen illustrierten »Flora von Deutschland« Schlechtendals von 1888 wird sie ohne Abbildung nur in drei Zeilen ungenau beschrieben.[170] Ausführlicher ist die Beschreibung in Hegis »Illustrierter Flora von Mitteleuropa«.[171] Heinrich Marzell hat die Geschichte der Frauenminze ausführlich beschrieben.[172] Die Schwierigkeiten der Benennung rühren wohl daher, daß es zwei Typen mit völlig verschiedenem Blütenstand gibt, der zum einen dem des Rainfarnes (*Tanacetum*), zum andern dem einer Wucherblume (*Chrysanthemum*) nahesteht.

Die von mir 1975 im nachgestellten Hortulus der Insel Reichenau eingeführten Pflanzen wurden durch freundliche Vermittlung des Botanischen Gartens Tübingen aus Saatgut des Botanischen Gartens Stockholm nachgezogen. Diese Sippe weicht in folgendem ab: Die Blütezeit beginnt Ende Juni und zieht sich in den Juli hinein. Die Körbchen haben stets weiße Zungenblüten. Eine üppige Vermehrung durch Samen ist auf Rohböden und Gartenböden zu beobachten. Bemerkenswert ist die Stabilität der Blütenform, die keinerlei »Rückfall« in die Gestalt ohne Zungenblüten zeigt. Die Pflanze ist diploid.

Im Gegensatz dazu gibt es eine Sippe ohne Zungenbüten; diese blüht wesentlich später (September). Eine Kreuzung scheint nicht stattzufinden. Sie verbreitet sich überwiegend vegetativ. Ihre Sterilität könnte nach freundlicher

Mentha Sarracenica.

Mitteilung von G. Wagenitz auch mit dem hohen Chromosomensatz der hexaploiden Pflanze zusammenhängen.

In Griersons »Flora of Turkey« sind beide Typen als Unterarten beschrieben: Jene mit Zungenblüten wird als *Tanacetum balsamita ssp. balsamitoides* (Syn. *Chrysanthemum balsamita L.*) bezeichnet, der Typ ohne Zungenblüten als *ssp. balsamita* (Syn. *Balsamita major Desf.*). Doch ist die Form der Blüte nicht das einzige Unterscheidungsmerkmal. *T. balsamita* wird deutlich höher (bis 1,50 m) während *T. balsamitoides* 0,80–1 m erreicht. Der traubige Blütenstand von *T. balsamita* ist in die Länge gezogen, während der von *T. balsamitoides* zu einer Doldentraube zusammengerückt ist und hierin eher der straußblütigen Wucherblume gleicht.

Rainfarn (Tanacetum).

Beide Unterarten sollte man besser als eigene Arten führen, wie mir auch G. Wagenitz bestätigt hat.

Als Namen gelten dann:
1. *Tanacetum balsamita L.* für die Form ohne Strahlenblüten, die gewöhnliche Frauenminze,
2. *Tanacetum balsamitoides Schultz. Bip.* für die Form mit Strahlenblüten.

Als deutschen Namen schlage ich vor, letztere wegen ihres auffallenden Blütenstandes als straußblütige Frauenminze zu bezeichnen. Sie eignet sich auch heute für Kräutergärten besonders gut, ist dekorativ und leicht nachzuziehen. Auch lichte Verwilderungsstadien lassen sich mit diesem Typ entwickeln. Die Blätter sind besonders aromatisch und entwickeln dieses Aroma ähnlich wie die Eberraute vor allem im Spätjahr und als Trockenstrauß im Herbst und Winter.

Aus dem Text Walahfrids geht eindeutig hervor, daß Costus im Klostergarten gezogen wurde und nicht nur vergleichsweise erwähnt wird wie Veilchen, Granatapfel und Attich. Nach wie vor ist jedoch unklar, welche der beiden oben beschriebenen Arten des Frauenblatts gemeint ist.

MINZE / MENTHA
(Mentha spec.)

> *Wenn aber einer alle Minzenarten hersagen könnte,*
> *dann müßte er eigentlich auch wissen,*
> *wie viele Fische sich im Roten Meer tummeln*
> *und wieviel Funken der »Eisenkocher aus Lemnos«*
> *aus den weiten Öfen des Aetna sprühen sieht.*
> HORT. 295–299

Man kann Walahfrid selbst aus heutiger Sicht nicht verübeln, daß er wegen der schwer zu bestimmenden Artenfülle, die Schwierigkeit der Bestimmung von Minzen konstatiert. Vielmehr erscheint die Beschreibung der nahezu unübersichtlichen Fülle im weiten Geviert der Gattung eher modern als altmodisch.

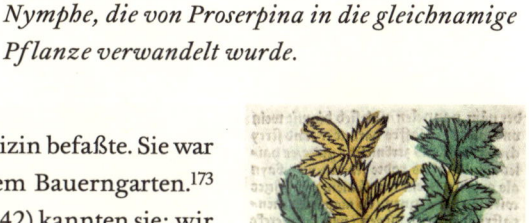

Ursprünglich war Mentha eine von Pluto geliebte Nymphe, die von Proserpina in die gleichnamige Pflanze verwandelt wurde.

Die Minze selbst war als Gattung in der Antike allgemein bekannt. Sie fehlt bei keinem Schriftsteller, der sich mit der Natur und der Medizin befaßte. Sie war aber auch sehr populär und wuchs wohl in jedem Bauerngarten.[173] Martial (10,48,10), Matthäus (23,23) und Lukas (11,42) kannten sie; wir finden sie auch in allen karolingischen Verzeichnissen. Doch gerade im Detail gelten nach wie vor die zitierten Verse Walahfrids, denn die systematische Gliederung der Gattung Mentha ist unübersichtlich. Mit Ausnahme der Poleiminze, deren Sonderstellung bei den alten Botanikern wie bei Walahfrid nicht umstritten war, bastardieren sie alle untereinander, sind zum Teil steril, vermehren sich aber vegetativ. Vor allem im Zusammenhang mit ihrer Kultivierung kam es zu einer großen Fülle von Formen, verklonten Bastarden also, die schwer zu bestimmen sind. Es kommen dabei vor allem folgende Typen in Betracht:

1. Ährenminze (*M. spicata L.*) mit ährigem Blütenstand und länglich-lanzettlichen Blättern; Pflanze kahl.
2. Roßminze (*M. longifolia Huds.*) mit ährigem Blütenstand und länglich-lanzettlichen Blättern; Pflanze behaart.
3. Rundblättrige Minze (*M. suaveolens Ehrh.*) mit ährigem Blütenstand und rundlichen bis eiförmigen, runzeligen Blättern.
4. Bachminze (*M. aquatica L.*) mit kopfigem Blütenstand.[174]

Die Krauseminze ist aus unserer modernen Sicht eine Spielart verschiedener Minzen. Vielleicht meinten die alten Botaniker damit unsere Rundblättrige Minze. Hieronymus Bock bezeichnet deswegen die Krauseminze als edelste unter allen Minzen. Auch Otto Brunfels erwähnt die Krauseminze an erster Stelle.

Balsamita Officinarum.   *Mentastrum niveum Anglicum.*   *Mentastrum Sylvestre.*

Nachdem er 21 Anwendungen beschrieben hat, meint er: »summa summarum / es wäre wol ein buch zu schreiben von den tugenden dißes kostlichen krauts«. Er spricht sie auch ausdrücklich als bekanntes Gartengewächs an: »krentz darauß zu machen, menigklich zwar bekannt«.[175] Man hat also noch in der frühen Neuzeit sich und seine Freunde bei festlichen Anlässen mit Minzenkränzen geschmückt. Hieraus kann eine ganz andere Kultur des Festes erahnt werden.

Bachminze (M. aquatica L.) mit kopfigem Blütenstand.

Eine andere Minzenart vergleicht Walahfrid mit dem Attich (*Sambucus ebulus*). Dabei kann es sich nicht um die Roßminze handeln; denn Blütenähren und Blätter haben mit dem Attich nichts gemeinsam. Folgende Gründe sprechen dafür, daß es sich um den Baldrian (*Valeriana officinalis*) handeln könnte:

1. Attich und Baldrian sind hohe, gerade aufrecht stehende, nur im Blütenstand ästige Stauden, deren unpaarig gefiederte Blätter gegenständig an einem meist kahlen oder schwach behaarten Stengel sitzen. Die Ähnlichkeit der Baldrianblätter mit den Sambucusblättern ist auffallend. Der Blütenstand ist bei beiden dicht und schirmförmig, die Krone weißrosa. Otto Brunfels vergleicht den Blütenstand des Baldrians mit dem des Holunders. Beide Pflanzen sind nahe verwandt (Fam. *Caprifoliaceae*). Der Unterschied im Wuchs besteht vor allem in der größeren Üppigkeit des Attichs.

Man hat also noch in der frühen Neuzeit sich und seine Freunde bei festlichen Anlässen mit Minzenkränzen geschmückt.

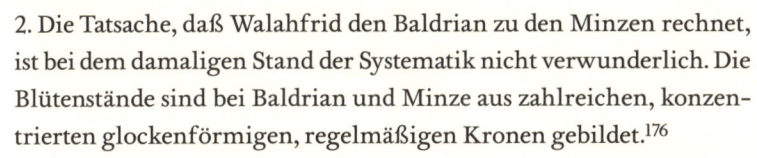

2. Die Tatsache, daß Walahfrid den Baldrian zu den Minzen rechnet, ist bei dem damaligen Stand der Systematik nicht verwunderlich. Die Blütenstände sind bei Baldrian und Minze aus zahlreichen, konzentrierten glockenförmigen, regelmäßigen Kronen gebildet.[176]

3. Der Baldrian ist eine alte Heilpflanze. Er wird bei Hildegard von Bingen, die keinen lateinischen Namen angibt, als *Danemarcha* beschrieben. Der Baldrian setzt die Erregbarkeit der Reflexe herab und wirkt beruhigend auf das Zentralnervensystem. Mazerate und Infuse der Wurzel werden bevorzugt.[177]

Kehren wir zur Antike zurück. Die schöne Minzenstrophe Walahfrids erinnert an die Aufmerksamkeit der Baucis, die den Tisch, zu dem die Götter als unerkannte Gäste geladen sind, vor dem Essen mit grüner Minze abwischt (Ovid, Met. VIII, 611–724). Ursprünglich war Mentha eine von Pluto geliebte Nymphe, die von Proserpina in die gleichnamige Pflanze verwandelt wurde (Ovid, Met. X, 727). Die Bedeutung der Minze für den ländlichen Kult der Vegetations- und Fruchtbarkeitsgottheiten der Antike kommt in dieser Sage anschaulich zum Ausdruck.

In unserer Zeit hat Annette von Droste-Hülshoff im Gedicht »Münzkraut« mit ergreifender Eindringlichkeit die Hoffnung einer armen Frau mit einem einfachen Minzenbeet verbunden.

POLEIMINZE / PULEIUM
Polei, Flohkraut (Mentha pulegium L.)

Die Poleiminze, die man zuweilen Flohkraut[178] nannte, läßt sich von anderen Minzenarten durch folgende Merkmale unterscheiden: Sie bildet zahlreiche, beblätterte oberirdische Ausläufer, mit denen sie von Natur aus verdichtete Rohböden an Ufern besiedeln kann. – Die oberen Blütenquirle werden von kleinen Deckblättchen gestützt. Diese Blütenquirle verjüngen sich zur Spitze hin. Es stehen deshalb am Ende keine Ähren oder Köpfe, sondern oft nur ein Schopf kleiner Blättchen. – Alle Blätter sind besonders klein (1–2,5 cm lang, 0,3–1 cm breit).

Steck Dir einen Poleizweig hinters Ohr, daß Sommerhitze Deinen Kopf nicht quäle!

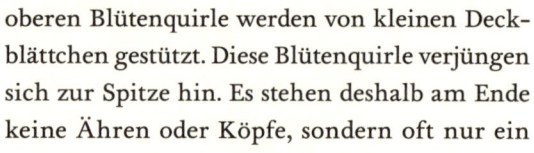

Sie kommt spontan als Kriechpionier an Ufern auf ehemaligen Gänseangern und in Flutmulden in wintermilden Klimalagen der gemäßigten Zonen heute weltweit vor. Wenn man sie im Garten hält, kann sie im Trittrasen verwildern.[179]

In der Poleistrophe geht der Blick Walahfrids in ferne Lande, nach Indien, wo die Pflanze angeblich mit Gold und Ebenholz aufgewogen wurde. Indien war wie Saba das sagenhafte Land der Ferne. Dort Ansehen zu erlangen, galt als Gipfel des Ruhmes. Walahfrid sieht hier die günstige Gelegenheit für die Völker, aus dem gegenseitigen Ertrag Nutzen zu ziehen, »auf daß über alle Teile hin eine Hausgemeinschaft sei«. Selbstbeschränkung auf das »Bodenständige« ist damit nicht gemeint, vielmehr wird die Freude an den Besonderheiten aus fernen Landen deutlich. Er wußte wohl, daß Pfirsich, Granatapfel, Lilie, Salbei und viele andere Pflanzen nicht in Alemannien wild vorkamen, sondern der Hausgemeinschaft mit dem Süden zu verdanken waren. Mehr noch: Viele Pflanzen des Hortulus, die damals in seiner Umgebung wild vorkamen, sind keine heimischen »Naturpflanzen«, sondern lange vor den Benediktinern und Römern mit dem Menschen eingewandert; sie sind synanthrop.. Dazu gehören Beifuß, Wermut, Katzenminze und Andorn im Dorfbereich und vielleicht auch der Odermennig am waldnahen Rand des Weidelandes.

POLEIMINZE

Die Polei war in römischer Zeit neben Raute, Minze und Sellerie das bekannteste und wichtigste Kraut.[180] Wir begegnen ihr deshalb nicht nur in der Fachliteratur. In bildhafter Sprüchwörtlichkeit finden wir sie zusammen mit der Raute bei Cicero. Gegen Ende des Briefes an seinen Freund Tiro[181] erwähnt er den Besuch seines Werkmeisters Lepta, dessen Auftreten Cicero

Poley. CX.

mit der Wirkung der Raute vergleicht. Man kann sich vorstellen, daß der *praefectus fabrum* des Cicero als Bauführer über eine gewisse rauhbeinig-zupackende Entschlossenheit verfügt haben mußte. Ein anderer Typ war der gebildete Schreiber, Bibliothekar und Herausgeber des Cicero, M. Tullius Tiro. In der Tat hat die Raute einen herbwürzigen Geschmack, rauh und respektabel. Andererseits kann man die Poleiminze als freundlich und erfrischend beschreiben. So heißt es denn auch im Brief des Cicero: »Anstelle seiner Rautenart muß ich deine Poleienweise anwenden«. Der Adressat wußte, was gemeint war: Cicero wollte sagen, daß er der herben Argumentation seines Besuchers jene belebende Frische entgegenzusetzen gedenke, die er an der Polei und an seinem Freund Tiro so schätzte.

Neben dieser Poleienprosa muß gerade in unserem Zusammenhang an ein Epigramm Martials[182] erinnert werden, in dem die Poleiminze in einer reichlich heruntergekommenen Szenerie vorkommt.

»BETTLERUMZUG« (AUSZUG)

... Da war ein Bett mit drei, ein Tisch mit zwei Füßen
und nebst der Lampe und dem Krug aus Beinholz ...
ein angeschlagner Nachttopf ...
Ein Stückchen Käse aus Tolosa war dabei,
ein Kranz von Polei, der schon vier Jahr alt,
und Schnüre, kaum besetzt mit Knoblauch und Zwiebeln.

Daraus geht hervor, daß Polei nicht nur gegessen oder aufgegossen, sondern auch getragen wurde, wie dies Walahfrid in seiner Poleistrophe an einer teilweise unverstandenen Stelle zum Ausdruck bringt (Hort. 321):

Steck Dir einen Poleizweig hinters Ohr[183]*,*
daß Sommerhitze Deinen Kopf nicht quäle!

Zur Zeit Walahfrids war die Polei ebenso sehr geschätzt wie in der Antike. Wir finden sie deshalb im Capitulare de villis und im St. Galler Klosterplan wieder. Einen spätmittelalterlichen, poesievollen Beleg ihres Anbaus finden wir im »Mayenkrantz« aus der Gedichtsammlung der Clara Hätzlerin:[184]

Ward nye so wol geziert ain plan!
Ich sach auch den Anger han
Ainen wurtzgarten;
Mit fleisz gund ich des warten.
Der was umbfangen gar mit giligen,
Die da kunten wol vertiligen
Die sunnen und den schatten meren.
Ir varb gel, rot, praun, kund mich leren,

> *Das ich bas nam des garten war.*
> *Es war durch grunet her und dar,*
> *Geschachzabelt und gefiert*
> *Mit kraut und wurtzen wol geziert.*
> *Daran war tugent manigerlay*
> *Salvay, rawtten und polay ...*

Mit Minze und Salbei erscheint unsere Pflanze zuletzt in einem lustigen Trinklied der frühen Neuzeit, das Ludwig Uhland in seiner Volksliedersammlung herausgegeben hat:[185]

> *Ach du lieber stallbruder mein,*
> *krauseminte,*
> *laß dir das gleslein befolen sein,*
> *salveie, poleie,*
> *die blümlein an der heiden,*
> *krauseminte!*
>
> *Er setzt das gleslein für sein mund,*
> *krauseminte,*
> *er trank es auß biß auf den grund,*
> *salveie, poleie,*
> *die blümlein an der heiden,*
> *krauseminte!*
>
> *Er hat sein dingen recht getan,*
> *krauseminte,*
> *das underst das sol oben stan,*
> *saveie, poleie,*
> *die blümlein an der heiden,*
> *krauseminte!*

Man findet die populären Heilkräuter der Pflanzenmedizin in alten und ältesten Volksliedern nicht selten. So gezielt und gehäuft wie in dem Lied aus Uhlands Sammlung sind sie aber sonst nirgends anzutreffen. Was bedeutet diese Häufung, noch dazu beim Zechen, wo es doch mehr um Bacchus als um Asklepios geht; was haben näherhin die Zecher dabei empfunden, welche Gedanken- und Wortspiele haben die Kräuterstrophen aufblitzen lassen, und wer schließlich hat beim Zechen solche Lieder gesungen?
Die Pflanzen repräsentierten zunächst den klassischen Pflanzenbestand der Medizin in der damaligen Zeit. Das 16. Jahrhundert war die Epoche großer humanistischer Ärzte und Botaniker, das Jahrhundert beispielsweise eines Leonhart Fuchs, Professor für Medizin in Tübingen. Der junge Medizinstudent mußte die Botanik so beherrschen wie heute Chemie, und das ist nicht leicht

gewesen, denn die Interpretation alter Vorbilder wurde durch die zunehmend bessere Beobachtung zunächst eher kompliziert: Gattungen, Arten, Unterarten, Bastarde und Geschlechter wogten durcheinander. Die Zecherrunde wird sich dessen bewußt gewesen sein. Um so genüßlicher versenkte man wohl zuweilen den Kummer über die schwer zu ordnende Vielfalt des Lehrstoffs im Becher der Freuden.

Von der Antike bis in die frühe Neuzeit war die Polei eine allerorts bekannte Heilpflanze. Erst als zu Beginn des 17. Jahrhundert vermutlich durch Kreuzung nahe verwandter Arten in England die Pfefferminze als Bastard entstanden war, wurde sie nach und nach von dieser verdrängt. Da auch die ursprünglichen Standorte infolge der baulichen Veränderungen in den Uferbereichen selten geworden sind, ist die Poleiminze in der Natur stark zurückgegangen.

POLEIMINZE

SELLERIE / APIUM
Sellerie, Eppich, Epf (Apium graveolens L.)

*M*it Fenchel, Kerbel und Liebstöckel gehört der Sellerie zu den Doldenblütlern des Gärtleins. An der Pflanze fallen vor allem die gefiederten bis dreizähligen Blätter auf. Die Abschnitte dieser Bätter sind am Rand eingeschnitten und laufen keilförmig auf die Basis zu. Sie glänzen dunkelgrün, haben einen intensiven, herb-aromatischen Geruch und einen würzigen, zuweilen etwas bitteren Geschmack. Man unterscheidet drei Kulturvarietäten: den Knollensellerie (*var. rapaceum*), den Bleichsellerie (*var. dulce*) und den Schnittsellerie (*var. secalinum*), jeweils in verschiedenen Sorten. Die Wildform wächst auf nassen, brackigen Böden in Küstennähe, aber auch in der Nähe binnenländischer Salzlagerstätten. Der Sellerie ist also von Natur aus salzliebend, eher an mildes Seeklima angepaßt und gegen niedere Temperaturen etwas empfindlich. Auch im Garten gedeiht er am besten auf feuchten, kräftig gedüngten Böden.[186]

Seine Kultur reicht weit zurück, nach Ägypten und Griechenland, wo die Pflanze heute noch Selinon heißt. Hiervon leitet sich der Name der alten griechischen Stadt Selinunt auf Sizilien ab; sie hatte ein Sellerieblatt auf ihren Münzen. Aus Apium wurden Kränze geflochten und zu freudigen und traurigen Anlässen getragen.

Die ersten Funde stammen aus der Jungsteinzeit. In Deutschland wurden seit der Römerzeit zahlreiche Selleriefunde nachgewiesen. Udelgard Körber-Grohne schreibt: »Sellerie war bei den Römern ebenso beliebt wie die Gewürze Dill und Koriander, die in keinem Kastell oder Lagerdorf im römischen Germanien gefehlt haben.«[187] Den besten literarischen Ausdruck dieses botanischen Befundes aus der römischen Kaiserzeit gibt das »Moretum«[188], ein Gedicht, das nach alter, aber umstrittener Tradition Vergil zugeschrieben wird. Ähnlich wie Walahfrids Hortulus zeichnet es sich durch die besonders genaue Beschreibung kleiner Dinge (Hort. 75) aus. Simulus, ein landwirtschaftlicher Tagelöhner, bereitet sich am frühen Morgen sein Essen für den Tag. Er bäckt Brot und bereitet den Kräuterkäse, das Moretum. Die Zutaten holt er sich aus dem Garten, aus dem er sich versorgen kann und zuweilen auch etwas verkauft. Dieser ist klein und mit Flechtwerk umschlossen. Simulus betrachtet alles und sucht sich seine Kräuter zusammen, unter anderem Schnittsellerie, wie der Text nahelegt. Wir wollen ihn in seinen kleinen Garten begleiten:

Epffich.

CCCCXXVI.

Nu 4

Gleich an das Häuschen grenzte der Garten, den weniges Flechtwerk
Und zartschwankendes[189] Rohr lebendig grünend beschützte,
Klein nur an Fläche, doch reich bestanden mit mancherlei Krautwerk,
Alles war dort zur Hand, was dem Armen dienet zur Nahrung,
Und es holte sogar sich der Reiche manchmal vom Armen.
All das kostet ihn nichts, es mehrte sogar sein Vermögen.
Hielt ihn frei von der täglichen Arbeit ein Regen zuhause
Oder ein Fest und rastete dann der mühende Pflug ihm,
Dient er dem Garten. In Reih'n zu setzen mancherlei Pflanzen
Wußt' er und Samen und Körner ins Dunkel der Erde zu senken,
Fließendes Wasser geschickt aus der Nähe darüberzuleiten.
Dort stand Kohl, stand weit ihre Arme breitende Beete,
Ampfer üppig und reich, und Malven grünten und Alant,
Dort auch Rapunzel und Lauch, der dem Kopf den Namen verdanket,
Spargel, der aus der Wurzel in spitzen Speeren emporschießt,
Dort, schwer lastend, den Bauch ins Breite dehnend der Kürbis.
All das nicht für den Herrn, wer lebte beschränkter als dieser?
Anderen dient des Gartens Ertrag: an jeglichem Markttag
Trug zum Verkauf in die Stadt er auf eigener Schulter die Bündel.
Kehrt er dann heim, war der Nacken ihm leicht, schwer trug er am Gelde;
Kaum je brachte er mit eine Ware vom städtischen Fleischmarkt.
Rötliche Zwiebel allein und Lauchkraut stillt' ihm den Hunger
Und die mit bittrem Geschmack die Miene verziehet, die Kresse,
Auch wohl Endivie und Rauke, der Anreiz zögernder Liebe.
Darnach stand ihm der Sinn auch jetzt, da er ging in den Garten.
Lockert zuerst nur leicht mit den Fingern die obere Erde,
Ziehet den Knoblauch heraus, vier Stück mit dem Wurzelgefaser;
Darauf pflückt er vom Laub des zierlichen Eppichs, der Raute
Starrendes Blatt, Koriander, der schwankt am Faden des Stengels.
Und so hat er alles beisammen ...

Ein Bündel getrockneten Dill hatte er bereits im Hause, und damit machte er sich an die Zubereitung des Kräuterkäses.

Walahfrid, der ähnlich detailliert beobachtet, bezeichnet den Sellerie also ganz im Sinne des »Moretum« und der archäobotanischen Befunde als gewöhnliche Gartenpflanze, als wohlfeil (*vilis*), weil allenthalben im Gebrauch. Man kann ihn deshalb auch in allen karolingischen Quellen des Gartenbaus nachweisen. Im St. Galler Klosterplan wächst er im Küchengarten; in Walahfrids Gedicht wird er weniger als Küchenpflanze, sondern vielmehr als Heilpflanze aufgeführt.

Aus seiner Beschreibung der Heilwirkung geht hervor, daß er schon zu jener Zeit als harntreibendes Mittel sowie bei Verdauungsstörungen und Magenschwäche angewendet wurde. Es unterstreicht den realistischen Sinn des Dichters, wenn er in diesem Zusammenhang den Magen als König des Bauchs bezeichnet, und der gebildete Mann übergeht hier um der Heilkraft des Selleries willen die umfangreiche Mythologie der alten Kultpflanze. Die Selleriestrophe zeigt aber auch die Beziehung Walahfrids zu Quintus Serenus und Plinius, welche die Bedeutung »des Königs Bauch« und die Problematik seiner Herrschaft in entsprechenden Bildern zum Ausdruck brachten. Plinius schreibt: »Am meisten macht jedoch den Menschen der Bauch zu schaffen, um dessentwillen der größere Teil der Sterblichen lebt. Das eine Mal läßt er nämlich die Nahrung nicht durch, das andere Mal hält er sie nicht, bald faßt er sie nicht, bald verdaut er sie nicht, und der Unfug geht so weit, daß man meistens wegen (falscher) Ernährung stirbt. Als schlimmster Körperteil bedrängt er wie ein Gläubiger und mahnt mehrmals am Tage. Seinetwegen vor allem fordert die Gier, würzt die Prasserei, segelt man bis zum Phasis; für ihn durchsucht man die Tiefen des Meeres; und niemand beurteilt ihn nach der Ekelhaftigkeit seiner Verrichtung.«[190]

Ziehet den Knoblauch heraus, vier Stück mit dem Wurzelgefaser ...

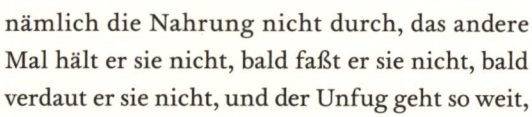

SELLERIE

BETONIE / VETTONICA

Betonie, Heilziest (Betonica officinalis L.)

> *Betonien und Müntzensaft*
> *stärkt's Haupt und geben dem Magen Kraft*
> COLERUS[191]

Die Betonie, die man, wegen der nahen Verwandtschaft zu den Ziestarten, auch Heilziest nennt, gehört mit den Salbeiarten, den Minzen und dem Katzenkraut zu den Lippenblütlern, zu jener Heilpflanzenfamilie, die im Gärtlein Walahfrids vorherrscht. Der Name Betonie hat sich aus der lateinischen Bezeichnung entwickelt.[192]

Die Wurzel der Heilpflanze ist oberflächennah, braun, faserig und ausdauernd. Sie treibt jährlich einen Strauß langgestielter, gekerbter Blätter. Aus dieser Rosette entwickelt sich ein vierkantiger, aufrechter Stengel mit ährenartig gedrängten Blütenquirlen von dunkelrosaroter, seltener weißer Farbe. Manche Rosetten bleiben steril. Die Pflanze variiert stark. Auch die Standorte ihres breit gestreuten, spontanen Vorkommens sind vielfältig (Hort. 337–339), doch handelt es sich stets um nährstoffarme Böden mit schwankendem Wasserhaushalt, um lichte Weidewälder und Magerwiesen auf verdichteten, schlecht durchlüfteten Böden außerhalb des Bereichs intensiver Bodenkultur. Vor diesem Hintergrund muß man die oben zitierten Verse Walahfrids lesen.

Die Betonie ist heute vor allem außerhalb der Wälder viel seltener anzutreffen als vor einigen Jahrzehnten, eine Folge der Intensivierung ihrer Standorte, insbesondere der Stickstoffdüngung. Auch im Wald ist die lichtliebende Staude durch das Eindringen und Zusammenwachsen von Gehölzen, durch Aufforstung, Dichtschluß, Dunkelstellung und Verdrängung der Lichtbaumarten zurückgegangen. Bemerkenswert ist der Anbau der Pflanze im Kräutergarten trotz ihres häufigen Vorkommens in Wald und Flur. Dies ist einmal von dem bekannten monastischen Grundsatz her zu verstehen, daß sich alles, was das Kloster notwendig braucht, möglichst innerhalb der Klostermauern befinden sollte (RB 66,6). Vielleicht kommen hier auch die Ausführungen des Plinius zum Tragen, der die hochgeschätzte Pflanze als Schutz gegen alles Übel im Haus kultiviert wissen wollte (Plin. 25, 151). Im St. Galler Klosterplan und im Capitulare de villis fehlt die Betonie, dagegen findet man sie in Listen karolingischer Krongüter.

Die Betonie war mindestens schon zu Zeiten des Plinius eine der wichtigsten Heilpflanzen mit ungezählten Anwendungen wie bei Husten, Bauchweh, Verspannungen, Schlaflosigkeit, Lähmungen, Fieber, Wahnsinn, Krebsgeschwür und »Frauenleiden«. Kein Wunder, daß sie »für alles« vorbeugend als Tee nützen sollte (Hort. 350–354). Bei Walahfrid kommt die Verwendung in der Wundarznei hinzu (Hort. 355–358), was heute mit dem hohen Gerbstoffgehalt

Betonick. CXCVII.

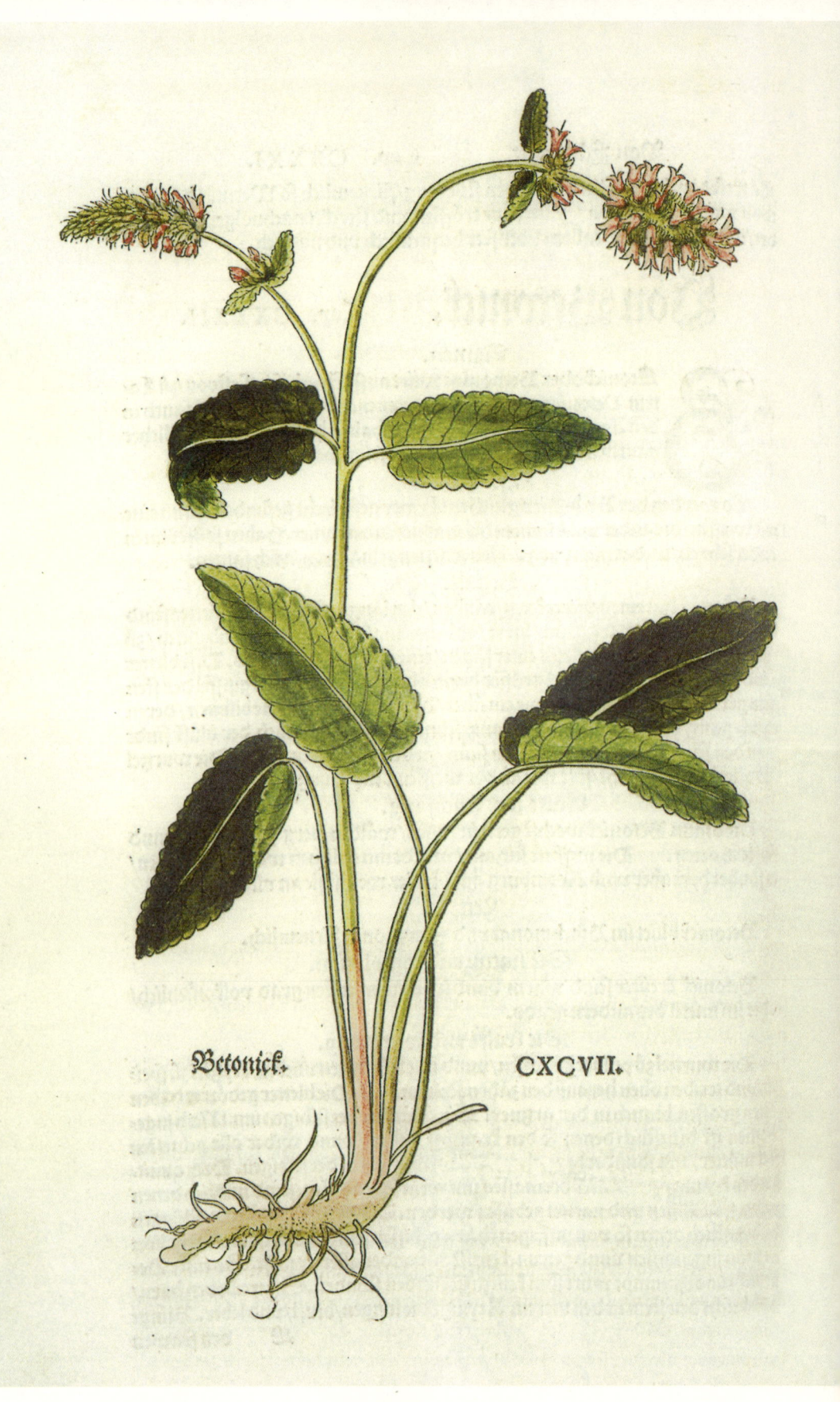

erklärt werden kann, durch den – in wäßrigen und weinigen Abkochungen der Blätter – die Narbenbildung bei infizierten Wunden gefördert wird.[193] Den Heilziest lobt Walahfrid auch sonst als Kraut von hohem Ansehen. Hier wäre wohl am ehesten der Ort, wo der neugierige moderne Leser Hinweise auf magischen Praktiken erwartet, wie sie bei Plinius (25, 151) anklingen. Im 11. Jahrhundert wurde ein Betonienspruch aufgeschrieben, den man beim Sammeln aufsagen mußte:[194]

> *Betonienkraut, das du von Asklepios entdeckt wurdest,*
> *Steh diesen Gebeten bei. Ich bitte dich,*
> *große Herrin aller Kräuter,*
> *Wie du durch den genannt wirst, der dich ins Leben rief,*
> *der dich allenthalben heilen hieß.*
> *Hilf gnädig diesen XLII.*
> *(Das soll man nüchtern vor Sonnenaufgang sprechen; die Pflanze soll man im August sammeln.)*

Eine Anleitung zum Sammeln ist auch im sogenannten Herbar des Pseudo-Apuleius aus der Spätantike verzeichnet:[195] »Die Betonie wächst in Fluren und auf Bergen an feuchten und schattigen Orten zwischen Gebüsch. Seele und Leib der Menschen, nächtlichen Wandel und heilige Orte bewahrt sie. Ergrabe sie im August ohne Eisen, schüttle sie ab, daß keine Erde hängenbleibt, und trockne sie im Schatten. Dann reble sie mitsamt den Wurzeln; mache feinstes Pulver daraus und verwende diese Spezerei nach Wunsch.«

Magische Eigenschaften gegen leidenschaftliche Betörung, Vorspiegelungen und teuflische Einflüsse werden ihr in der Naturkunde Hildegards von Bingen zugeschrieben.[196] Demnach galt sie als starkes Antiaphrodisiakum. Wenn man ein Blatt in jedes Nasenloch stecke, eines in den Mund nehme, je eines fest in jeder Hand fasse und unter die Füße lege und die Pflanze so lange unausgesetzt anblicke, bis die Blätter Körpertemperatur annähmen, so könne der Betörte von seiner Verrücktheit geheilt werden. Diese Ansätze einer Verbindung von Kräutersegen, Gebet und Magie fehlen in der Pflanzenheilkunde Walahfrids. Auch hierin kommt die unmittelbare, lebendige, bildhafte und praktische Art seiner Pflanzenbetrachtung zum Ausdruck, die weder mit dem geheimnisvollen Tiefsinn Hildegards noch mit dem Aberglauben etwas zu tun hat, der sich von der Antike bis heute um die Pflanzenwelt rankt.

Betonienkraut, das du von Asklepios entdeckt wurdest ...

Abb. linke Seite: Betonie, Heilziest (Betonica officinalis).

Die Verwendung der Betonie im ausgehenden 19. Jahrhundert kommt in den Ausführungen der »Flora von Deutschland« zum Ausdruck: »Früher waren Wurzeln, Blätter und Blüten im Gebrauch, jetzt gilt Betonika nur noch als Hausmittel. Die Wurzel schmeckt etwas widerlich, erregt Erbrechen und Purgiren, das frische Kraut schmeckt bitterlich zusammenziehend, ist nervenstärkend und gilt als Hausmittel gegen Verschleimung und Gicht. Die jungen, vorsichtig getrockneten Blätter geben ein schlechtes Theesurrogat und haben den Namen ›Theeblatt‹ veranlaßt.«[197] In diesem Sinne gilt die Betonie heute noch als Hausmittel, doch ist die früher unter dem Einfluß antiker Schriftsteller hochgeschätzte Pflanze ebenso wie die Poleiminze aus den Apotheken verschwunden.

BETONIE

ODERMENNIG / AGRIMONIA

Odermennig, Agermunde (Agrimonia eupatoria L.)

*D*er Odermennig ist ein ausdauerndes Kraut mit unterseits dicht behaarten Fiederblättern, deren große und kleine Teilblätter auffallend abwechseln. Die Blätter stehen alle an einem hohen (0,5–1,5 m), aufrechten, nur wenig verzweigten Stengel, an dessen Ende sich der ährenähnliche Blütenstand mit seinen fünfzähligen, gelben Blütenkronen befindet. Die Pflanze wächst an kargen Wald- und Heckensäumen und in Waldlichtungen.

Colerus empfiehlt Odermennig auch als Tee im Winter.

Diese Saumgesellschaften werden charakterisiert durch mäßig bis stärker wärmeliebende, Halbschatten ertragende bis lichtliebende Stauden. Auch bei Walahfrid wächst die Staude im Halbschatten der Wälder. Man darf sich diese Gehölze, in denen man damals den Odermennig fand, nicht als einen geschlossenen Komplex vorstellen, dessen Ränder nach außen gerichtet sind und so auch in der Landschaft in Erscheinung treten. Es waren in den Zeiten der Waldweide und vielfältigen Waldnutzung vielmehr nicht nur äußere, sondern mehr noch innere Waldsäume, die sich zwischen den Lichtungen des Waldes um Hecken und Baumbestände zogen. Vor allem die Hirten waren an einer Auflockerung des Waldesdunkels interessiert, weil dann am Boden allerlei wachsen konnte, was dem Vieh als Nahrung diente. Der größte Teil der Säume ist also keine Folge der naturwüchsigen Kräfte des Waldes, sondern durch die Nutzung des Menschen verursacht. Aus diesen Rändern drangen die Saumarten noch vor den Gebüschen in magere Rasengesellschaften ein, so daß gerade der Odermennig[198] weithin jene Fluren zierte (Hort. 359, 360), die, zwischen lockerem Wald und ungedüngten Wiesen gelegen, in alten Zeiten weit verbreitet waren, jetzt aber wegen der Trennung des schattigen Waldesdunkels von den gedüngten, baumlosen Intensivkulturen nur noch ansatzweise zu sehen sind.

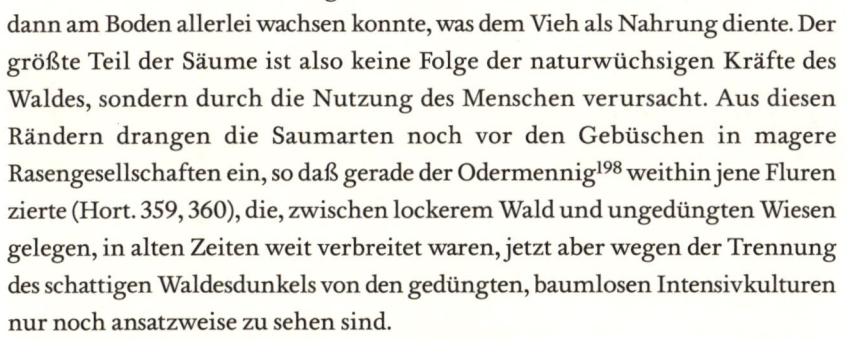

Im Gärtlein baut Walahfrid den Odermennig trotz seines reichen Vorkommens in Wald und Flur an.[199] Er hat seine Freude daran, wie die Kräuter dort in üppigem Wachstum die Architektur überziehen, hier aber in schönen Reihen gedeihen. Ordnung, Nützlichkeit und Schönheit gehören für ihn zusammen. Denn in der Wildnis kommt sich die Natur selbst in die Quere. Erst wenn die ordnende Hand hinzukommt, öffnet sich das Bedrängte, wird frei und leicht.[200]

Odermenig.   CXXXV.

Die Droge wirkt wundheilend und zusammenziehend.[201] In der Volksheilkunde werden die frisch zerquetschten Pflanzen für Breiumschläge verwendet, ganz den Empfehlungen Walahfrids entsprechend (Hort. 366, 367). Colerus empfiehlt ihn auch als Tee im Winter. Dieser wird durch Überbrühen der Blätter angesetzt und erhält, wenn man ihn etwas länger ziehen oder einfach stehen läßt, nach wenigen Stunden eine blutrote Farbe.

VOM HORNUNG

Jetzt bad, jetzt köpff, jetzt laß dein Blut
warm essen und schlafen ist dir gut,
das Fieber förchte mit Macht,
Und hab dich in guter Acht,
Hüt dich vor Kält, bewahr dein Leib,
Viel lieber hinterm Ofen bleib,
Und brauche Agrimoniam,
gibt Blutes Abundantiam.

COLERUS

AMBROSIA

ambrosiam pro gramine habent
Götterspeise statt Gras: ihre Kost
OVID, MET. IV, 215, von den Sonnenpferden

Ambrosia ist die duftende Speise der Götter – und für uns schwer zu fassen wie Walahfrids gleichnamige Pflanze. Ambrosien und andere Blumen aus der ambrosischen Flora erwähnt er auch in einem Gedicht an Bischof Abogast von Lyon, um damit dessen Diakon Florus zu ehren.

Ambrosien, Rose, Lilien, Lavendel und Safran,
lieblich alle zumal
WALAHFRID, CARMEN 8,31

Im Hortulus hat er Schwierigkeiten mit ihrer Benennung und Beschreibung, so daß wichtige Anhaltspunkte für eine eindeutige Bestimmung fehlen. Trotz der kurzen Strophe, die Walahfrid dieser Pflanze widmet, müssen wir uns daher mit den verschiedenen Pflanzen beschäftigen, die hier gemeint sein können. Erschwert wird der kurze Befund Walahfrids dadurch, daß in keiner der bekannten karolingischen Listen von Gartenpflanzen Ambrosia aufgeführt ist. Schon Plinius berichtet, daß der Name Ambrosia in der Begriffswelt der Botanik »vagabundiere«, gibt aber zugleich die recht brauchbare Beschreibung einer Pflanze, die er selbst für Ambrosia hält.[202] J. Berendes nimmt an, daß es sich bei dieser von Plinius als Ambrosia beschriebenen Pflanze um den klebrigen Gänsefuß handelt (*Chenopodium botrys L.*).[203] Roderich König denkt dagegen – im Hinblick auf den Pliniustext durchaus plausibel – an den Beifuß (*Artemisia vulgaris L.*). Diesen hatte aber Walahfrid bereits in anderem Zusammenhang als »Mutter der Kräuter« (Hort. 181–184) eindeutig erwähnt und in die Verwandtschaft des Wermuts gestellt.

Im Herbar des Pseudo-Apuleius[204] wird bei der Besprechung von Millefolium (*Achillea millefolium L.*) Ambrosia als Synonym angegeben. Das Herbar des Pseudo-Apuleius stand Walahfrid in der Bibliothek der Reichenau zur Verfügung. Weshalb von Fischer-Benzon von diesem Synonym auf den penetrant und keineswegs ambrosisch duftenden Rainfarn (*Chrysanthemum vulgare Bernh.* = *Tanacetum vulgare L.*) kommt, ist unklar. Aber auch die »Schafgarbenhypothese«, die ich in einer früheren Ausgabe dieses Buches stärker betont habe, ist nicht gesichert.[205]

In einem karolingischen Rezept, der »Königssalbe«[206], die unter anderm auch blutstillend wirken soll, werden folgende Pflanzen angegeben: Koriander,

Minze, Sellerie, Römische Kamille, Salbei, Petersilie, *acero* (hier vermutlich *Glechoma hederacea*), Fenchel, Raute, Dill, Liebstock, *morono* (Brombeeren oder Himbeeren), Saturei, Kerbel, Katzenminze, *seniciono* (Greiskraut?), Frauenminze, *pulpedo*, *sulseia*, Benediktenkraut, Sevi, Betonie, Bibernell, *reomada*, Dost, Waldminze, Schafgarbe, *nemfegia*, Fingerkraut, *octolenta*, *pentafilon*, *sparga*, ambrosia, *clitone*, *minuto*, *ibirico*, *petriniola aquatica*, Honigklee, *camimola*, *balsamita*, Thymian, *ternuca*, *misica minoris*, Kümmel – in Butter zu sieden. Aus diesem umfangreichen Rezept geht hervor, daß Schafgarbe und Ambrosia hier verschiedene Pflanzen sind. Bei Hildegard von Bingen und im »Macer floridus« fehlt die Pflanze. Erst in den späteren Kräuterbüchern, bei Hieronymus Bock und Tabernaemontanus, wird sie wieder als Traubenkraut (= Türkischer Beifuß) oder Ambrosienkraut beschrieben. Tabernaemontanus führt zur Namensgebung folgendes aus:

VON DEN NAMEN DER AMBROSIENKRÄUTER

»Es haben viel vermeynt / die wilde Salbey sey das rechte Ambrosienkraut der Alten / wie auch etliche die hirtzwurz davor gehalten haben / aber wie ein großer irrthum das sey / kann auch ein geringverständiger leichtlich mercken / sintemal diese beide Kräuter so ein gleichheit mit der Beschreibung des ambrosienkrautes der Alten haben / als die Nessel mit dem Majoran. Amatus Lusitanus irret nicht weniger als die andern / der den Reynfahrn vor das Ambrosiam Dioscoridis helt / dann derselbig hat an seinen Stengeln kein gedrungenen Samen wie die Träublein / reucht nicht süß und lieblich wie der Wein / oder Rebenblüth / sondern hat einen widerwillischen starcken Geruch / wie die anderen Wurmkräuter / und bringet seine Blumen oben an den Stengeln / wie die Kronen / und ist in summa nit ein einige gleichheit an dem Reynfahrn / die mit der Beschreibung Dioscoridis übereinstimmt / derowegen auch dieser Author damit angelauffen ist ... Das Ambrosienkraut heißt ... lateinisch Ambrosia, Botrys Artemisia, Artemisia botroides und bei dem Gesnero herba vinosa.«[207]

»Und am Johannistag heute blüht der Rainfarn. ... Der unsichtbar macht, wie man sagt, allerdings nur heute, zu Johanni ...«.

Von den Pflanzen, die als Ambrosia Walahfrids vermutet worden sind, wollen wir hier auf Rainfarn, Schafgarbe und Traubenkraut eingehen.

I. RAINFARN (*Chrysanthemum vulgare Bernh.*, *Tanacetum vulgare L.*)
Der Rainfarn ist in der gleichnamigen Erzählung von Johannes Bobrowski vorzüglich beschrieben worden. Da wir im Hortulus kein Pflanzenbestimmungsbuch vor uns haben, sondern ein Gedicht, wollen wir dem Dichter bei der Beschreibung der Pflanze das Wort lassen: »Und am Johannistag heute blüht der Rainfarn. Tanacetum vulgare: doldentraubig angeordnete, strahlblütenlose, knopfförmige Blütenkörbchen,

gelb übrigens, fiederteilige Blätter, harte meterhohe Stengel, nach dem Verdorren als Verschluß beim Wurstmachen, früher jedenfalls, gebräuchlich, herb aromatisch: Rainfarn, vielverbreitet. Der unsichtbar macht, wie man sagt, allerdings nur heute, zu Johanni. Blüten in die Schuhe gestreut oder eine Dolde an die Mütze gesteckt: da könnte man sich an den Zaun stellen, ungesehen ... Und man könnte in dem Grenzstädtchen zwischen Litauen und Preußen mit dem Abstand, den das Kraut gewährt, vieles sehen: Die rosige Frau Schnetzkat, das Denkmal der preußischen Luise, salutierende preußische und grüßende litauische Zöllner und Familien auf der Flucht ... Bleibt gesund, wollen wir sagen. Aber das können wir nicht. Da schütteln wir unsere Schuhe aus, und nehmen das Ästchen von der Mütze und werfen es in den Strom. Ich will nicht unsichtbar sein, sagen wir uns, nicht ungesehen von den Leuten. Es ist nichts: Beobachter sein, der Beobachter sieht nichts. Und doch: Nicht einmal das Sträußchen Rainfarn nahmen wir von der Mütze, um es fortzuwerfen.«

(Johannes Bobrowski, »Rainfarn«, 1964)

Mit Hilfe der Schafgarbe habe er den Telephos, König von Mysien, geheilt, dem er acht Jahre vorher im Kampf mit seiner Lanze eine unheilbare Wunde geschlagen hatte.

Johannes Bobrowski, der vorzügliche Beobachter, dem nicht genügte, Beobachter zu sein, hat also auch hier wie in seinem Rautengedicht den Kräuterstrauß festgehalten.

2. SCHAFGARBE (*Achillea millefolium* L.)

Die Gattung Achillea wurde von Linné im Hinblick auf Plinius und Dioskurides[208] nach Achill benannt, Schüler des Zentauren Chiron, des großen Lehrers aller Kräuterkundigen. Mit ihrer Hilfe habe er den Telephos, König von Mysien, geheilt, dem er acht Jahre vorher im Kampf mit seiner Lanze eine unheilbare Wunde geschlagen hatte. Die bekannte Schafgarbe ist also eine alte Heilpflanze. Hildegard von Bingen erwähnt sie als Heilmittel der Wundarznei. Durch ihren Gehalt an Bitterglycosiden gehört sie heute zu den Amara, welche die Verdauungssäfte anregen. Der Bitterstoff der Schafgarbe, das Achillein, wirkt außerdem zusammenziehend, das ätherische Öl antiseptisch. Ähnlich wie Odermennig und Heilziest ist die Pflanze daher für die Wundarznei von Bedeutung.

Eigentümliche Anwendungen der Ambrosia bezüglich des Blutes beschließen die Strophe Walahfrids. Die Schafgarbe soll bekanntlich Blutungen stillen. So stellte schon Hieronymus Bock fest, daß das Garbenkraut »zwiespältiger Natur« sei: »So man es zerknirschet und auf die Wunde leget, gestehet das Blut, hingegen wenn einer die Blättlein in die Nase thut, über eine kleine Weile folget das Blut hernach«. Tabernaemontanus beschreibt die innere Anwendung bei Verwundungen. – Die Verbreitung außerhalb des Klosters war kein Grund, sie nicht im Kräutergarten anzubauen.

AMBROSIA

3. Klebriger Gänsefuss, Traubenkraut (*Chenopodium botrys L.*)

Die neuzeitlichen Botaniker haben, seit Linné, den ungewissen Namen »Ambrosia« auch bei dieser Pflanze fallen lassen. Doch der Artname *botrys*, das heißt Traube, deutet noch auf die alte Beschreibung der Fruchtstände hin. Denn die unscheinbaren Blüten befinden sich in blattachselständigen, lockeren, kleinen, gegabelten Blütenständen.

Von der Gestalt der Blätter kommt der alte Name Welsch Eichenlaub. Da das Traubenkraut in den Wurzgärten unserer Tage wenig zu sehen ist, soll es hier genauer beschrieben werden.

Denn die unscheinbaren Blüten befinden sich in blattachselständigen, lockeren, kleinen, gegabelten Blütenständen.

Die ganze Pflanze ist einjährig, muß also jährlich neu ausgesät werden. Sie wird 20 bis 80 cm hoch. Die Blätter sind gelbgrün, drüsig-klebrig, aromatisch, buchtig-fiederspaltig mit stumpflichen Zipfeln wie bei der Eiche, grauflaumig und hinfällig. Ihr Aroma, eine eigentümliche Ingredienz jenseits von Polei, Weihrauch und Piment, wirkt fremd und märchenhaft. (So könnte das Kräutlein »Niesmitlust« in Hauffs Märchen gerochen haben, das der Zwerg Nase so lange gesucht hatte.)

Der klebrige Gänsefuß ist bei uns eine seltene Pionierpflanze warmer Tieflagen, beschränkt auf Schuttfluren, Müllplätze und frische, mehr oder weniger nährstoffreiche Rohböden. Ihr Verbreitungsschwerpunkt ist mediterran. Die Pflanze verträgt keinerlei Frost. Da die Saat aber über einige Wochen hin keimt, schädigen Spätfröste die verzögert erscheinenden Pflänzchen nicht.

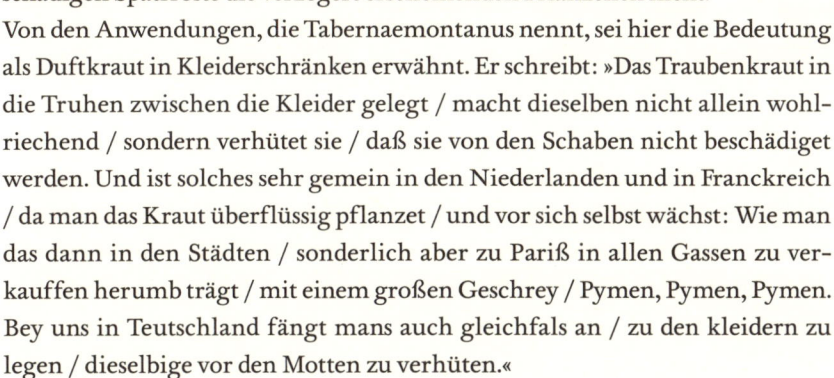

Von den Anwendungen, die Tabernaemontanus nennt, sei hier die Bedeutung als Duftkraut in Kleiderschränken erwähnt. Er schreibt: »Das Traubenkraut in die Truhen zwischen die Kleider gelegt / macht dieselben nicht allein wohlriechend / sondern verhütet sie / daß sie von den Schaben nicht beschädiget werden. Und ist solches sehr gemein in den Niederlanden und in Franckreich / da man das Kraut überflüssig pflanzet / und vor sich selbst wächst: Wie man das dann in den Städten / sonderlich aber zu Pariß in allen Gassen zu verkauffen herumb trägt / mit einem großen Geschrey / Pymen, Pymen, Pymen. Bey uns in Teutschland fängt mans auch gleichfals an / zu den kleidern zu legen / dieselbige vor den Motten zu verhüten.«

Ambrosia ist nicht die einzige Pflanze, über deren Namen man seit der Antike nachsinnt. Auch die Hyacinthe gehört dazu, wie wir im Gladiola-Kapitel gesehen haben. Die bekannteste von allen ist aber Moly, das Kraut des Hermes, das dieser dem Odysseus zeigte, damit er seine Gefährten aus dem Zauberbann der Kirke befreien konnte. Diese hatte sie bekanntlich in Schweine verwandelt. Mit einem Hinweis auf dieses Moly, das unbestimmte, seelenheilende Kraut des Hermes, und auf die ausdeutende Betrachtung von Hugo Rahner[209], überlassen wir die Namensfindung dem Zauber der Dichtung.

KATZENMINZE / NEPETA
Katzenkraut, Katzenminze (Nepeta cataria L.)

*D*ie Katzenminzen sind Lippenblütler, die im Unterschied zu den vierzackigen Minzenkronen ausgeprägt zweilippige Blüten besitzen. Der Kelch ist andererseits nicht zweilippig wie bei der Salbei, sondern radiär, nicht zehnzackig wie beim Andorn, sondern fünfzackig nach Art eines Pentagramms. Die unteren Teilblütenständchen des ährigen Blütenstandes sind kurz gestielt. Die Pflanze gilt als ausdauernd, ist aber eher kurzlebig und geht nach üppiger Blüte ein. Sie versämt sich andererseits meist reichlich.

Das Katzenkraut strömt einen charakteristischen Minzengeruch aus, der Katzen anziehen soll – daher der Name. Sein Verbreitungsgebiet wird als ostmediterran-westasiatisch angegeben. Die Pflanze ist jedoch eine alte Kulturfolgerin seit der Jungsteinzeit und besiedelt ähnlich wie der Andorn Unkrautfluren an Schuttplätzen, Wegen und Mauern vor allem in Dörfern der Wärmegbiete. Im Capitulare de villis und im Verzeichnis des Krongutes Treola ist sie aufgeführt. Sie scheint auch als Gemüse verwertet worden zu sein.

Links und rechts Katzenminze (Nepeta cataria), in der Mitte unbestimmter, kleiner Lippenblütler.

Eine Salbe aus Rosenöl mit Katzenkraut ergibt nach Walahfrid ein Mittel, um Fleischwunden und Narben zum Verschwinden zu bringen und der Haut das frühere Aussehen zurückzugeben. Die Häufung von Wundheilmitteln im zweiten Teil der Pflanzenbeschreibungen ist Heinz Haffter aufgefallen.[210] Heute wird die Katzenminze als Arzneimittel kaum noch verwendet, aber wie die meisten Pflanzen des Hortulus als Zier- und Duftpflanze in Kräutergärten wieder vermehrt angebaut.

Nepeta Germanica.   *Nepetella.*   *Menta Felina.*

RETTICH / RAFANUM
(Raphanus sativus L.)

Die vermutlich asiatische Herkunft des Rettichs liegt im dunkeln.

RETTICH

Der Rettich, den wir heute als Rettich im eigentlichen Sinne, als Radieschen und als Eiszapfen kennen, gehört zu den Kreuzblütlern. Die vier Blütenblätter sehen weiß aus und changieren blaßlila. Die Früchte sind perlschnurartige Gliederschoten; je ein Same liegt in einem Abschnitt. Beim Rettich ist die Wurzel besonders groß und schärfer im Geschmack als bei Eiszapfen und Radieschen. Es werden ganzjährig die verschiedensten Sorten in weißen, roten, schwarzen und blauen Farben und in verschiedenen, langen oder rundlichen Formen gezogen. Der japanische Riesenrettich wird bis zu 30 kg schwer, der Ölrettich wird wegen seiner ölreichen Samen kultiviert, seine Wurzel ist dagegen nicht verdickt. In Ostindien gibt es Schlangenrettiche, deren Schoten meterlang werden können und als Gemüse gegessen werden. Für Walahfrid, den wißbegierigen Humanisten, wäre das sicher eine sehr attraktive Nachricht gewesen, »daß Anteil habe ein Land am Ertrag des andern« (Hort. 315). Die vermutlich asiatische Herkunft des Rettichs liegt jedoch im dunkeln. Der griechische Botaniker Theophrast beschreibt indessen bereits verschiedene Rettichsorten. Im Capitulare de villis und im Klosterplan von St. Gallen werden Rettiche als *radices* erwähnt.

Der etwas beißende Geschmack kommt vom Gehalt an Senföl, welches antibakterielle Wirkungen besitzt. Außerdem ist seine harntreibende Wirkung bekannt. So heißt es im »Macer Floridus«: »Wenn du ihn ißt, so treibt er den Harn und erleichtert den Körper.« Damals wie heute ist der Wurzelsaft ein Volksheilmittel gegen Husten (Hort. 389, 390). Man höhlt einen schwarzen Winterrettich aus, gießt Honig in die Öffnung und legt ihn an die Wärme; ist der Rettich eingeschrumpft, so soll man den Honig gegen harten Husten einnehmen. Häufiger füllt man die Öffnung des ausgehöhlten Rettichs mit Kandiszucker und stellt ihn in ein Glas. Der herausfließende Saft wird als Hustenmittel verwendet.

Seine Wirkung als die Gallesekretion anregendes Mittel ist in der modernen Pflanzenheilkunde anerkannt. Vor allem aber ist der Rettich ein altes und beliebtes Nahrungsmittel breiter Volksschichten, wie schon Plinius betont, der auch die Milderung der Schärfe durch Salz erwähnt. Plinius war es schließlich, der auf das optimale Gedeihen der Pflanze in Germanien hinwies, wo sie die Größe neugeborener Kinder erreiche.[211]

Rettich. CCCLXXV.

Kein Wunder, daß der Rettich mit Dank genossen wird und daß die Kirche einen besonderen Rettichsegen weiß:[212]

Ewiger und allmächtiger Gott, weil die Menschen die Kräuter brauchen, hast du gewollt, daß viele Arten aus fruchtbarer Erde hervorgebracht werden. Zur Ehre deines Namens wollest du DIESE RETTICHE *segnen und heiligen, die wir in diesen ersten Frühlingstagen genießen wollen; so soll ein jeder, der davon zu sich nimmt, sich freuen am Wohl von Leib und Seel«.*

Rettiche hatten die einfachen Leute schon in der Antike im Garten. Philemon und Baucis setzten den Göttern Jupiter und Merkur, die in Menschengestalt das alte Paar besuchten, zunächst Rettich vor; dann gab es Speck und Kohl. Die Götter erfreute das schlichte Mahl und sie erfüllten ihnen ihren letzten Wunsch. – Auch Eduard Mörike hat in seinem Gedicht »Restauration« nach der Durchsicht eines Manuskripts mit schlechten Gedichten die herzhafte Ehrlichkeit des Rettichs besungen:

Das süße Zeug ohne Saft und Kraft
Es hat mir all mein Gedärm erschlafft.
Es roch, ich will des Henkers sein,
Wie lauter welke Rosen und Kamilleblümlein.
Mir ward ganz übel, mauserig, dumm,
Ich sah mich schnell nach was Tüchtigem um,
Lief in den Garten hinterm Haus,
Zog einen herzhaften Rettich aus,
Fraß ihn auch auf bis auf den Schwanz,
Da war ich wieder frisch und genesen ganz.

Im Hortulus Walahfrids ist der schlichte Rettich, der heute noch auf der Gemüseinsel Reichenau häufig angebaut wird, zu höherer Ehre gekommen als manche Pflanze einer modischen Gartenschau. Daran dachte ich, als vor vielen Jahren die Besucher öffentlicher Anlagen jene auffallenden Arrangements des Indischen Blumenrohrs (*Canna indica*) bestaunten, die inzwischen wieder aus der Mode sind. Der Rettich Walahfrids hat weiterhin einen Ehrenplatz neben Rose und Lilie inne.

RETTICH

ROSE / ROSA
Europäische Edelrose (Rosa gallica)

*B*ei der Rose Walahfrids handelt es sich um eine Rose antiker, europäischer Tradition. Ein wichtiger Stamm aus den möglichen Wildformen ist *Rosa gallica L.*, die auch in Mitteleuropa wild vorkommt. Mit ihren langen Ausläufern rankt sie flach, eher kriechend, im Vormantel lichter Waldränder von Eichen-Mischwäldern und Trockengebüschen. Sie ist ziemlich eindeutig an Tonböden gebunden. Man sieht an den überaus zahlreichen, ungleich langen, teils borstigen, teils gekrümmten Stacheln, daß sie mit den Zentifolien unserer alten Bauerngärten verwandt ist. Die karminroten, großen, herzförmigen Blütenblätter und die Gestalt der Kelchblätter (zwei Zipfel sind fiederspaltig, ein einziger ist nur an einer Seite fiederspaltig, und zwei Zipfel sind ganzrandig) erinnern ebenfalls an eine Zentifolie. Allgemein gilt sie als Stammform der europäischen Edelrosen, doch sie hat durch Zucht und Einkreuzung anderer abendländischer Rosenarten Fülle und Haltbarkeit der Blüte und kräftigere Zweige mit aufrechtem Wuchs erworben. Es gab daher schon in der Antike eine Vielzahl von Züchtungen, die »nach der Zahl der Blütenblätter, den Stacheln, der Struktur der Blattoberfläche, der Farbe und dem Geruch« (Plin. 21, 16) unterschieden wurden. Zu den Zentren der Rosenzucht gehörte Paestum.

Die Schönheit der Rose steht also in hohem Preis. Neben ihrer Heilkraft und Formenvielfalt wird das Rosenöl, welches Plinius mehrfach erwähnt, als besondere Wohltat erwähnt.

Aber nicht diese Tradition der *ars topiaria*, der Gartenkunst, meinte Walahfrid, wenn er am Anfang des Gedichtes (Hort. 2) auf Paestum Bezug nimmt. Er meinte vielmehr Paestum als Stätte der Heilung, wie Walter Berschin in seiner Studie »Karolingische Gartenkonzepte« nachgewiesen hat. Doch auch Rosen sind Pflanzen zum »Segen der Sterblichen« (Hort. 403), und so scheinen sich in Paestum Gartenkunst und Heilkunst zu durchdringen.

Die Pracht der Rosen vergleicht Walahfrid mit dem Gold des Paktolos und dem tyrischen Purpur, denn die zahlreichen goldenen Staubfäden sind von roten Blütenblättern umgeben und gehen ineinander über, nicht nur im Kontrast, sondern auch als eine lebendige Einheit, die im Gedicht anklingt (Hort. 398). Paktolos hieß ein Fluß in Phrygien, der durch die Goldsand berühmt war, den er mit sich führte. Er ist vor allem durch die Sage von König Midas berühmt geworden, die Walahfrid durch Ovid (Met. XI, 100–171) kannte. Midas hatte

Trifolium Acetosum flore albo.   **Rosa Damascena flore pleno.**   *Trifolium Acetosum flore flavo.*

sich von Bacchus gewünscht, daß sich alles, was er berühre, in Gold verwandeln solle. So geschah es dann auch: Brot und Äpfel, alle Speisen wurden zu Gold. Als er den Wahnsinn seines Wunsches erkannte, bat er den Gott um Verzeihung und flehte ihn an, ihn von diesem Unheil zu befreien. Dieser forderte ihn auf, sich im Paktolos zu baden; der Fluß nahm ihm den Fluch ab und heilte ihn. Seither schimmerte der Sand an seinen Ufern von Gold. – Auch der tyrische Purpur gehört zu den sagenhaften Schätzen der Antike. Wir hatten ihn bereits im Zusammenhang mit der Hyacinthussage kennengelernt (Ovid, Met. X, 211). Die Schönheit der Rose steht also in hohem Preis. Neben ihrer Heilkraft und Formenvielfalt wird das Rosenöl, welches Plinius mehrfach erwähnt, als besondere Wohltat erwähnt.

In der Schlußstrophe, die unmittelbar auf die Rosenstrophe folgt, kommt eine allegorische Deutung der Blume hinzu: Die Rosen sind mit der Passion verbunden, ihre Farbe ist die des Blutes, ihre Blüte eine Herzenswunde. In der Schlußstrophe greift Walahfrid bezüglich der Rose und der Lilie ausdrücklich die älteste Tradition der Kirche auf: die Blumenkrone als Ehrenkranz und Siegeszeichen. Bei Cyprian lesen wir hierzu: »Wie glückselig ist unsere Kirche, die also von der göttlichen Gnade mit glänzenden Ehren überhäuft, die in unseren Tagen durch das ruhmvolle Blut der Märtyrer verherrlicht wird. Strahlte sie vordem infolge guter Werke der Brüder in glänzendem Weiß, so ist sie nunmehr in dem Blut der Märtyrer purpurn gefärbt. In ihrem Blumenschmuck fehlen weder die Lilien noch die Rosen. Möge nun jeder einzelne nach der herrlichen Zier dieser Auszeichnung streben. Möge jeder durch gute Werke den weißen oder durch sein Leiden den purpurnen Kranz empfangen. Im himmlischen Lager hat sowohl der Friede wie der Kampf seine besonderen Blumen, aus denen den Streitern Christi der Ruhmeskranz geflochten wird.« [213] Diese Ausführungen Cyprians klingen eindeutig im Schluß des Hortulus an. Die vergleichende Betrachtung von Lilie und Rose, von Reinheit und Leiden, von Bekenntnis und Martyrium, von Friede und Kampf, von Weiß und Rot bei Walahfrid geht also auf das älteste Gedankengut der Kirche zurück.[214] Dieses Bild wird in karolingischer Zeit bei Paulin von Aquileia und später bei Notker in der Gegenüberstellung von Milch und Blut in Hymnen und Sequenzen zum Fest der Unschuldigen Kinder übernommen, die schon Prudentius als *flores Martyrum*, als Rosenknospen, preist.

Um diese geistige Seite des Rosenverständnisses im Gedicht besser zu verstehen, genügt es jedoch nicht, die Kirchenväter zu zitieren, weil der zeitliche Abstand das Verständnis erschweren könnte. Auch in unserer Zeit blühen jene Rosen, die Cyprian und Walahfrid einst beschrieben haben. Ein Beispiel sind die Rosen der Therese von Lisieux, die Paul Claudel in einem späten Gedicht besungen hat. Paul Claudel schreibt erklärend in einer Fußnote zu seinem Gedicht: »Am 7. Juni 1944, am Tag der Landung der Alliierten, wurde das Kloster Unserer Lieben Frau von der Au in Lisieux, jenes Kloster, in welchem Therese erzogen wurde, von Bomben zertrümmert. Zwanzig Nonnen kamen ums Leben, die vierzig übrigen fanden zunächst in einem Stall Unterkunft.«

Die gräßliche Parusie von oben ereignete sich, derweil sie die
Horen sungen,
Zehn Jahrhunderte gespeicherte Anbetung sind in einem Nu
in die Luft gesprungen.
Zwanzig Schafe kamen im Feuer um, so verbleiben noch vierzig
für die ununterbrochene Sequenz.
Das Kloster ist restlos zerstört, doch bleibt dieser Stall
aus dem erneut vernehmbar wird das Geblök des Konvents.
...

Und die kleine Therese, riesig zwischen Himmel und Erde, soll
man sie hängen lassen da droben,
Und gar nicht mit Rosen! mit diesem Haufen brennender Seelen,
die man ihr wunderlich in die Arme geschoben!
Sagt nicht, es sei alles umsonst, hört mich an: für morgen
ist ein Sonntag verheißen.
Über Einsturz und Feuersbrunst seh ich, aufrecht unter uns,
die Heilige gleißen,
Mit einem riesigen überbordenden Bündel von Rosen, die vor
lauter Rot überblenden zum Weißen.[215]

ROSE

MUTTER KIRCHE

*I*n der Schlußstrophe wählt Walahfrid die Form einer hymnischen Anrufung, um mit besonderer Innigkeit zu zeigen, auf wen sich die Blume (Hort. 423) aus dem Königssproß Jesse bezieht. Diese theologische Stelle (Hort. 419–425) ist bisher allgemein mit Maria in Zusammenhang gebracht und entsprechend übersetzt worden. In dieser Ausschließlichkeit scheint dies aber nicht zulässig zu sein. Weder der Text noch die karolingische Theologie legen eine mariologische Interpretation des Hohenliedes nahe, dem die meisten Bilder der Schlußstrophe des Gedichtes entnommen sind.

Mater ecclesia, Mutter Kirche, das ist »der Herzenslaut der alten Christenheit« (Hugo Rahner), und darauf werden wir verwiesen, wenn Walahfrid diese Mutter anruft.[216] Auch in der Auslegung des Hohenliedes durch Beda Venerabilis werden alle folgenden Bilder auf Christus und die Kirche bezogen. Beda war für die Theologie der karolingischen Zeit besonders wichtig, er war »der Inspirator der Gelehrten der Karolingischen Renaissance« (Beda Thum).[217] Die ekklesiologische Deutung zieht sich wie ein roter Faden durch seine Ausführungen:[218] »Im Hohenlied beschreibt der hochweise König Salomon das Geheimnis Christi und seiner Kirche, das Geheimnis des ewigen Königs und seines Volkes unter der Gestalt von Braut und Bräutigam.« (Beda 1083)

Die Braut nach des Bräutigams Namen (Hort. 420, 421) wird schon in frühester Zeit in Anlehnung an Eph. 5, 22–33 (siehe 2 Kor. 11,2; Apk. 21,9) und durch das Hohelied und Ps. 44 als Braut Christi verstanden. Augustinus preist die mystische Hochzeit Christi mit der Kirche und setzt die Ecclesia mit der Christenheit gleich. Die Kirche ist »Gottes Haus und Braut Christi« (Alkuin). Bei den lateinischen Kirchenvätern gebrauchen weder Ambrosius noch Augustinus den Titel Braut ausdrücklich für Maria. Das gilt auch für Beda Venerabilis. Maria ist als Vorbild der Kirche zunächst in diesen Ehrentiteln verborgen gegenwärtig und kommt erst im Laufe des Mittelalters darin zum Vorschein. Erst zu jener Zeit übertrug die wachsende Marienverehrung immer mehr Ecclesia-Symbole auf Maria.[219]

Auch die übrigen Beiworte wie »treue Freundin« (Beda 1078, 1090), »Jungfrau von unerschütterlichem Glauben« (Beda 1078) und »Taube« (Beda 1090) beziehen sich auf die Kirche. Besonders schön ist dabei die Auslegung der Taube (Hld. 2,14; 4,1), die hier angefügt sei (Beda 1090): »Wenn man daneben die Ausführung des Apostels[220] stellt, war der Fels Christus (1 Kor. 10). Was sind dann die Nischen des Felsens anderes als die Wunden, die Christus um unseres Heiles willen auf sich nahm? Wahrlich, in diesen Nischen sitzt und nistet die Taube, das ist jede friedsame Seele und die ganze Kirche, die einzig im Leiden des Herrn ihre Hoffnung auf Heil gründet, denn sie vertraut darauf, vor den Nachstellungen des alten Feindes wie vor dem Griff des Habichts im Sakrament seines Todes geborgen zu werden ...«

Die Kirche in ihrer gegenwärtigen Verfassung (Ecclesia praesens) sieht er als Nußgarten, wo man sich nur wenig zu verstehen vermag.

Wenn man den Kommentar Bedas, dazu auch die Schrift von Hugo Rahner gelesen hat und sich danach den Text des Hortulus wieder vornimmt (Hort. 416–421), stellt man erstaunt fest, daß eben nur Ecclesia gemeint ist. Zu dieser Kirche ist aus Davids Geschlecht die einzigartige Blume, Jesus, gekommen, der zugleich Erneuerer und Gründer des alten Stammes ist. Dies ergibt sich aus der Einheit Jesu mit dem Vater, also aus dem nicaeanischen Glaubensbekenntnis (Hort. 424).

Bedas Kommentar zum Hohenlied ist mit Vergleichen reich ausgestattet, die das Leben der Kirche und, im übertragenen Sinn, des Gartens betreffen. Die Apostel und Propheten werden als kräuterkundige Apotheker, als *pigmentarii* (Beda 1165) bezeichnet, die Kirche als Kräutergarten (Beda 1145), die Seelen als Kräuterbeete (1166), mit Ziegelsteinen sorgfältig eingefaßt (vgl. Hort. 47), sorgfältig und wiederholt umgespatet, von Unkraut gesäubert. Die Kirche in ihrer gegenwärtigen Verfassung (*Ecclesia praesens*) sieht er als Nußgarten, wo man sich nur wenig zu verstehen vermag (Beda 1185). Vor allem Mandelnüsse haben eine sehr bittere und harte Schale, wie die Kirche seinerzeit (Beda 1185). Doch ihr Kern ist süß wie ein Mandelkern, und so bleibt sie der Garten Gottes (Beda 1174). Nicht ohne tieferen Sinn begann Christus in einem Garten mit seinem Leiden und wurde dort gefangengenommen; in einem Garten wurde er begraben und ist dort auferstanden. Schließlich wollte er nach seiner Auferstehung zunächst als Gärtner erkannt werden (Beda 1185).

Der Duft dieser Gärten und Blumen durchweht auch das Gedicht Walahfrids.

MUTTER KIRCHE

DIE WIDMUNG DES GEDICHTS

*W*alahfrid führt uns zum Schluß mit leichtem Schritt zu Grimald unter den Pfirsichbaum.[221] Ihm, dem verehrten Lehrer und Gönner, widmet er sein Gedicht vom Gartenbau, wie einst Vergil das Gedicht vom Landbau dem Tityrus unter der Buche gewidmet hatte.[222] Walahfrid geleitet uns in Grimalds Klosterschule, wo inzwischen eine neue Schülergeneration heranwächst. Der herbstliche Obstgarten wird zum Schulhof, und die Schüler reichen ihrem Lehrer mit Vergnügen große Pfirsiche.

Diese Widmung läßt die menschenfreundliche Pädagogik[223] des Dichters erkennen, das vertrauensvolle Verhältnis zwischen Lehrern und Schülern im Garten mit all seinen verschiedenen Pflanzen von der sittsamen Betonie bis zum üppig wachsenden Flaschenkürbis, vom scheinbar nutzlosen Liebstock bis zum Heilziest, der seit jeher hochgeschätzten Heilpflanze. Mit feinem Ton beschließt er nach der großen theologischen Schlußstrophe sein Gedicht. Dankbar gibt Walahfrid seinem Lehrer den Hortulus wie einen reifen Pfirsich in die Hand. Und so wie er jetzt den Pfirsich in Händen hält (Hort. 438), so soll er einst den Palmenzweig (Hort. 443) des ewigen Lebens in Händen halten.[224]

Dieses Gedicht aus der Zeit des karolingischen Mittelalters hat einen bäuerlichen Grund im Zeichen des heidnischen Priap. Es hat einen leuchtenden Eingang im Königszeichen der Salbei und eine strahlende Lilienmitte im Kranz von erlebten und als schön und heilsam empfundenen Pflanzen. Es besitzt im Finale eine große christliche Perspektive in der einen Blume, und es endet mit einer liebenswürdigen, menschlichen Geste, in der er alles zusammenfaßt.

ANMERKUNGEN

1. Einleitung, Text und Übersetzung von HERMANN KNITTEL (vgl. Lit.verz.).
2. BRUNO EPPLE, Walahfrids Lob der Reichenau, Friedrichshafen 2000.
3. BORST, Mönche (vgl. Lit.verz.), S.62.
4. Ausführliches Schriftenverzeichnis bei WALTER BERSCHIN in: Eremus und Insula (vgl. Lit.verz.).
5. WALAHFRID STRABO, Liber de exordiis et incrementis quarundam in observationibus ecclesiasticis rerum, PL 114, 919–966.
6. BERNHARD BISCHOFF, Eine Sammelhandschrift Walahfrid Strabos (Cod. Sangall. 878), in: Mittelalterliche Studien Bd.II, Stuttgart 1967, S.34–51.
7. THEODOR FEHRENBACH, Walahfrid Strabo, Abt der Reichenau (838–849), in: Hegau (14) 19. Jahrgang, Bd.31, 1974, S.105–120. Die obige Lebensbeschreibung Walahfrids entspricht einer Zusammenfassung der Grundlinie in Fehrenbachs Beitrag, der in einer früheren Ausgabe dieses Buches abgedruckt worden war. Im Hinblick auf das Thema dieses Buches wurden vor allem die theologischen und historischen Erörterungen gekürzt. – Theodor Fehrenbach (* 6. 9. 1913 in Reichenbach b. L., † 23. 4. 1982 in Konstanz) war 1955–1982 Pfarrer in Reichenau-Mittelzell und eine durch einfühlsame Liturgie und Predigt sowie durch Kunstverstand und Seelsorge bemerkenswerte Persönlichkeit.
8. Vgl. HANS VON RUDLOFF, Die Klima-Entwicklung in den letzten Jahrhunderten im mitteleuropäischen Raume (mit einem Rückblick auf die postglaziale Periode), aus: Das Klima, Analysen und Modelle, hg. von O. ÖSCHGER, B. MESSERLI, M. SVILAR, 1980. Von Rudloff zitiert hier die Hypothese des »sekundären Klimaoptimums« zwischen 800 und 1200 n. Chr. mit Jahresmitteltemperaturen, die etwa 1,2 bis 1,4 ° C höher gelegen sein sollen als heute. Das entspricht etwa den Jahrestemperaturen des planaren und kollinen oberrheinischen Tieflandes und seiner unmittelbaren Umgebung mit 9,5 bis 10,5 ° C.
9. HERMANN SIERP, Walahfrid Strabos Gedicht über den Gartenbau, in: Die Kultur der Abtei Reichenau, München 1925, Bd.II, S.756–772.
10. WOLFGANG SÖRRENSEN, Gärten und Pflanzen im Klosterplan, aus: Studien zum St. Galler Klosterplan, hg. von JOHANNES DUFT, St. Gallen 1962, S.193–277.
11. Gustav HEGI, Illustrierte Flora von Mitteleuropa, Bd.II, München 1906, S.285.
12. HUGO RAHNER, Mandragora, die ewige Menschenwurzel, aus: Griechische Mythen in christlicher Deutung, Zürich 1945; 4. Aufl. Basel 1984. Die Mandragore ist weder im Capitulare de villis noch im St. Galler Klosterplan oder in einem Pflanzeninventar jener Zeit verzeichnet.
13. HRABANUS MAURUS, Comment. in Genesim II,17 (PL 107, 600 CD), Allegoriae in Scripturam (PL 112, 995 B).
14. PLM, Bd.III, S.103ff.: QUINTUS SERENUS SAMONICUS, Liber medicinalis. Der Autor erklärt aus-

drücklich, daß er sein Wissen aus Büchern zusammengetragen hat. Vgl. MARTIN SCHANZ, CARL HOSIUS und GUSTAV KRÜGER, Geschichte der Römischen Literatur, München 1922, S.28.

15 Die in Klammer gesetzten Zahlen bedeuten die Häufigkeit der Erwähnung in den Rezepten des Quintus Serenus.

16 Bei Quintus Serenus als *elelisphacus* in XXI und *elelisphagon* in XIIII.

17 Vgl. im Anhang Anm.2 zur Übersetzung.

18 PLM, Bd.IV, S.406.

19 Aus: KARL SUSO FRANK, Frühes Mönchtum im Abendland, Zürich 1975, Bd.I, S.276f.

20 JOHANNES DUFT, Notker der Arzt, Klostermedizin und Mönchsarzt im frühmittelalterlichen St. Gallen, St. Gallen 1972.

21 GEORG HOLZHERR, Die Benediktsregel, eine Anleitung zum christlichen Leben, Zürich 1993.

22 Vgl. dazu WOLFGANG ERDMANN, Zur archäologischen und baugeschichtlichen Erforschung der Pfalzen im Bodenseegebiet, Bodman – Konstanz – Reichenau – Zürich, in: Deutsche Königspfalzen, Beiträge zu ihrer historischen und archäologischen Erforschung 3, Göttingen 1979, S.136–210.

23 ALFONS ZETTLER, Die frühen Klosterbauten der Reichenau, Sigmaringen 1988. – Es ist zudem nicht sicher, ob Walahfrid das Gedicht, wie ich es für wahrscheinlicher halte, als Abt der Reichenau oder, wie Berschin vermutet, als Erzieher am Hofe Ludwigs des Frommen (nach 829) schrieb. Zum Problem der Datierung des Gedichtes vgl. S.49 im Salbeikapitel.

24 Für die Berechnung bin ich Wolfgang Erdmann dankbar: Der Fuß ist als drusianisches Fußmaß mit 33,29 cm angesetzt; vgl. F. V. ARENS, Das Werkmaß in der Baukunst des Mittelalters, Würzburg 1938; der Faksimiledruck des Klosterplanes wurde herausgegeben vom Historischen Verein St. Gallen, St. Gallen 1952.

25 Georg. II, 221.

26 Ekl. X, 67.

27 Ekl. I, 58; II, 70; Georg. II, 362, 370.

28 Georg. II, 360.

29 ASMENIUS, De laude horti, PLM, Bd.IV, S.152; vgl. S.37.

30 Zu denen der Dichter bekanntlich selbst gehörte.

31 Gartenbeete, »in denen Dill und Pastinak in hohen Dolden standen«, wie sie Theodor Fontane in »Grete Minde« schön und klar beschreibt und damit in seinen poetischen Hortulus pflanzt.

32 In: Liber de exordiis 43 (wie Anm.5). Bekannt ist auch das »Bohnenzitat« des Probstes von St. Gallen anläßlich des Besuches von König Konrad 911, wobei dieser beim kargen Mahl bedauernd zum König gesagt haben soll: »Wie schade, daß du nicht morgen gekommen bist, da wird es nämlich etwas Gutes geben: Bohnen mit Brot«. Zitiert in: OTTO FEGER, Geschichte des Bodenseeraumes, Bd.1, S.169.

33 MGH Poetae latini II, S.396.

34 Die vorwiegend vegetarische Ernährung bei Isidor von Sevilla: »Die ganze Woche hindurch sollen die Brüder billiges Gemüse und grüne Hülsenfrüchte essen. An den Heiligenfesten dürfen sie dem Gemüse ein klein wenig Fleisch hinzufügen.« Mönchsregel Isidors 9,4. Die Mahlzeiten, RUIZ, La Regla de monjes de San Isidoro de Sevilla – Santos Patres Españoles 2, S.79–125, Übersetzung bei FRANK, Mönchtum (wie Anm.19), S.379. Vgl. auch BASILIUS STEIDLE, »Ich war krank und Ihr habt mich besucht«, in: Benediktinische Monatszeitschrift, Beuron (1965), S.234–236, über das Essen nach der Regel St. Benedikts: »Manche aßen nur rohe Kräuter, die mit ein wenig Essig und Öl angemacht waren.« Zahlreiche Einzelheiten über die vegetarische Kost gehen aus den

ANMERKUNGEN

Consuetudines monasticae VO III, Antiquiora monumenta, hg. von BRUNO ALBERS, Monte Cassino 1907, hervor: Ein Brief des Paulus Diakonus an Karl den Großen bestätigt die Bedeutung von Salaten, Frischgemüse und Gartenkräutern für die Kost der Mönche. Lapidar heißt es in den Veteres Consuetudines Monasterii Sancti Benedicti Floriacensis: »Am Mittwoch und Freitag und an den Quatemberfasttagen müssen wir frische Kräuter vom Gärtner haben.«

35 CATO, zitiert nach Plin. nat. hist. 19, 57.
36 CICERO, De senectute 56.
37 Plin. nat. hist. 19, 57.
38 Das Gärtlein mit den Küchenpflanzen dieses Gedichtes (»Moretum«) ist in der Selleriestrophe ausführlicher zitiert. Das »Moretum« in E. J. KENNEY, Appendix virgiliana, Oxford 1966; besprochen und übersetzt von Richard HEINZE, Das Kräuterkäsegericht (Moretum), postum hg. von E. BURK, Die Antike 25 (1939), S.76ff.
39 *Lactuca sativa L.*, Lattich oder Laktuk, zum Beispiel Kopfsalat *var. capitata*.
40 Nach einer freien Übersetzung, entnommen dem Kapitel »vom Salat insgemein« aus dem Hausbuch des Anonymus F.P.F.P. à E.K. 1713, Der kluge Landmann, Frankfurt und Leipzig. In der Komödie des Plautus werden auch die Pflanzen aufgeführt, mit denen der Gast anstelle eines Ochsen gefüttert wird: »Koriander, Fenchel, Knoblauch, Schwarzkohl, Grünkohl, Ampfer, Spinat, Amarant, den Senf, der beim Zerstoßen dir bereits die Tränen in die Augen treibt, und einen halben Liter Essig über alles ... und was das Vieh verschmäht, das ißt der Mensch.«
41 BERSCHIN, Eremus und Insula (vgl. Lit.verz.), S.19.
42 Im Essay »première treille muscate«; »treille muscate«, d.h. Muskatellertraube, ist der Name ihres Gartengrundstücks. Rolf Prauser danke ich für Hinweise zum Text.
43 Aus den Schriften des hl. Athanasius, übertragen in: Bibliothek der Kirchenväter, Köln und München 1927, Bd.31.
44 Schrift gegen Jovianus, zitiert nach DIETER HENNEBO, Gärten des Mittelalters, in: HENNEBO/HOFFMANN, Geschichte der Deutschen Gartenkunst, Hamburg 1962, Bd.I, S.27. Luxorius hat in einem anderen Gedicht den Lustgarten des Eugetus besungen, in dem Diana mit den Dryaden und Nymphen der Waldtäler zuhause ist, wo sich aber auch Venus und Cupido erholen und ihre Mädchen sich in balsamischer Frühlingsluft an moosigen Quellen aufhalten, wo sich Eugetus und seine Freunde unter laubigen Bäumen amüsieren (PLM, Bd.V, S.406).
45 Jean-Claude GUY, Jean Cassien, Institutions cénobitiques, Sources chrétiennes 109 (Paris 1965), Übersetzung nach FRANK, Mönchtum (wie Anm.19), S.183f.
46 Über die Handarbeit der Mönche, zitiert nach STEIDLE, Ich war krank (wie Anm.34), S.248–251. Vgl. dort auch den treffenden Exkurs dazu. Die Schrift Augustins ist übersetzt bei FRANK, Mönchtum (wie Anm.19), Bd.I.
47 JOHANNES CASSIAN, Institutiones 3.2, zitiert nach STEIDLE, Ich war krank (wie Anm.34), S.251, vgl. insbesondere den vorzüglichen Exkurs Steidles über die Handarbeit der Mönche, S.248–251.
48 J. EVANGELISTA und M. VILANOVA, Regula Pauli et Stephani, Edicio critica i comentari, Montserrat 1959, übersetzt bei FRANK, Mönchtum (wie Anm.19), Bd.II, S.301.
49 PL 91, 1102.
50 R. VON FISCHER-BENZON, Altdeutsche Gartenflora, Kiel 1894. Dazu vgl. auch vor allem BERENDES, Hortulus (vgl. Lit.verz.). Zur Geschichte der Gartenkunst vgl. HENNEBO, Gärten des Mittelalters (wie Anm.44), dort vor allem S.21–49.
51 Vgl. S.15.

52 Vgl. das Kapitel »Mutter Kirche«, S.133.
53 Besondere Würdigung bei BERENDES, Hortulus (vgl. Lit.verz.).
54 Zu den Bauerngärten der an den Hegau angrenzenden schweizerischen Gebiete vgl. DIETRICH WÖSSNER, Der Bauerngarten, in: Neujahrsblatt der Naturforschenden Gesellschaft Schaffhausen 18 (1966). Vgl. auch HERMANN CHRIST, Zur Geschichte des alten Bauerngartens der Schweiz und angrenzender Gegenden, Basel 1923. Eine umfassende Darstellung gibt ALBERT HAUSER in: Bauerngärten der Schweiz, Zürich 1976. Aus der Sicht einer modernen, norddeutschen Gartenarchitektin schreibt GERDA NISSEN in: Bauerngärten in Schleswig Holstein, Heide 1989. Mit treffendem Sarkasmus begleitet GEROLD HÜGIN seine ökologisch orientierten Untersuchungen im Schwarzwald und am Oberrhein in: Hausgärten zwischen Feldberg und Kaiserstuhl, hg. von der Landesanstalt für Umweltschutz, Baden-Württemberg, Karlsruhe 1991. Besonders feinsinnig wird die Thematik behandelt von IRMGARD BOTT und ihren Freunden in: Gärten des Lebens, hg. vom Arbeitskreis Dörfliche Kultur e.V., Marburg 1994.
55 J. H. DITRICH, Baierisches Natur- und Kunst-Gartenbuch für Gärtner, Stadtamhof 1803.
56 JOHANNES COLERUS, Oeconomia ruralis et domestica, Frankfurt 1680, S.222.
57 Eine Einführung in die Hausväterliteratur gibt GÜNTHER FRANZ in: Geschichte des deutschen Gartenbaues, Stuttgart 1984, Bd.VI.
58 VERGIL, Landleben, hg. und übersetzt von JOHANNES UND MARIA GÖTTE, München und Zürich 1987. Über die Beziehungen Walahfrids zu Vergil vgl. vor allem H. HAFFTER, Walahfrid Strabo und Vergil, Et in Arcadia ego, Essays, Feuilletons, Gedenkworte, Baden (Schweiz) 1981, S.182–189.
59 VERGIL, Ekl. II, 46–56.
60 VERGIL, Georg. IV, 116–148; vgl. E. BURK, Der korykische Greis in Vergils Georgika IV 116–148, in: Navicula Chilonensis (Festschrift F. Jakoby), Leiden 1956, S.156–172. In diesem Abschnitt (IV, 148) steht der Satz, der als Vermächtnis seiner Gartenpoesie gilt: »Ich überlasse das Thema anderen Dichtern.« Das sind vor allem Columella, Walahfrid und René Rapin SJ, die sich zum Teil ausdrücklich auf ihren großen Lehrer beziehen.
61 Zur zauberhaften Welt der ländlichen Dichtung Vergils vgl. vor allem VIKTOR PÖSCHL, Die Hirtendichtung Vergils, Heidelberg 1964.
62 FRIEDRICH KLINGNER, Vergils Georgica, Zürich 1963.
63 *Locus amoenus* im Sinne von ERNST ROBERT CURTIUS, Europäische Literatur und lateinisches Mittelalter, Bern 1948.
64 Zahlreiche Beispiele und Hinweise bei OLK zum Stichwort Gartenbau in Pauly's Realencyclopädie der classischen Altertumswissenschaft.
65 COLUMELLA, Zwölf Bücher über Landwirtschaft, lateinisch-deutsch, hg. und übersetzt von WILL RICHTER, München 1981.
66 Beispiele für Redensarten: Hort. 259, 300, 324, 392.
67 Vgl. S.111.
68 ASMENIUS, PLM, Bd.IV, S.152f.
69 Vgl. Hort. 102ff.
70 MGH Poetae latini, A 4, 1, S.146.
71 HIERONYMUS, Ep. 3, zitiert nach FRANK, Mönchtum (wie Anm.19), Bd.I, S.15.
72 PL 145, 246ff.
73 Lukaskommentar, VII, 128, Bibliothek der Kirchenväter, S. 397–395. Vgl. dort weitere Hinweise zur Symbolik der Lilie und des Gartens.
74 AMBROSIUS, Corpus script. ecclesiast. lat. Exam. III, 8, 37. Vgl. dazu die Lilienstrophen des Hortulus.

ANMERKUNGEN

75 Macer floridus, De viribus herbarum, hg. von LUDOVICUS CHOULANT, Leipzig 1832, Vers 870.

76 DIOSKURIDES, Mat. med. III, 37, übersetzt von J. DANZIUS 1610 (Reprint 1964).

77 Immerhin konnte neuerdings aus einem römischen Brunnen ein Nachweis ihres Vorkommens aus dem Obergermanien des 2. Jahrhunderts erbracht werden. Manfred RÖSCH, mündl. Mitteilung. Fundstelle: Pforzheim.

78 ROCCARO, Hortulus (vgl. Lit.verz.), S.116. Selbst Hegis »Illustrierte Flora« (vgl. Anm.11) zitiert im Salbeikapitel den Hortulusvers absichtlich falsch: »Elilifagus prima praefulget fronte locorum«.

79 ALF ÖNNERFORS, Walahfrid Strabo als Dichter, in: Helmut MAURER (Hg.), Die Abtei Reichenau, Neue Beiträge zur Geschichte und Kultur des Inselklosters, Sigmaringen 1974.

80 Vgl. NÄF UND GABATHULER, Walahfrid Strabo (vgl. Lit.verz.), S.4f.

81 Vermutlich um das Jahr 1100, nach ERNST MEYER, Geschichte der Botanik, Königsberg 1857. Die Bedeutung der Salbei in der Ärzteschule von Salerno unterstützt die Bemerkung von Walter Berschin, der im Hinblick auf eine Glosse zur *ars paestana* (Hort. 2) im Codex Lipsiensis frühsalernitanische Bezüge feststellt. Die Gärten von Paestum waren danach nicht nur Rosengärten, sondern auch Salbeigärten.

82 WERNER BERGENGRUEN, Der dritte Kranz, Zürich 1962, S.474: »Nach der Fondue saßen wir beim Kaffee im Salon. Musa Petrownas Schnäpse wurden probiert und kommentiert. Es fielen manche sachverständigen Bemerkungen, und besonders der Weinrautenschnaps mit all seinen Tugenden gelangte zu Ehren. Hierzu wußte der alte Humanist Spitzacker gleich einen passenden Spruch, nämlich: Salvia cum ruta faciunt tibi pocula tuta.«

83 Das heilige Kraut oder die Kräfte der Salbey zur Verlängerung des menschlichen Lebens, 1778, 1858 in Stuttgart unter diesem Titel herausgegeben, Nachdruck im Aurum Verlag Freiburg/Br. 1978.

84 COLERUS, Oeconomia (wie Anm.56), S.75.

85 Adstringierend (= zusammenziehend) nennt man Arzneimittel, die in den obersten Zellschichten eine Schrumpfung des Gewebes hervorrufen, wodurch eine Schutzdecke gegen Entzündungsreize gebildet wird. Die so »gegerbte« Oberfläche bildet einen schlechten Nährboden für Infektionserreger.

86 Magisches Salbeirezept aus dem 15. Jahrhundert. HEINRICH MARZELL in: Zeitschrift des Vereins für Volkskunde 1 (1891), S.174.

87 Vgl. z.B. GIOVANNI BOCCACCIO, Decameron, 4. Tag, 7. Geschichte von Simona und Pasquilino.

88 OSKAR VON HOVORKA und ADOLF KRONFELD, Vergleichende Volksmedizin, Stuttgart 1908, S.370.

89 Zahlreiche Salbeirezepte und weitere Hinweise findet man im »Salbeiporträt« von Walter RUDEL und Irmgard BOTT in: Gärten des Lebens (wie Anm.54), S.191–193.

90 COLERUS, Oeconomia (wie Anm.56), S.279. Bei Colerus findet man verschiedene Methoden der Zubereitung von Kräuterweinen.

91 Thesaurus linguae latinae.

92 Vgl. vor allem LOTTLISA BEHLING, Die Pflanze in der mittelalterlichen Tafelmalerei, 1967.

93 Oberrheinischer Meister, um 1410 im Städel.

94 Hg. von EDUARD SCHRÖDER, Göttingen 1926.

95 CARL HALTHAUS, Aus dem Liederbuch der Clara Hätzlerin, Quedlinburg und Leipzig 1840. Das Liederbuch wurde als Sammelhandschrift verfaßt und 1471 beendet.

96 D'Hüsmittel, e Comedie wo au ebbs vun de Hexemeister un de respektawwle Schlofer vorkummt. Uffgsetzt vun d'r Bärwel vun Blabbermül, Ed. Hubert, Straßburg 1886. Vgl. La littérature dialectale alsacienne, une anthologie illustrée, Auguste Wackenheim 1994.

97 FRIEDRICH SILCHER (1789–1860), schwäbischer Komponist, Förderer des volkstümlichen Gesangs.

98 FRANCIS JAMMES, Der Hasenroman, nach der Übertragung von JAKOB HEGNER.

99 Im Capitulare de villis, im Klosterplan von St. Gallen und im Inventar von Asnapium. Ursprünglich südosteuropäische Pflanze. Die Raute als Gartenkraut wird bei Luk. II, 42 erwähnt. Die Stelle spricht für den umfangreichen Anbau in der Antike.

100 Vgl. dazu die Abbildungen von Kreuzblumen am Freiburger Münster im Beitrag von INGEBORG KUMMER-SCHROTH in: Freiburg, geliebte, alte Stadt, Freiburg 1972; Abbildungen von LEIF GEIGES.

101 Erklärung bei Albertus Magnus: »Die wilde Salbei nennt man auch Götterspeise, weil sie nach alter Mähr unsterblich wurden, als sie davon aßen. Auch die Kröte findet an den Wurzeln und Blättern der Salbei Gefallen, wird aber vertrieben, wenn man die Raute mit der Salbei zusammenpflanzt.« ALBERTUS MAGNUS, De vegetabilibus libri VII, Berlin 1867, S.569.

102 Freundliche Mitteilung von ARTHUR HERMANN. Vgl. auch TARGBINE, Lietuviu Enciklopedija Bd.3, Vilnius 1986.

103 Texte aus: I. Lietuviu tautosaka (Litauische Folklore), Bd.1: Dainos (Volkslieder), Vilnius 1962, und: II. Vilius Kalvaitis, Prusijos Lietuvos dainos (Volkslieder aus Preußisch-Litauen), Tilsit 1905, hier übersetzt von Arthur HERMANN. Es ist jeweils die Quelle I oder II mit der betreffenden Seitenzahl angegeben. – Zum Charakter der litauischen Volkslieder: ANTANAS MACEINA, Das Volkslied als Ausdruck der Volksseele, Geist und Charakter des lit. Dainos, in: Commentationes Balticae 2/3 (1954/55). Wie mir Arthur Hermann mitgeteilt hat, soll die Raute in etwa neunhundert Volksliedern vorkommen.

104 Vgl. aber auch JOHANN PETER HEBEL in »Kannitverstan«: »Was ich einst von meiner Armuth auch bekomme: ein Todtenkleid und ein Leintuch, und von allen deinen schönen Blumen vielleicht ein Rosmarin auf die kalte Brust, oder eine Raute.« Aus: DERS., Schatzkästlein des rheinischen Hausfreundes.

105 VON FISCHER-BENZON, Gartenflora (wie Anm.50), S.75.

106 GEORG KUMMER, Schaffhauser Volksbotanik, 1954, Bd.II.

107 D. Jacobus Theodorus TABERNAEMONTANUS, New vollkommen Kräuter Buch, S.55.

108 Vgl. Anm.9.

109 ELISABETH ALFÖLDI-ROSENBAUM, Das Kochbuch der Römer, Rezepte aus der Kochkunst des Apicius, Zürich 1993. Auch heute noch ist der Flaschenkürbis in Italien ein beliebtes Gemüse.

110 HEGI, Flora (wie Anm.11).

111 Vgl. ASMENIUS, De laude horti, S.40f., Vers 15.

112 HERMANN JOSEF VOGT, Baum und Strauch in der frühchristlichen Kunst, in: Bäume braucht man doch, Das Symbol des Baumes zwischen Hoffnung und Zerstörung, hg. von HARALD SCHWEIZER, Sigmaringen 1986. Ich verdanke Hermann Josef Vogt Hinweis und Deutung der *cucurbita* auf Bildern frühchristlicher Akrosole.

113 Das ensprechende hebräische Wort *kikajon* wird heute mit Rizinusstrauch übersetzt. In der griechischen und älteren lateinischen Übersetzung wurde dies mit *kolokyntha* bzw. mit *cucurbita* wiedergegeben.

114 Vgl. Kürbisgedanken, in: Gärten des Lebens (wie Anm.54), S.288–290.

ANMERKUNGEN

115 Im Capitulare aufgeführt, fehlt im Klosterplan und in den Inventaren Asnapium und Treola. Ursprünglich in Südasien und Afrika beheimatet.

116 UDELGARD KÖRBER-GROHNE, Nutzpflanzen in Deutschland, Kulturgeschichte und Biologie, Stuttgart 1987.

117 HILDEGARD VON BINGEN, Naturkunde, in der Übersetzung von PETER RIETHE, Salzburg, S.39. Vgl. dazu IRMGARD MÜLLER, Die pflanzlichen Heilmittel bei Hildegard von Bingen, Salzburg 1982.

118 Liber medicinalis 903; vgl. dazu Anm.14.

119 AMBROSIUS, Exam. III 8,37.

120 T. LUCRETIUS CARUS, De rerum natura libri sex. Dazu vgl. Michael VON ALBRECHT, Römische Poesie, Heidelberg 1977.

121 Wendelsheim bei Rottenburg/Neckar, Fresken aus dem 14. Jahrhundert. – Weitere Belege für Artemisia- bzw. Wermutblätter bei LOTTLISA BEHLING, Die Pflanzenwelt der mittelalterlichen Kathedralen, Köln 1964.

122 Heute noch z.B. in Rumänien bei den Caluscharen; freundliche Mitteilung von KARL SCHÜTTLER, der in einem Film des Südwestfunks Anfang Februar 1993 hierüber eingehend berichtet hat.

123 OTTO BRUNFELS, Contrafayt Kreuterbuch, Straßburg 1532, S.237.

124 Plin. nat. hist. 20, 241–244.

125 Der Andorn wird bei Quintus Serenus in folgenden Kapiteln erwähnt: XVI (Husten und Galle), XXII (Milz), XXVIII (Würmer), XXXIII (Blutfluß), XXXVIIII (Beulen und Drüsen), LVI (Epilepsie), XLII (Wunden). Vgl. dazu Anm.14.

126 OVID, Met. VII; Plin. nat. hist. 27, 2.

127 Liber medicinalis 312; vgl. dazu Anm.14.

128 MEYER, Geschichte (wie Anm.81), Bd.III, S.503.

129 De vegetabilibus libri VII (wie Anm.101), S.559f.

130 Naturkunde (wie Anm.117), S.31.

131 Vgl. Anm.94.

132 *Iris sibirica* scheidet wegen der fehlenden Verwendungsmöglichkeiten ganz aus.

133 VON FISCHER-BENZON, Gartenflora (wie Anm.50), S.44.

134 OVID, Met. X, 162ff. und XIII, 382ff.; auch bei Plin. nat. hist. 21, 66.

135 OVID, Met. XIII, 384–385.

136 Es gibt außerhalb des Hortulus sowohl zum Problem des Hyacinthus als auch zur Zeichnung und Ausdeutung von Farbzeichen auf Blüten eine größere Blumen- und Gedankenlese, die hier nicht weiterverfolgt werden kann.

137 BEDA VENERABILIS, Erklärung des Hohenliedes, MGH II, S.1167.

138 Ekl. III, 106.

139 Kräuter Buch (wie Anm.107), S.206.

140 Plin. nat. hist. 20, 168.

141 Vgl. Anm.109. Kaiser Vitellius (15–69 n. Chr.), nach dem das Rezept benannt ist, war weniger schlicht: »Sein Appetit kannte keine Grenzen und wirkte geradezu unanständig« (SUETON, Leben der Caesaren).

142 Col. 93, 12, 59, 6.

143 Ursprüngliches Verbreitungsgebiet ist vermutlich der Südiran.

144 Weitere Beispiele: Salbei, Lilie, aber auch Schwertlilie, Mohn, »Mutter der Kräuter«.

145 Plin. nat. hist. 19; Col. 93, 11, 3, 14.

146 Vgl. FRANK, Mönchtum (wie Anm.19), S.167.

147 Im Hinblick auf die Trichtergestalt wird der Begriff der Lilie in der Soldatensprache bei JULIUS CAESAR, Bellum Gallicum VII, 73, pervertiert. Caesar wollte Ausfälle der eingeschlossenen Gallier aus Alesia verhindern. Hinter einem System von Gräben, Wällen und spitzen Pfählen ließ er in Schrägreihen im Quincunxverband drei Fuß tiefe trichterförmige Gruben ausgraben. Im Zentrum der Grube saß ein spitzer Pfahl, die oberen Ränder waren mit

Reisig verdeckt. Acht Reihen mit Abständen von drei Fuß wurden angelegt. Diese Gruben nannte man »Lilien«.

148 Vgl. JOHANN-HEINRICH DIERBACH, Flora mythologica, Wiesbaden 1833.

149 Vgl. dazu L. REINHARD, Kulturgeschichte der Nutzpflanzen, Bd.IV/2, XXV: Die duftenden Pflanzenharze.

150 HRABANUS MAURUS, De rerum naturis, PL, 107–112.

151 Cod. Guelf. I Gud. lat., Blatt 31v. Vgl. BEHLING, Pflanzenwelt (wie Anm.121), S.43–49.

152 Plin. nat. hist. 21, 126.

153 Über Herkunft und Geschichte unserer Gartenlilie berichtet OTTO WARBURG, Heimat und Geschichte der Lilie (Lilium candidum), Feddes Repert. Beih. 56, 1929, S.167–204.

154 Kein »überschwänglicher Panegyrikus«, wie FRANZ BRUNHÖLZL von seinem früheren Gedicht »De imagine Tetrici« schreibt, in: Geschichte der lateinischen Literatur des Mittelalters, München 1975, Bd.I.

155 Mir liegt vor: Renati Rapini Societatis Jesu Hortorum lib. VI, Ultrajecti 1672. – Hierzu: B. EFFE, Zur Rezeption von Vergils Lehrdichtung in der karolingischen »Renaissance« und im französischen Klassizismus: Walahfrid Strabo und René Rapin, in: Antike und Abendland 21 (1975), S.140–163.

156 HOMER, Odyssee VII, 113.

157 Rapin spricht hier eindeutig von der weißen Lilie (*Lilium candidum*), nicht von der Schwertlilie (*Iris spec.*).

158 Zeittafel um 1665, dem Jahr der Herausgabe des Gedichtes in Paris: Ludwig XIV., *1638, Regierung 1643–1715. 1648 Westfälischer Friede, 1659 Pyrenäenfriede, 1667/68 Devolutionskrieg, 1672–1679 Holländischer Krieg, 1688–1697 Pfälzischer Erbfolgekrieg.

159 SYMPHOSIUS, PLM, Bd.IV, S.343.

160 Vgl. Anm.116.

161 Abgebildet bei KÖRBER-GROHNE, Nutzpflanzen (wie Anm.116), Tafel 118.

162 Plin. nat. hist., z.B. 20, 198.

163 Er setzt dabei Demeter mit Ceres gleich. Weshalb er sie aber trotz des Ansatzes *Cereale papaver* als Latona, griech. Leto, bezeichnet, ist unklar. HEINRICH MARZELL schreibt in der Einleitung zur Wiedergabe des ersten Wiener Drucks des Hortulus (vgl. Lit.verz.): »Dieses Mißverständnis ist vielleicht dadurch entstanden, daß der Mohn (z.B. bei Vergil, Georgika 4,545) als ›Lethäum papaver‹ (= Vergessenheit bringender Mohn, zu Lethe gehörig) bezeichnet wird und der Dichter des Hortulus an ›letoius‹ (= der Leto, Latona gehörig) dachte.« Lethe ist der Strom der Unterwelt.

164 Übersetzung von WILL RICHTER (vgl. Anm.65). Fors Fortuna ist die altitalische Göttin des Erfolgs.

165 Zur Kulturgeschichte des Granatapfels vgl. vor allem: VICTOR HEHN, Kulturpflanzen und Hausthiere in ihrem Übergang aus Asien nach Griechenland und Italien sowie in das übrige Europa, 3. Aufl. Berlin 1877.

166 D. F. L. VON SCHLECHTENDAL und L. E. LANGETHAL, Flora von Deutschland, Gera 1879, revidierte Jubiläumsausgabe von ERNST HALLIER, 1888.

167 Vgl. HERMANN FISCHER, Mittelalterliche Pflanzenkunde, München 1929, S.286. Aus dem Synonymschlüssel Fischers sind umfangreiche Bezeichnungen zu ersehen. Besonders schillernd ist der Begriff Balsam. Zum Costus-Problem vgl. vor allem VON FISCHER-BENZON, Gartenflora (wie Anm.50), S.73.

168 Stiele ca. 2/3 so lang oder etwas länger als das Blatt.

169 VON FISCHER-BENZON, Gartenflora (wie Anm.50), S.73.

170 VON SCHLECHTENDAL, Flora (wie Anm.166), Bd.30, S.208.

171 HEGI, Flora (wie Anm.11), Bd.VI, 2 bzw. VI, 4 des Nachdrucks, S.599.

172 Zur Geschichte des Frauenblattes (*Chrysanthemum balsamita L.*), in: Centaurus 1 (1951), S.235–241.

ANMERKUNGEN

173 Z.B. im Garten der Baucis, OVID, Met. VIII, 663.
174 Die Pfefferminze kannte Walahfrid dagegen noch nicht. Sie ist erst im 17. Jahrhundert durch Bastardierung aus *M. spicata x aquatica* entstanden.
175 BRUNFELS, Kreuterbuch (wie Anm.123), S.254.
176 Zu entsprechenden Parallelen vgl. auch BRUNFELS, Kreuterbuch (wie Anm.123). Vom Baldrian schreibt er: »... dadurch scheußt der stengel uff manns höhe harfür un bringet weisse blumen gleich dem Holder« (S. 116). Und zum Attich heißt es: »ist ein Kraut dem Holder gantz ähnlich wiewohl nitt in ein solche höhe uffwachsend«.
177 Die beruhigende Wirkung des Baldrians ist allgemein bekannt. Infus: Aufguß der Droge (hier Wurzel) mit kochendem Wasser; Mazeration: Aufguß mit kaltem Wasser und Auszug durch längeres Stehenlassen; Tinktur: alkoholischer Auszug.
178 Willkürlich von *pulex*, lat. Floh, abgeleitet.
179 Viele Kräuter verwildern aus den Beeten auf Gartenwege, Einfahrten und Plätze, vorausgesetzt, daß deren Decken nicht versiegelt sind. In unserem Garten, im submontanen schwäbischen Mössingen, sind dies neben Polei Wermut, Hysop, Gartenraute, Bergminze und Marienblatt (*T. balsamitoides*), auf besseren Gartenböden Traubenkraut und an Zäunen Krauseminze und Katzenminze. Diese Pflanzen gedeihen in verschiedenen Ruderalgesellschaften, eine pflanzensoziologisch und ästhetisch gleichermaßen reizvolle Synthese von Wildnis und Kultur.
180 Ein in römischer Zeit ebenfalls sehr bekanntes Kraut, das Walahfrid aber nicht aufführt, ist der Dill (*Anethum graveolens L.*). Vgl. dazu das Kapitel über den Küchengarten.
181 Briefe an Tiro 16,23.
182 Epigramm XII, 32.
183 *Auricula* heißt hier Ohr und nicht *Primula auricula L.* Vgl. ROCCARO, Hortulus (vgl. Lit.verz.); dort auch weitere Hinweise zu Poleikranz und Poleizweig. Auch aus praktischen Gründen ergibt ein Poleikranz mit Aurikeln in der Sommerhitze keinen Sinn. Um diese Zeit blühen Aurikeln nicht mehr, und aus ihren grundständigen Blättern lassen sich keine Kränze flechten. Wie auch aus dem Zitat von Otto Brunfels (vgl. Anm.123) hervorgeht, wurden Minzenkränze bis in die frühe Neuzeit getragen. Das Tragen von Kränzen ist zweifellos aparter als das Ablegen von Sträußen. Dazu kommt bei den Duftpflanzen, wie etwa bei unseren Minzen, daß ihr Wohlgeruch und die kühlende Wirkung über die Verdunstung ätherischer Öle örtlich wirksamer wird. Man riecht ständig daran!
184 Vgl. Anm.95. Unter *giligen* (Zeile 5) sind hier Taglilien und Feuerlilien zu verstehen. Im letzten Vers sind Salbei, Raute und Poleiminze gemeint.
185 LUDWIG UHLAND, Alte und neue Volkslieder in fünf Büchern, Stuttgart und Tübingen 1845, S.587f. (218). – Das Frankfurter Liederbuch: Lieder Büchlein, Darin Begriffen sind Zweyhundert zwey und sechzig, Allerhant schöner weltlicher Lieder, Allen jungen Gesellen und züchtigen Jungfrauen zum neuwen Jar, in Druck verfertiget ... Frankfurt a.M. 1584.
186 Es ist bemerkenswert, daß die Pflanze auch bei Vergil (Georg. IV, 121) und Horaz (Carm. 2,7,26), also an literarisch bedeutenden Fundplätzen, ebenfalls feucht steht. Besonders schön ist die Stelle bei Vergil in der Beschreibung des Hortulus eines alten Gärtners (vgl. Anm.60): »Ufersrand von Eppich umgrünt, und rankend am Boden zwischen den Kräutern schwillt die Melone«.
187 KÖRBER-GROHNE, Nutzpflanzen (wie Anm.116), S.239.
188 Vgl. Anm.38.

189 *recidiva arundo*, zu übersetzen: »immer wieder haubares Rohr«; wie Niederwald oder Weidenheger wurd auch das kräftige Rohr (*Arundo donax*) im Mittelmeergebiet u.a. zur Gewinnung von Flechtwerk genutzt. Es wird jährlich gehauen und wächst dann wieder nach.
190 Plin. nat. hist. 26, 43.
191 Oeconomia (wie Anm.56), S.49.
192 Vgl. Salbei, Raute, Eberraute (aus *abrotanum*), Fenchel, Liebstock (aus *lybisticum*), Kerbel, Minze, Eppich (aus *apium*), Odermennig und Agermunde (aus *agrimonia*), Lilie, Rose.
193 Betonienwein, den Walahfrid als »Suser« oder geklärt trinken läßt (Hort. 347, 348), dürfte man ähnlich angesetzt haben wie Salbeiwein (vgl. S.51).
194 RICARDUS HEIM, Incantamenta magica, in: Jahrbuch für klassische Philologie, hg. von ALFRED FLECKEISEN, 19. Supplementband, Leipzig 1898, S.503.
195 Herbar des Pseudo-Apuleius, Codex Casinensis, hg. von FRANCESCO GONZAGA 1481 nach einem Manuskript des 9. Jahrhunderts, Leyden 1935. Das Herbar war Walahfrid bekannt. Es stand in der Bibliothek des Klosters Reichenau.
196 Vgl. Anm.117.
197 Vgl. Anm.166.
198 Mit anderen schönen und aromatischen Pflanzen wie Dost (*Organum vulgare L.*), Wirbeldost (*Calamintha clinopodium Spenn*) und dem schmalblättrigen Arzneibaldrian (*Valeriana wallrothii Krey*). Vgl. auch das Kapitel über die Betonie, die man hier ebenfalls finden kann, die aber nicht an diese Saumgesellschaften gebunden ist.
199 Er ist in den karolingischen Quellen nicht durchgehend anzutreffen und fehlt im Capitulare de villis und im St. Galler Klosterplan. Dagegen wird er in der Pflanzenliste des karolingischen Hofgutes Treola aufgeführt.
200 Gedanken zum Garten als ursprüngliche Seinsform, in der Natur und Freiheit zwar spannungsbezogene Kräfte, aber keine Gegenprinzipien sind, bei HEINRICH ROMBACH in: Strukturontologie, Freiburg 1988 (1. Aufl. 1971).
201 Adstringierend; vgl. Anm.88.
202 Die wichtige Stelle bei Plin. nat. hist. 27, 28 lautet: »Ambrosia ist ein unsicherer Name, er schwankt zwischen verschiedenen Kräutern, sicher bezieht er sich auf eine Pflanze: kompakt aufwachsend, verzweigt, fein, ungefähr drei Spannen hoch, Wurzel ein Drittel so lang, Blätter unten um den Stengel rautenartig, an den Seitenzweigen Fruchtstände in hängenden Trauben, von weinigem Geruch, deshalb wird sie von manchen ›Botrys‹ (griech. Weintraube wie lat. *uva*, Anm. d. Verf.) genannt, von anderen Artemisia. Die Kappadokier (mittleres Kleinasien, Anm. d. Verf.) machen sich damit Kränze. Man verwendet es, wenn eine zerteilende Wirkung nötig ist.« – Vgl. ferner Plin. nat. hist. 27, 55.
203 In: Des Pedanius Dioskurides aus Anazarbos Arzneimittellehre in fünf Büchern, übersetzt und mit Erklärungen versehen von J. BERENDES, Stuttgart 1902 (Neudruck Wiesbaden 1970).
204 Vgl. Anm.195.
205 Zum Problem des Synonyms Millefolium/Garbe vgl. BIRGIT MEINEKE in: Beiträge zur Namensforschung 4, 86, die auf die Spätdatierung der von mir in einer früheren Ausgabe dieses Buches herangezogenen Glossen hingewiesen hat. Ich setze voraus, daß mit *millefolium* eine Art Achillea gemeint ist.
206 Codex Sangallensis 44, s. IX, S.337–354, Rezept Nr. 188 in: JÖRIMANN JULIUS, Frühmittelalterliche Rezeptarien, aus: Beiträge zur Geschichte der Medizin, Leipzig, Heft 1, 1925. Auf die nicht immer einfache Problematik der Benennung soll hier nicht eingegangen werden. Nur die klaren Begriffe wurden ohne Anspruch auf Vollständigkeit in

die üblichen deutschen Pflanzennamen übersetzt.

207 Kräuter Buch (wie Anm.107), S.49.
208 Plin. nat. hist. 25, 42 und DIOSKURIDES, Mat. med. IV, 36.
209 HUGO RAHNER, Moly, das seelenheilende Kraut des Hermes, in: Griechische Mythen in christlicher Deutung, Basel 1984.
210 HEINZ HAFFTER, Schweizer Beiträge zur Allgemeinen Geschichte 16 (1958), S.221. Daneben spielen aber, ähnlich wie bei Quintus Serenus, Heilmittel gegen Verdauungsbeschwerden eine große Rolle.
211 Dies ist keine Übertreibung; freundliche Mitteilung von WOLFRAM HOLLERBACH, der einen Schwarzen Rettich von 2600 g in einem Garten in Stockach/Baden 1947 gewogen hat.
212 A. FRANZ, Die kirchlichen Benediktionen im Mittelalter, 2 Bde., Freiburg/Br. 1909, Bd.II, S.392, aus: Naumburger Agende von 1502.
213 Epist. ad. martyres I, 8; PL 4, 249. Vgl. dazu Hld. 5,10: »Mein Liebster, er ist blendend weiß und rot«.
214 Aber auch hier gibt es eine Parallelstelle zu Vergil (Aen. XII, 68f.), auf die HAFFTER (wie Anm.210) aufmerksam macht: Das Erröten der Wangen Lavinias, wie wenn rote Rosen im Lilienbeet aufblühen. Zugleich erinnern wir uns an die Adonissage: Bekanntlich waren einst alle Rosen weiß. Sie wurden durch das Blut der Aphrodite rot, die sich an einem Dorn gestochen hatte, als sie herbeieilte, um dem sterbenden Adonis beizustehen. Vgl. dazu auch die anderen Varianten der Sage bei OVID, Met. X, 726ff. Vgl. ferner das Gladiola-Kapitel.
215 Aus: Antlitz in Glorie, Gedichte von PAUL CLAUDEL, übertragen und mit einem Nachwort von HANS URS VON BALTHASAR, Heidelberg 1963.
216 HUGO RAHNER, Symbole der Kirche, Salzburg 1964; DERS., Mater Ecclesia, Lobpreis der Kirche aus dem 1. Jahrtausend christlicher Literatur, Einsiedeln 1944.
217 In: LThK (zu Beda).
218 PL 91, 1063–1236.
219 Hermann Josef Vogt hat mich in dieser Auffassung bestärkt und schreibt dazu: »Bei den Vätern ist die Braut des Hohenliedes zunächst immer die Seele und dann die Kirche. Die mariologische Deutung kam erst später.«
220 Beda meint immer Paulus, wenn er vom »Apostel« schreibt, genauso wie er immer Vergil meint, wenn er vom »Dichter« schreibt.
221 Zum Nachweis der Funde von Pfirsichkernen in Mitteleuropa zwischen Spätantike und Mittelalter vgl. die Fundkarte bei FRANZ, Geschichte (wie Anm.57), S.52.
222 VERGIL, Georg. IV, 566.
223 Im Zeichen des Pfirsichbaumes wird für uns »Gartenpädagogik« jenseits von Zwang und Wildwuchs sichtbar. Vgl. dazu HEINRICH ROMBACH, Philosophie des Gartens, in: Wieviel Garten braucht der Mensch, hg. von GÜNTHER BITTNER und PAUL-LUDWIG WEINACHT, Würzburg 1990.
224 Im lateinischen Text kommt die Verbindung durch die Wortwahl *palmis* und *palmam* besonders schön zum Ausdruck.

ANMERKUNGEN

ANHANG

INCIPIT LIBER DE CULTURA HORTORUM STRABI SEU STRABONIS FELICITER

I De Cultura Hortorum

Plurima tranquillae cum sint insignia vitae,
Non minimum est, si quis Pestanae deditus arti
Noverit obsceni curas tractare Priapi.
Ruris enim quaecumque datur possessio, seu sit
5   Putris, harenoso qua torpet glarea tractu,
Seu pingui molita graves uligine foetus,
Collibus erectis alte sita, sive jacenti
Planitie facilis clivo, seu vallibus horrens,
Non negat ingenuos holerum progignere fructus,
10 Si modo non tua cura gravi compressa veterno,
Multiplices holitoris opes contempnere stultis
Ausibus assuescit, callosasque acre duro
Detrectat fuscare manus et stercora plenis
Vitat in arenti disponere pulvere qualis.
15 Haec non sola mihi patefecit opinio famae
Vulgaris, quaesita libris nec lectio priscis,
Sed labor et studium, quibus otia longa dierum
Postposui, expertum rebus docuere probatis.

II Difficultas Assumpti Laboris

Bruma senectutis vernacula, totius anni
20 Venter et amplifui consumptrix saeva laboris,
Veris ubi adventu terrarum pulsa sub imas
Delituit latebras, vestigiaque horrida avarae
Ver hiemis reduci rerum delere pararet
Scemate, et antiquo languentia rura nitori
25 Reddere, ver orbis primum caput et decus anni,
Purior aura diem cum jam reserare serenum
Inciperet, Zephirosque herbae floresque secuti
Tenuia porrigerent radicis acumina, caeco
Tecta diu gremio, canasque exosa pruinas,

HIER BEGINNT, UNTER GLÜCKLICHEM STERN, DAS BUCH ÜBER DEN GARTENBAU VON STRABUS ODER STRABO[1]

Vom Gartenbau

Zahlreich gewiß sind Zeichen und Vorzug des ruhigen Lebens,
Nicht das Geringste ist es jedoch, der Rosenstadt Paestum[2]
Kunst sich zu weihn in der Arbeit des fruchtbaren[3] Gottes Priapus.
Was für Land du immer besitzest, und wo es sich finde,
5 Sei's, daß auf sandigem Strich nur Steine unfruchtbar lasten,
Oder es bringe aus fetter Feuchte gewichtige Früchte,
Liegend auf ragenden Hügeln erhöht oder günstig im weiten,
Niedrigen Feld oder lagernd geschmiegt an die Lehne des Tales[4] –
Nirgends weigert es sich, die ihm eignen Gewächse zu zeugen.
10 Wenn deine Pflege nur nicht ermattet in lähmender Trägheit,
Nicht sich gewöhnt zu verachten den vielfachen Reichtum des Gärtners
Törichterweise, und nur sich nicht scheut, die schwieligen Hände
Bräunen zu lassen in Wetter und Wind und nimmer versäumet,
Mist zu verteilen aus vollen Körben im trockenen Erdreich.
15 Dies entdeckte mir nicht landläufiger Rede Erkenntnis
Und nicht allein Lektüre, die schöpft aus den Büchern der Alten:
Arbeit und eifrige Neigung vielmehr, die ich vorzog der Muße,
Tag für Tag, haben dies mich gelehrt durch eigne Erfahrung.

Schwierigkeit des Gartenbaus

Wenn der Winter, dies Abbild[5] des Alters, des jährlichen Kreislaufs
20 Magen, der gierig die reichen Früchte der Arbeit verzehrt,
Durch das Kommen des Frühlings vertrieben, sich birgt in der Erde
Tiefstem Versteck, und der Lenz die Spur der verwüsteten Jahrzeit
Auszutilgen beginnt im Wiedererwachen des Lebens,
Und der ermatteten Flur ihre frühere Schönheit zu bringen, –
25 Frühling, du Anfang des kreisenden Jahrs und Schmuck seines Laufes! –
Wenn dann reinere Lüfte die heiteren Tage eröffnen,
Kräuter und Blumen, vom Zephyr geweckt, ihre schüchternen Triebe
Aus den Wurzeln senden zum Licht, die im finsteren Schoße
Lang sich verbargen, scheuend und hassend die eisigen Fröste,

30 Cum silvae foliis, montes quoque gramine pingui,
Prataque conspicuis vernarent lacta virectis,
Atriolum, quod pro foribus mihi parva patenti
Area vestibulo solis convertit ad ortum,
Urticae implerunt, campique per aequora parvi
35 Illita ferventi creverunt tela veneno.
Quid facerem? tam spissus erat radicibus infra
Ordo catenatis, virides ut texere lentis
Viminibus crates stabuli solet arte magister:
Ungula cornipedum si quando humore nocetur
40 Collecto et putres imitatur marcida fungos.
Ergo moras rumpens Saturni dente iacentes
Aggredior glebas, torpentiaque arva revulsis
Sponte renascentum complexibus urticarum
Erigo et umbricolis habitata cubilia talpis
45 Diruo, lumbricos revocans in luminis oras.
Inde Nothi coquitur flabris solisque calore
Areola et lignis ne diffluat obsita quadris
Altius a plano modicum resupina levatur,
Tota minutatim rastris contunditur uncis,
50 Et pinguis fermenta fimi super insinuantur.
Seminibus quaedam temptamus holuscula, quaedam
Stirpibus antiquis priscae revocare juventae.

III Instantia culoris et Fructus operis

Denique vernali interdum conspergitur imbre
Parva seges, tenuesque fovet praeblanda vicissim
55 Luna comas; rursus si quando sicca negabant
Tempora roris opem, culturae impulsus amore,
Quippe siti metuens graciles torpescere fibras,
Flumina pura cadis inferre capacibus acri
Curavi studio, et propriis infundere plamis
60 Guttatim, ne forte ferocior impetus undas
Ingereret nimias, et semina jacta moveret.
Nec mora, germinibus vestitur rota tenellis
Areola et quamquam illius pars ista sub alto
Arescat tecto, pluviarum et muneris expers
65 Squaleat aerii, pars illa perennibus umbris
Diffugiat solem, paries cui celsior ignei
Sideris accessum lateris negat obice duri,
Non tamen ulla sibi fuerant quae credita pridem,
Spe sine crementi pigro sub cespite clausit.

30 Wenn die Wälder mit Laub und die Berge mit üppigen Kräutern,
Lachende Wiesen schon grünen mit Gras, eine Weide der Augen,
Dann haben Nesseln den Raum überwuchert, der vor meiner Türe
Östlich zur Sonne sich wendet als Garten auf offenem Vorplatz,
Und auf den Flächen des Feldchens ist übles Unkraut gewachsen,
35 Pfeilen vergleichbar, verderblich bestrichen mit ätzendem Gifte.
Wie dem zu wehren? So dicht war durch unten verkettete Wurzeln
Alles verwachsen, gleichwie im Stalle der Wärter ein grünes
Flechtwerk verfertigt, kunstvoll gewirket aus biegsamen Ruten,
Wenn die Hufe des Pferds in gestauter Feuchtigkeit leiden,
40 Weich und morsch wird der Hornschuh, den schwammigen Pilzen vergleichbar.
Ungesäumt greife ich an mit dem Karst, dem Zahn des Saturnus,
Ruhende Schollen, breche das leblos starrende Erdreich
Auf und zerreiße die Schlingen der regellos wuchernden Nesseln,
Und ich vernichte die Gänge, bewohnt von dem lichtscheuen Maulwurf,
45 Regenwürmer dabei ans Licht des Tages befördernd.
Dann im Südhauch, bestrahlt von der Sonne, erwärmt sich das Gärtchen,
Und ich umzäune mit Holz es im Viereck, damit es beharre,
Über dem ebenen Boden ein wenig höher gehoben[6].
Allerwärts wird dann die Erde mit krummer Hacke zerkleinert,
50 Gärstoff des fetten Düngers darauf gestreut in den Boden.
Manche Kräuter sucht man aus Samen zu ziehen, durch alte
Stecklinge andre zu frischem Keimen und Wachsen zu bringen.

Beständiger Fleiss des Gärtners und Frucht seiner Arbeit

Schließlich besprengt bisweilen ein Frühlingsregen die junge
Saat, und wechselnd erquickt der schmeichelnde Mondschein der Blätter
55 Zartes Gefieder. Andererseits, wenn trockene Zeiten
Weigerten etwa den Segen des Taus, dann trieben mich eifrig
Liebe zum Garten und Sorge, daß nicht die fasrigen, kleinen
Wurzeln erschlafften vor Durst, in geräumigen Krügen zu schleppen
Ströme erfrischenden Wassers und tropfenweise zu gießen
60 Aus den eigenen Händen, damit nicht in heftigem Schwalle
Allzu reichliche Fluten verschwemmten die keimenden Saaten.
Alsbald kleidet sich nun mit den zartesten Keimen das ganze
Gärtchen, und wenn auch ein Teil seiner Beete unter dem hohen
Dache, Regen und Tau entbehrend, verstaubt und verschmachtet,
65 Und wenn ein anderer Teil in dauerndem Schatten die Sonne
Flieht und vermißt, weil hindernd zur Seite hoch eine Wand den
Zugang des feurigen Himmelsgestirnes ihm neidisch verweigert, –
Gleichwohl hat doch mein Garten von dem, was man einst ihm vertraute,
Nichts ohne Hoffnung auf Wachstum untätig im Boden verschlossen.

70 Quin potius quae sicca fere et translata subactis
Suscepit scrobibus, redivivo plena virore
Restituit, reparans numeroso semina fructu.
Nunc opus ingeniis, docili nunc pectore et ore,
Nomina quo possim viresque attingere tantae
75 Messis, ut ingenti res parvae ornentur honore.

IV Salvia

Lelifagus prima praefulget fronte locorum,
Dulcis odore, gravis virtute atque utilis haustu.
Pluribus haec hominum morbis prodesse reperta
Perpetui viridi meruit gaudere iuventa.
80 Sed tolerat civile malum: nam saeva parentem
Progenies florum, fuerit ni dempta, perurit
et facit antiquos defungier invida ramos.

V Ruta

Hoc nemus umbriferum pingit viridissima rutae
Silvula ceruleae, foliis quae praedita parvis
85 Umbellas iaculata breves, spiramina venti
Et radios Phoebi caules transmittit ad imos,
Attactuque graves leni dispergit odores.
Haec cum multiplici vigeat virtute medellae,
Dicitur occultis adprime obstare venenis
90 Toxicaque invasis incommoda pellere fibris.

VI Abrotanum

Nec minus abrotani promptum est mirarier alte
Pubentis frutices et quas inspicat aristas
Ramorum ubertas, tenues imitata capillos.
Huius odoratum lento cum vimine crinem
95 Poeoniis carptum prodest miscere medellis.
Febribus obstat enim, telum fugat, adjuvat artus,
Quos incerta premit furtivae iniuria guttae.
Praeterea tot habet vires quot fila comarum.

70 Nein, er hat, was er beinah vertrocknet empfing, in gehöhlte
Gruben versetzt, mit erstattet voll wiedererwachender Grüne,
Vielfach vermehrt in zahlreicher Frucht die Aussaat belohnend.
Nun braucht es Dichtertalent, Erkenntnis und Schönheit der Rede,
Um zu verkünden die Namen und Kräfte so reichlicher Ernte,
75 Daß auch das Kleine dadurch mit hoher Ehre sich schmücke.

SALBEI

Leuchtend blühet Salbei ganz vorn am Eingang des Gartens,
Süß von Geruch, voll wirkender Kräfte und heilsam zu trinken.
Manche Gebresten der Menschen zu heilen, erwies sie sich nützlich,
Ewig in grünender Jugend zu stehen hat sie sich verdienet.
80 Aber sie trägt verderblichen Zwist[7] in sich selbst; denn der Blumen
Nachwuchs, hemmt man ihn nicht, vernichtet grausam den Stammtrieb,
Läßt in gierigem Neid die alten Zweige ersterben.

RAUTE

Diesen schattigen Hain ziert dunkelfarbiger[8] Raute
Grünend Gebüsch. Ihre Blätter sind klein, und so streut sie wie Schirmchen
85 Kurz ihre Schatten nur hin. Sie sendet das Wehen des Windes
Durch und die Strahlen Apolls bis tief zu den untersten Stengeln.
Rührt man leicht sie nur an, so verbreitet sie starke Gerüche.
Kräftig vermag sie zu wirken, mit vielfacher Heilkraft versehen,
So, wie man sagt, bekämpft sie besonders verborgene Gifte,
90 Reinigt den Körper von Säften, die ihn verderblich befallen.

EBERRAUTE

Ebenso leicht ist's, den hohen Wuchs deiner Staude zu preisen,
Eberraute, bewundernd das Blattwerk, das reich sich entfaltet,
Üppig in Zweige geteilt und feinen Haaren vergleichbar.
Dieser duftende Schopf, zugleich mit den biegsamen Zweigen
95 Ärztlichen Mitteln vermengt, ergibt eine nützliche Mischung.
Fieber wehret sie ab, scheucht Seitenstechen, bringt Hilfe,
Wenn die tückische Gicht uns mit plötzlichem Anfall belästigt.
Aber noch mehr: Sie hat so viel Kräfte wie haarfeine Blätter.

VII Cucurbita

  Haud secus altipetax semente cucurbita vili
100 Assurgens, parmis foliorum suscitat umbras
  Ingentes, crebrisque iacit retinacula ramis.
  Ac velut ulmum hedera implicuit cum frondibus altam,
  Ruris abusque sinu toti sua brachia circum
  Laxa dedit ligno, summumque secuta cacumen
105 Corticis occuluit viridi tutamine rugas:
  Aut arbustivum vitis genus, arbore cum se
  Explicuit quavis, ramorumque alta corimbis
  Vestiit, et propria sursum se sponte levavit –
  Visitur ergo rubens aliena in sede racemus
110 Dependere, premit tabulata virentia Bachus,
  Pampinus et frondes discernit latior altas –
  Sic mea sic fragili de stirpe cucurbita surgens
  Diligit appositas, sua sustenacula, furcas,
  Atque amplexa suas uncis tenet unguibus alnos.
115 Ne vero insano divelli turbine possit,
  Quot generat nodos, tot jam retinacula tendit,
  Et quoniam duplicem producunt singula funem,
  Undique fulturam dextra levaque prehendunt,
  Et velut in fusum nentes cum pensa puellae
120 Mollia traiciunt spirisque ingentibus omnem
  Filorum seriem pulchros metantur in orbes,
  Sic vaga tortilibus stringunt ammenta catenis
  Scalarum, teretes involvuntque ilico virgas,
  Viribus et discunt alienis tecta cavarum
125 Ardua porticuum volucri superare natatu.
  Iam quis poma queat ramis pendentia passim
  Mirari digne? quae non minus undique certis
  Sunt formata viis, quam si tornatile lignum
  Inspicias medio rasum, quod mamfure constat.
130 Illa quidem gracili primum demissa flagello
  Oblongo, tenuique ferunt ingentia collo
  Corpora, tum vastum laxatur in ilia pondus,
  Totum venter habet, totum alvus, et intus aluntur
  Multa cavernoso seiunctim carcere grana,
135 Quae tibi consimilem possunt promittere messem.
  Ipsos quin etiam tenero sub tempore fructus,
  Ante humor quam clausa latens per viscera sero
  Autumni adventu rarescat, et arida circum
  Restiterit cutis, inter opes transire ciborum
140 Saepe videmus, et ardenti sartagine pinguem

FLASCHENKÜRBIS

Siehe, da wächst auch der Kürbis. Aus winzigem Samen zur Höhe
100 Reckt er sich, streut mit den Schilden der Blätter riesige Schatten
Und entsendet mit üppigen Zweigen haltende Ranken.
Gleich wie der laubige Efeu die ragende Ulme umwindet,
Legt seine schmiegenden Arme vom Mutterschoße der Erde
Rings um den Baum und, reichend empor zum obersten Wipfel,
105 Decket die Runzeln der Rinde mit seinem frischgrünen Kleide,
Oder auch wie die an Bäumen gezogene Rebe am Stamme
Ranket und oben die Zweige mit Beerenbüscheln bekleidet,
Steigend aus eigener Kraft hinauf in die Höhe der Krone,
Also daß von dem fremden Sitze die rötlichen Trauben
110 Hangen du siehst, denn Bacchus belastet das grünende Stockwerk,
Und seine stärkeren Triebe zerteilen hoch oben das Laubdach:
So sucht auch mein Kürbis, aus schwächlichem Stamme entsprossen,
Halt an den gabligen Stützen, die man ihm dazu bereitstellt.
Klammernd mit hakigen Ranken, erfaßt er die Zweige der Erle.
115 Daß kein tobender Sturmwind ihn loszureißen vermöge,
Treibt er gleich viele Ranken hervor, wie er Knoten erzeuget,
Und weil jede am Ende in doppelte Klammern sich gabelt,
Packen sie rechts und links von allen Seiten die Stütze.
Gleich wie wenn spinnende Mädchen die weiche Wolle hinüber
120 Ziehn auf die Spindel, und wie sie, geschwungen zu großen Spiralen,
Ordnen in zierlicher Windung die ganze Reihe der Fäden,
Also umschnüren in Ketten die weitausholenden Ranken
Und verkleiden von Stufe zu Stufe die rundlichen Zweige,
Bringen es fertig, mit fremden Kräften gar über den Dachfirst
125 Hoher Hallen in schwimmendem Flug triumphierend zu steigen.
Wer vermag nun die rings von den Zweigen hangenden Früchte
Würdig zu preisen? Sie sind allenthalben mit Furchen[9] nicht minder
Sicher geformt, als wenn du gedrechseltes Holz, in der Mitte
Künstlich vom Messer des Drechslermeisters geglättet, betrachtest.
130 Abwärts gebogen an schmächtigem Stiele hangen die Früchte,
Tragen am schlanken, länglichen Halse gewaltige Körper;
Riesenhaft dehnt sich die Fülle sodann zum gewichtigen Leibe,
Alles ist Bauch und alles ist Wanst. Und im Kerker der Höhlung
Nähren, geordnet in Reih und Glied, sie zahlreiche Kerne;
135 Fruchtbar verheißen sie dir entsprechend üppige Ernte.
Ja, solange die Frucht des Kürbis noch saftig und zart ist,
Ehe die Flüssigkeit, die sie im Innern birgt, beim späten
Nahen des Herbstes vertrocknet und rings die Schale verholzt,
Sehen wir sie nicht selten mit anderen köstlichen Speisen
140 Umgehn am Tische; getränket im Fett der dampfenden Pfanne,

Combibere arvinam, et placidum secmenta saporem
Ebria multotiens mensis praestare secundis.
Si vero aestivi sinitur spiramina solis
Cum genitrice pati et matura falce recidi,
145 Idem foetus in assiduos formarier usus
Vasorum poterit, vasto dum viscera ventre
Egerimus, facili radentes ilia torno.
Nonnunquam hac ingens sextarius abditur alvo,
Clauditur aut potior mensurae portio plenae,
150 Amphora quae, piceo linitur dum gluttine, servat
Incorrupta diu generosa dona Liei.

VIII Pepones

Hoc simul in spatio, campi quo figitur imis
Haec tam laeta seges, vili quam carmine pinxi,
Visitur alterius vitis genus acre per aequor
155 Serpere pulvereum et fructus nutrire rotundos.
Pomorum haec species terrae super arida vulgo
Terga jacens crementa capit pulcherrima, donec
Solibus aestivis flavos intincta colores
Messoris calathos matura fruge replerit.
160 Tum videas aliis teretem satis esse figuram,
Undique porro aliis oblongo scemate ventrem
Demissum, nucis aut ovi versatilis instar,
Vel qualis manibus quondam suspensa supinis
Lucet agens circum lomenti bulla salivam
165 Ante recens maceretur aquis quam spuma refusis,
Dum lentescit adhuc digitis luctantibus, et se
Alternis vicibus studioque fricantibus uno,
Inter utramque manum parvo fit parvus hiatu
Exitus, huc stricto lenis meat ore Nothi vis,
170 Distenditque cavum vitrea sub imagine pondus,
Et centrum medio confingit labile fundo,
Undique conveniat cameri quo inflexio tecti.
Ergo calyps huius penetrat dum viscera pomi,
Elicit humoris largos cum semine rivos
175 Multiplici: tum deinde cavum per plurima tergus
Frustra manu spargens hortorum laetus opimas
Delicias conviva capit, candorque saporque
Oblectant fauces, nec duros illa molares
Esca stupere facit, facili sed mansa voratu
180 Vi naturali frigus per viscera nutrit.

Mögen fürwahr die wohlzubereiteten Stücke gar manchmal
Trefflich den Nachtisch versehen als süße Delikatesse.
Läßt man jedoch die Frucht am Mutterstock ihrer Pflanze
Dulden des Sommers Glut und schneidet sie reif mit dem Messer,
145 Kann als Gefäß sie gestaltet werden zu stetem Gebrauche,
Schafft man die Eingeweide heraus aus dem bauchigen Körper,
Schneidend leicht mit dem Eisen, im Drehen das Innere glättend.
Eines Schoppens Menge hat manchmal Platz in der Höhlung,
Oder sie faßt gar in sich den größeren Teil eines Maßes.
150 Dieser Krug, verpichst du ihn wohl mit Pechleim, bewahret
Lange dir frisch die Gaben des spendenden Bacchus Lyaeus.

MELONE

Gleichfalls am selbigen Platz, wo den untersten Beeten sich anschließt
Jene üppige Saat, die in dürftigem Lied ich besungen,
Sieht man ein kräftiges Rankengewächs von anderer Gattung
155 Kriechen auf staubigem Grund und runde Früchte erzeugen.
Diese Sorte von Früchten, sie lagert sich meist auf des Bodens
Trockenem Rücken und schwillt in erstaunlich mächtigem Wachstum,
Bis sie dann, gelblich gefärbt von den Sonnenstrahlen des Sommers,
Füllet mit reifem Ertrag die Körbe des erntenden Gärtners.
160 Dann kann man sehn, daß die einen von ziemlich schlanker Gestalt sind,
Andre dagegen, mit wohlentwickeltem Bauch, sind ovaler
Form, dem beweglichen Rund einer Nuß, eines Eis zu vergleichen,
Ähnlich wohl auch einer Kugel, die hängt an gebogenen Händen,
Glänzend sich dreht als Blase um schäumende Seife beim Waschen,
165 Ehe der Schaum noch zergeht, zurückgeflossen zu Wasser;
Während er steif noch steht an den fest verschlungnen, in einem
Eifer sich gegenseitig und wechselnd reibenden Fingern,
Öffnet sich zwischen den Händen nur eng ein Durchpaß und Ausgang;
Bläst man hinein aus zusammengezogenem Munde den Atem,
170 Dehnt sich die luftige Masse, wie wenn aus Glas sie bestünde,
Formt eine Kugel, schwebend genau an der Stelle des Grundes,
Wo sich die Wölbung der Hände von allen Seiten vereinigt.
Wenn nun tief in den Leib dieser Frucht eindringet das Messer,
Locket es reichliche Bächlein hervor, und es schwimmen im Safte
175 Massenhaft Samen. Zerteilt man das hohle Gehäuse[10] von Hand in
Zahlreiche Stückchen, so freut sich der Gastfreund bei Tische des guten
Leckerbissens der Gärten. Denn Weiße des Fleischs und Aroma
Schmecken dem Gaumen, und nicht wird solcherlei Speise die harten
Backenzähne erschrecken: gekaut schon im eiligen Schluck, hält
180 Kühl mit natürlicher Kraft sie die Eingeweide des Leibes.

IX ABSINTHIUM

Proximus absinthi frutices locus erigit acris,
Herbarum matrem simulantes vimine lento.
In foliis color est alius, ramisque odor alter
Puberibus, longeque saporis amarior haustus.
185 Ferventem domuisse sitim, depellere febres
Hoc solet auxilium clara virtute probatum.
Si tibi praetera caput acri forte dolore
Pulsetur subito, vel si vertigo fatiget,
Huius opem rimare, coquens frondentis amaram
190 Absinthi silvam, tum iura lebete capaci
Effunde, et capitis perfunde cacumina summi.
Quo postquam ablueris graciles humore capillos,
Devinctas frondes super imposuisse memento.
Tum mollis fotos constringat fascia crines,
195 Et post non multas elapsi temporis horas
Hoc inter reliquas eius mirabere vires.

X Marrubium

Quid referam iuxta positi nimiumque potentis
Marrubii non vile genus, licet acrius ora
Mordeat et longe gustum disiungat odore.
200 Dulce enim olet, non dulce sapit, sed pectori aegros
Comprimit angores, tristi dum sumitur haustu.
Praecipue talis caleat si potus ab igni
Et coenam cyatis cogatur claudere crebris,
Si quando infensae quaesita venena novercae
205 Potibus inmiscent dapibusve aconita dolosis
Tristia confundunt, extempto sumpta salubris
Potio marrubii suspecta pericula pressat.

XI Foeniculum

Nec maratri taceatur honor, quod stipite forti
tollitur, et late ramorum brachia tendit,
210 Dulce satis gustu dulcem satis addit odorem.
Hoc oculis, quos umbra premit, prodesse locuntur,
Huius item semen foetae cum lacte capellae
Absumptum ventris fertur mollire tumorem,

Wermut

Dicht daneben der Platz trägt die Stauden des bitteren Wermuts,
Der mit zähem Gezweig der Mutter der Kräuter verwandt ist.
Anders jedoch ist die Farbe des Laubs, der entwickelten Zweige
Duft ist ein anderer, und bittrer bei weitem schmeckt er zu trinken.
185 Brennenden Durst zu bezwingen und Fieberglut zu vertreiben,
Diese Wirkung durch rühmliche Kraft kennt man lang aus Erfahrung.
Auch wenn plötzlich vielleicht der Kopf dir hämmert in scharfem
Stechendem Schmerz oder quälender Schwindel erschöpfend dich heimsucht,
Wende an ihn dich um Hilfe und koche des laubigen Wermuts
190 Bitteres Grün; dann gieße den Saft aus geräumigem Becken
Und überspüle damit den höchsten Scheitel des Hauptes.
Hast du mit dieser Brühe die feinen Haare gewaschen,
Lege dir auf, daran denke, zusammengebundene Blätter,
Und eine mollige Binde umschlinge das Haar nach dem Bade.
195 Ehe noch zahlreiche Stunden im Laufe der Zeiten verrinnen,
Wirst du dies Mittel bewundern nebst all seinen anderen Kräften.

Andorn

Soll ich den Andorn daneben erwähnen, das schätzbare, kräftig
Wirkende Kraut, mag schärfer er zwar auch brennen im Munde
Und im Geschmack sich weit unterscheiden von seinem Geruche?
200 Duftet er süß, so schmeckt er nicht süß, doch vermag er zu lindern
Arge Beklemmung der Brust, geschluckt als bitteres Tränklein,
Ganz besonders dann, wenn er heiß vom Feuer geschlürft wird
Und man sich zwingt, nach dem Mahl davon becherweise zu trinken.
Sollten dir Stiefmütter je feindselig bereitete Gifte
205 Mischen in das Getränk oder trügenden Speisen verderblich
Eisenhut mengen, so scheut ein Trank des heilkräftigen Andorns,
Unverzüglich genommen, die drohenden Lebensgefahren.

Fenchel

Auch die Ehre des Fenchels sei hier nicht verschwiegen; er hebt sich
Kräftig im Sproß, und er strecket zur Seite die Arme der Zweige,
210 Ziemlich süß von Geschmack und süßen Geruches desgleichen.
Nützen soll er den Augen, wenn Schatten sie trügend befallen,
Und sein Same mit Milch einer Mutterziege getrunken,
Lockre, so sagt man, die Blähung des Magens und fördere lösend[11]

Cunctantisque moras dissolvere protinus alvi.
215 Praeterea radix maratri commixta liquori
Lenaeo tussim percepta repellit anhelam.

XII Gladiola

Te neque transierim Latiae cui libera linguae
Nomine de gladii nomen facundia finxit.
Tu mihi purpurei progignis floris honorem,
220 Prima aestate gerens violae iucunda nigellae
Munera, vel qualis mensa sub Apollinis alta
Investis pueri pro morte recens yacinthus
Exiit et floris signavit vertice nomen.
Radicis ramenta tuae siccata fluenti
225 Diluimus contusa mero saevumque dolorem
Vesicae premimus tali non secius arte.
Pignore fullo tuo lini candentia texta
Efficit, ut rigeant dulcesque imitentur odores.

XIII Lybisticum

Inter odoratam memorare lybistica silvam
230 Fortia, suadet amor parvi diffusior horti.
Hoc germen suco quamvis et odore gemellis
Orbibus officere et tenebras inferre putetur,
Semina saepe tamen quaesitis addere curis
Parva solet, famamque aliena laude mereri.

XIV Cerefolium

235 Quae tot bellorum, tot famosissima rerum
Magnarum monimenta sacro pia conficis ore,
Exiles, Erato, non dedignare meorum
Divitias holerum versu perstingere mecum.
Infirmis divisa licet Macedonia ramis
240 Spargitur, et crebris ignobile semen aristis
Sufficit, illa tamen toto reparabilis anno
Pauperiem largo solatur munere plebis
Indiguae, nec non restringere sanguinis undas
Corpore diffusas facili solet obvia gustu.
245 Illa quoque infesto venter dum forte dolore

Alsbald den zaudernden Gang der lange verstopften Verdauung.
215 Ferner vertreibt die Wurzel des Fenchels, vermischt mit dem Weine,
Trank des Lenaeus, und so genossen, den keuchenden Husten.

SCHWERTLILIE

Dich will ich nicht übergehn, Gladiole, deren Benennung
Nach dem Namen des Schwerts freischaffende Sprache gebildet[12].
Du bescherst mir den Schmuck deiner purpurfarbenen Blüte
220 Früh im Sommer an Stelle des dunkellieblichen Veilchens.
Oder du gleichst Hyacinth, der am Altar Apollos als Blume
Wiedererstand, aus dem Tod des zarten Jünglings geboren
Und an der Blüte Stirn seines Namens Zeichen verewigt.
Deiner Wurzel getrocknete Stückchen lösen zerrieben
225 Wir in flüssigem Wein, und der Blase grausame Schmerzen
Dämpfen nicht minder wir trefflich mit diesem künstlichen Heiltrank.
Du gibt dem Walker das Mittel, mit dem er das Leinengewebe
Glänzend und steif appretiert und ihm Duft wie von Blumen verleihet.

LIEBSTÖCKEL

Liebstöckel, kräftiges Kraut, dich zu nennen im duftenden Dickicht
230 Heißt mich die Liebe, mit der ich im Gärtchen alles umfasse.
Zwar durch Saft und Geruch, so glaubt man, soll diese Pflanze
Schaden den Zwillingssternen der Augen und Blindheit bewirken.
Aber die kleinen Samen der Pflanzen pflegen doch manchmal als Beisatz
Andrer Arznei durch fremdes Verdienst sich Lob zu erwerben.

KERBEL

235 Die du mit heiligem Mund das hochberühmte Gedächtnis
So vieler Kriege besingst und so viel bedeutender Taten,
Fromme Erato, verschmähe es nicht, den bescheidenen Reichtum
Meiner Gewächse im Garten mit mir im Gedicht zu durchgehen[13].
Spreitet der Kerbel, dies Kraut Mazedoniens[14], schwächliche Zweige,
240 Mag er in zahlreichen Dolden geringe Samen nur liefern, –
Mildert er doch, jahraus, jahrein stets frisch zu bekommen,
Armut bedürftiger Leute mit seinen reichlichen Gaben,
Und es fehlt ihm, als leichtes Mittel zur Hand, auch die Kraft nicht,
Bächlein des Blutes, rieselnd über den Körper, zu stillen.
245 Auch falls einmal der Leib von lästigen Schmerzen gequält wird,

Turbatur, fomenta super non irrita ducit,
Puleium sibimet frondesque papaveris addens.

XV Lilium

Lilia quo versu candentia, carmine quove
Ieiunae macies satis efferat arida Musae?
250 Quorum candor habet nivei simulacra nitoris,
Dulcis odor silvas imitatur flore Sabeas.
Non Parius candore lapis, non nardus odore
Lilia nostra premit, necnon si perfidus anguis
Ingenitis collecta dolis serit ore venena
255 Pestifero, caecum per vulnus ad intima mortem
Corda feram mittens, pistillo lilia praestat
Commacerare gravi sucosque haurire Falerno.
Si quod contusum est summo liventis in ore
Ponatur puncti, tum jam dinoscere vires
260 Magnificas huiuscue datur medicaminis ultro.
Haec etiam laxis prodest contusio membris.

XVI Papaver

Et Cereale quidem nugarum in parte papaver
Hac memorare placet, quod raptu mesta puellae
Mater, ut immensis optata oblivia mentem
265 Exuerent curis, fertur Latona vorasse.
Hoc simul auxilio carbunculus ater ab imo
Pectore, qui ructus nimium convolvit amaros
Oris adusque fores, reprimi persaepe videtur,
Huius ad alta caput granorum semine fectum
270 Protento fragilique solet se tollere collo,
Inque modum mali, regio cui Punica nomen
Indidit, unius patulo sub pellis amictu
Grana celebrandae virtutis plurima claudit,
Deque sono mandentis habet formabile nomen.

XVII Sclarega

275 Hic umbrosa novos inter sclarega virores
Stipite praevalido assurgens, ramosque comasque
Altius extollit: quae quamvis rarius ulli

Legt er[15] ihm Umschläge auf, nicht ohne treffliche Wirkung,
Wenn er Minze sich selbst und Blätter des Mohnes hinzufügt.

LILIE

Leuchtende Lilien, wie soll im Vers und wie soll im Liede
Würdig euch preisen die dürftige Kunst meiner nüchternen Muse?
250 Euer schimmerndes Weiß ist Widerschein schneeigen Glanzes,
Holder Geruch der Blüte gemahnt an die Wälder von Saba.
Nicht übertrifft an Weiße der parische Marmor die Lilien,
Nicht an Düften die Narde. Und wenn die tückische Schlange
Listiger Art gesammeltes Gift aus verderblichem Munde
255 Spritzt und grausamen Tod durch kaum erkennbare Wunde
Sendet ins innerste Herz, dann zerreibe Lilien im Mörser,
Trinke den Saft, dies erweist sich als nützlich, mit schwerem Falerner.
Oder bei Quetschungen lege man sie auf die bläuliche Stelle,
Alsbald wird man auch hier zu erkennen vermögen die Kräfte,
260 die diesem heilenden Stoffe gegeben sind, Wunder bewirkend.
Schließlich ist Liliensaft auch gut bei Verrenkung der Glieder.

SCHLAFMOHN

Hier gefällt es mir wohl, im Kranz meiner leichten Gedichtchen
Nun des Feldmohns[16] Erwähnung zu tun, den die Mutter Latona
Trauernd wegen des Raubs ihrer Tochter genossen, so sagt man,
265 Daß ersehntes Vergessen die Brust ihr vom Kummer befreie.
Zugleich vermag, wie man sieht, ein schlimmes Geschwür, das unleidlich
Bitter vom Grunde der Brust bis hinauf zur Pforte des Mundes
Aufstößt, mit Hilfe des Mohns sehr häufig Heilung zu finden.
Trächtig von körnigen Samen vermag sich sein Haupt an dem schwachen,
270 Vorgeneigt hangenden Halse hinauf zur Höhe zu strecken,
Und nach Art der Granate, des Apfels aus punischem Lande,
Unter dem faltigen Mantel der einzigen Schale verbirgt er
Körner in großer Fülle von hochzupreisender Wirkung,
Und vom Geräusch des Kauens empfing er den sprechenden Namen.

MUSKATELLERSALBEI (MIT FRAUENMINZE)

275 Hier unter jungem Grünzeug erhebt sich mit kräftigem Stengel
Dunkel Sclarega, nach oben verbreitet sie Zweige und Blätter.
Da sie nur selten zur Hilfe in Krankheit irgend verlangt wird,

      Quaesita auxilio medicorum paene putetur
      Effugisse manus, dulci tamen indita caldae
280 Et vires et odorati fermenta saporis
      Praestat, eam iuxta hortensis non extima costi
      Silva latet stomachique moras ventremque salubri
      Provocat auxilio radicis munere coctae.

XVIII Menta

      Nec mihi defuerit vulgaris copia mentae
285 Multa per et genera et species diversa coloresque
      Et vires; huius quoddam genus utile vocem
      Raucisonam claro rursus redhibere canori
      Posse putant, eius sucos si fauce vorarit
      Ieiuna, quem crebra premens raucedo fatigat.
290 Est aliud praepingue genus huiusce frutecti,
      Quod iam non parvi diffundat germinis umbras,
      Celsa ebuli sed more petens a stipite forti
      Undique majores foliorum prorogat alas,
      Quîs odor alter inest pauloque immitior haustus.
295 Sed si quis vires speciesque et nomina mentae
      Ad plenum memorare potest, sciat ille necesse est,
      Aut quot Eritreo volitent in gurgite pisces,
      Lemnius aut altum quot in aera Mulcifer ire
      cintillas vastis videat fornacibus Aetnae.

XIX Puleium

300 Non partitur cunctas angustia carminis huius
      Pulei virtutes celeri comprendere versu.
      Hoc apud Indorum tanti constare peritos
      Fertur, apud Gallos quanti valet Indica nigri
      Congeries piperis. Quis iam dubitare sinetur
305 Hac herba plures leniri posse labores,
      Quam pretiis inhianter emit ditissima tantis
      Gens, hebenoque auroque fluens et mira volenti
      Quaeque ferens mundo. O magna laudanda tonantis
      Virtus et ratio, nullis quae munera terris
310 Larga suae non pandit opis, quae rara sub isto
      Axte videre soles, aliis in partibus horum
      Copia tanta iacet, quantam vilissima tecum
      Efficiunt: rursus quaedam quae spreta videntur

Möchte man glauben, sie sei wohl den Händen der Ärzte entgangen.
Gleichwohl vermag sie zu spenden, in süßwarmes Wasser gegeben,
280 Heilende Kräfte sowohl wie Tränke von duftender Würze.
Dicht bei ihr verbirgt sich ein Wäldchen, und nicht als das letzte,
Costus des Gartens. Kocht man die Wurzel, mit heilsamer Hilfe
Fördert sie träge Verdauung und regelt glücklich den Stuhlgang.

Minze

Nimmer fehle mir auch ein Vorrat gewöhnlicher Minze,
285 So verschieden nach Sorten und Arten, nach Farben und Kräften.
Eine nützliche Art soll die rauhe Stimme, so sagt man,
Wieder zu klarem Klang zurückzuführen vermögen,
Wenn ein Kranker, den häufige Heiserkeit quälend belästigt,
Trinkend einnimmt als Tee ihren Saft mit nüchternem Magen.
290 Noch eine Art dieser Pflanze, von mastigem Wuchs, ist vorhanden,
Die nicht mehr bloß eines kleinen Gewächses Schatten verbreitet,
Sondern nach Art des Holunders[17] mit starkem Stengel emporstrebt,
Spreitet nach allen Seiten die großen Flügel der Blätter.
Anders ist ihr Geruch und ihr Saft etwas herber zu trinken.
295 Wenn aber einer die Kräfte und Arten und Namen der Minze
Samt und sonders zu nennen vermöchte, so müßte er gleich auch
Wissen, wie viele Fische im Roten Meere wohl schwimmen,
Oder wie viele Funken Vulkanus, der Schmelzgott aus Lemnos,
Schickt in die Lüfte empor aus den riesigen Essen des Aetna.

Poleiminze

300 Nicht erlaubt des Gedichtes Kürze, die Tugenden alle
Dieser Minze Polei in eilendem Vers zu erfassen.
Soviel soll bei den kundigen Ärzten der Inder sie gelten,
Wie bei den Galliern wert ist ein ganzer Vorrat des schwarzen
Indischen Pfeffers. Vermöchte da einer noch länger zu zweifeln,
305 Daß gar manche Beschwerden gelindert werden durch dieses
Kraut, wenn zu höchstem Preis es begierig erwirbt jenes reichste
Volk, das in Ebenholz schwelgt und in Gold, und welches dem Erdkreis
Köstliches liefert, was er nur will. O wie hoch sind zu preisen
Güte und Weisheit des mächtigen Donn'rers, die keinem der Länder
310 Herrliche Gaben des Reichtums versagen; denn was unter diesem
Himmel nur selten du siehst, – in anderer Gegend ist dessen
Solche Fülle vorhanden wie hier von gewöhnlichsten Dingen.
Andererseits, was dir wertlos erscheint und verächtlich, das kaufen

      Forte tibi, magno mercantur ditia regna,
315 Altera ut alterius potiatur foenore tellus,
      Orbis et in toto per partes una domus sit.
      Puleium quoque decoctum curabit, amice,
      Et potu et fotu stomachum, mihi crede, morantem.
      Dum canimus quae certa gravi ratione tenemus,
320 Quaedam audita etiam vero miscere coturno
      Fas ususque sinit: ramum coniungito pulei
      Auriculae, ne forte caput turbaverit aestus
      Solis in aerio si te perflarit aperto.
      Quod nisi me currens deponere vela Thalia
325 Cogeret ac tandem portus intrare moneret,
      Hinc tibi multiplices poteram decerpere flores.

XX Apium

      Quamvis in nostris apium vilesceret hortis,
      Et solo id multi prodesse sapore putarint,
      Plura tamen propriis medicamina viribus, acri
330 Exhibet auxilio, cuius si trita capessas
      Semina, torquentes urinae frangere tricas
      Dicitur, ipsum etiam tenero cum germine mansum
      Concoquit errantes stomachi penetralibus escas.
      Corporis hunc regem turbans si nausia vexet,
335 Mox apium lympha tristique bibatur aceto,
      Passio tum celeri cedet devicta medellae.

XXI Vettonica

      Montibus et silvis, pratis et vallibus imis
      Vettonicae pretiosa licet collectio cunctis
      Paene locis superest passim, tamen hanc quoque noster
340 Hortus habet cultaque docet mansuescere terra.
      Haec tantum meruit generali nomine laudis,
      Ut si quid mea Musa velit superaddere, tandem
      Mole operis devicta sui, iam sentiat, illa
      Utilitate minus quicquid deprompserit esse.
345 Hanc viridem si forte tuos coneris in usus
      Carpere, siccatamve hiemi deponere pigrae,
      Turbida sive tuas oblectant pocula fauces,
      Seu potius longo tibi defaecata labore
      Dona placent, huius virtus mirabilis herbae

Mächtige Reiche vielleicht bei dir zu beträchtlichen Preisen,
315 So daß Anteil gewinne ein Land am Ertrage des andern
Und durch die Länder der Erde ein einziger Haushalt bestehe.
Glaube mir, Freund, die Minze Polei, gekocht, wird dir heilen,
Sei es als Trank oder Umschlag, den stockenden Gang der Verdauung.
Künden wir hier, was mit ernster Methode wir sicher erkannten,
320 Mögen nach Recht und Brauch wir einiges, was wir nur hörten,
Fügen in unser Gedicht: Puleiumzweig mit Aurikel[18]
Winde zum Kranze, daß Sonnenhitze nicht Kopfweh bewirke,
Wenn sie in freier Luft zur Sommerszeit dich durchströmet.
Wenn nicht, enteilend, Thalia mich zwänge, die Segel zu streichen,
325 Und mich die Muse nicht mahnte, doch endlich den Hafen zu suchen,
Könnte ich, weitererzählend, dir mancherlei Blumen noch pflücken.

SELLERIE

Zwar ist in unseren Gärten die Sellerie billig geworden,
Und es meinten wohl viele, sie tauge höchstens zur Speise.
Dennoch bietet aus eigener Kraft sie zahlreiche Mittel
330 Wirksamer Hilfe. Denn wenn ihre Samen zerrieben du einnimmst,
Soll, wie man sagt, dies die quälenden Leiden der Blase beheben.
Ißt man jedoch sie selbst mit dem zarten Trieb, so verdaut sie
Reste von Speisen, die noch im Innern des Magens rumoren.
Wenn den Tyrannen des Körpers würgender Brechreiz belästigt,
335 Trinke man Sellerie gleich mit herbem Essig und Wasser,
Dann wird, vom sicheren Mittel besiegt, die Übelkeit weichen.

BETONIE

Mag auch in Bergen und Wäldern, in Wiesen und Talgründen ringsum,
Aller Orten beinah, der Betonie köstliche Fülle
Häufig wildwachsend stehn, so besitzt doch auch sie unser Garten,
340 Und im bebauten Land gewöhnt er sie, sittsam zu werden.
So viel Lob hat sie schon aus aller Munde geerntet,
Daß meine Muse, wenn sie noch weiteres beifügen wollte,
Alsbald, in eitlem Bemühen versagend, erkennte, es bleibe,
Was sie auch vorbringen könnte, doch alles ganz ohne Nutzen.
345 Wenn du es wohl unternimmst, sie zu pflücken und grün zu verwenden,
Oder getrocknet dem schleichenden Winter sie aufzubewahren,
Ob nun die Becher schäumenden Mosts deine Kehle erfreuen,
Oder dir eher geduldig geklärte Gaben gefallen, –
Allem wird die erstaunliche Kraft dieses Krautes entsprechen.

350 Omnia sufficiet, quam quosdam pendere tanti
Novimus, ut contra totam quae iniuria corpus
Impetit interius, muniri viribus eius
Sese posse rati, soleant haurire diebus
Continuis hoc acre genus medicaminis almi.
355 Praeterea caput infesto si vulnere fractum
Tabuerit, tum crebra terens imponito sacrae
Tegmina vettonicae, statim mirabere vires
Illius, in solidum fuerit dum clausa cicatrix.

XXII Agrimonia

Hic quoque sarcocolam, campos quae plurima passim
360 Vestit et effetis silvarum inventa sub umbris
Nascitur, ordinibus facile est discernere pulchris.
Haec praeter varium latae virtutis honorem
Trita domat ventris praedirum et pota dolorem.
Si quae forte calybs infensus vulnera membris
365 Indiderit nostris, huius temptare iubemur
Auxilium, partique imponere tunsa patenti
Germina, maturum nacturi hac arte vigorem,
Si tamen addatur mordens cataplasmati acetum.

XXIII Ambrosia

Haud procul ambrosiam vulgo quam dicere mos est
370 Erigitur, laudata quidem, sed an ista sit illa,
Cuius in antiquis celeberrima mentio libris
Fit, dubium est multis. Medici tamen arte suapte
Hanc utcumque colunt, tantum quae sanguinis hausta
Absumit, quantum potus ingesserit almi.

XXIV Nepeta

375 Herbarum in numero, quas hortulus ille recenti
Semper prole creat, nepetae non segnior exit
Surculus, urticam foliis simulantibus, alto
Vertice praegratum late largitus odorem.
Haec variis olim morborum accomoda curis,
380 Non extrema alias inter decernitur herbas.
Huius enim sucus, roseo commixtus olivo,

350 So außerordentlich hoch, wir wissen es, schätzen sie manche,
Daß sie glauben, durch ihre Heilkraft sich schützen zu können
Gegen jegliche Not, die den Körper innerlich angreift.
Ununterbrochen pflegen deshalb sie täglich zu trinken
Diese kräftige Sorte des heilsamen Medikamentes.
355 Außerdem, wenn dein Kopf von feindlicher Wunde getroffen
Leidet und krankt, dann lege die heilige Pflanze, zerrieben,
Fleißig als Umschlag dir auf, und alsogleich wirst du bewundern
Ihre heilende Macht, denn fest wird die Wunde sich schließen.

ODERMENNIG

Leicht erkennt man hier auch, in Reihen zierlich geordnet,
360 Odermennig, der zahlreich die Fluren ringsum bekleidet
Und in dem kargen Schatten der Wälder gedeiht und sich findet.
Mannigfach ehrt ihn der Ruf seiner heilsamen Kräfte, besonders
Zähmt er, zerrieben getrunken, die scheußlichen Schmerzen des Magens.
Hat ein feindliches Messer uns einmal am Körper verwundet,
365 Rät man uns wohl, zu seiner Hilfe Zuflucht zu nehmen,
Aufzulegen der offenen Stelle zerstoßene Keime,
Um durch dieses Verfahren Gesundheit wieder zu finden,
Wenn der Umschlag dazu noch mit beißendem Essig getränkt wird.

AMBROSIA

Nahe erhebt sich der Rainfarn[19], Ambrosia, wie er gewöhnlich
370 Heißet. Man lobt ihn zwar sehr; aber manche bezweifeln doch, ob es
Jene Ambrosia sei, die die Bücher der Alten so häufig
Nennen. Sicher verwenden in ihrem Berufe die Ärzte
Ihn als Arznei: er entzieht, als Mittel getrunken, dem Körper
So viel Blut, wie er Säfte ihm heilsam wiederum zuführt.

KATZENMINZE

375 Katzenminze, das muntere Pflänzchen[20], gehört zu den Kräutern,
Die unser Gärtchen in stets erneuertem Nachwuchs hervorbringt.
Mit den Blättern gleicht sie der Nessel, und hoch an der Spitze
Spendet weithin die Blüte die angenehmsten Gerüche.
Sie, die längst der Behandlung verschiedener Krankheiten diente,
380 Wird in der Reihe der Pflanzen gewiß nicht als letzte gewertet.
Denn mit dem Öl der Rose vermischt, gibt der Saft eine Salbe,

Efficit unguentum, laesae quod vulnera carnis
Atque cicatricum deformia signa novarum
Posse abolere aiunt, prisco et reparare nitori,
385 Et revocare pilos, plagae quos forte recentis
Pestis hiulca tulit, sanie taboque peresos.

XXV Rafanum

Hic rafanum radice potens latoque comarum
Tegmine sublatum extremus facit ordo videri.
Cuius amara satis quatientem viscera tussim
390 Mansa premit radix, triti quoque seminis haustus
Eiusdem vitio pestis persaepe medetur.

XXVI Rosa

Iam nisi me fessum via longior indupediret,
Scrupeus atque novi terreret carminis ordo,
Debueram viburna rosae pretiosa metallo
395 Pactoli et niveis Arabum circumdare gemmis.
Haec quia non Tyrio Germania tinguitur ostro,
Lata nec ardenti se Gallia murice iactat,
Lutea purpurei reparat crementa quotannis
Ubertim floris, tantum qui protinus omnes
400 Herbarum vicisse comas virtute et odore
Dicitur, ut merito florum flos esse feratur.
Inficit hic oleum proprio de nomine dictum,
Quod quam saepe fiat mortalibus utile curis,
Nec meminisse potest hominum nec dicere quisquam.
405 Huic famosa suos opponunt lilia flores,
Longius horum etiam spirans odor imbuit auras,
Sed si quis nivei candentia germina fructus
Triverit, aspersi mirabitur ilicet omnem
Nectaris ille fidem celeri periisse meatu,
410 Hoc quia virginitas fama subnixa beata
Flore nitet, quam si nullus labor exagitarit
Sordis et illiciti non fregerit ardor amoris,
Flagrat odore suo. Porro si gloria pessum
Integritatis eat, foetor mutabit odorem.
415 Haec duo namque probabilium genera inclyta florum
Ecclesiae summas signant per saecula palmas,
Sanguine martyrii carpit quae dona rosarum,

Die, wie man sagt, vermöge die Schrammen verwundeten Fleisches
Und die entstellenden Spuren der eben verheilenden Narben
Gänzlich zu tilgen, der Haut ihre frühere Schönheit zu geben
385 Und zu erneuern die Haare, die manchmal ein schwärendes Übel
Frischer Verwundung durch Gift und Eiter gänzlich zerstört hat.

RETTICH

Hier der Rettich mit mächtiger Wurzel und von seiner Blätter
Breitem Dach überhöht, ist im letzten der Beete zu sehen.
Ziemlich scharf ist die Wurzel, gegessen besänftigt sie aber
390 Husten, der dich erschüttert, und Trank aus zerriebenen Samen
Heilet gar oft das Leiden derselben verderblichen Krankheit.

ROSE

Wäre ich nicht zu müde, den Weg noch weiter zu wandern,
Schreckte mich nicht der beschwerliche Bau eines neuen Gedichtes,
Müßte die köstlichen Sträucher der Rose ich mit des Pactolus
395 Gold und der Araber schimmerndem Edelgestein nun umkleiden.
Weil Germanien tyrischen Purpurs entbehrt und das weite
Gallien nicht der leuchtenden Purpurschnecke sich rühmet,
Schenkt zum Ersatz die Rose alljährlich üppig goldgelben
Flor ihrer purpurnen Blüte, die allen Schmuck der Gewächse
400 Alsbald an Kraft und Duft, wie man sagt, so weit überstrahlte,
Daß man mit Recht als die Blume der Blumen sie hält und erkläret.
Sie erzeugen ein Öl, das nach ihrem Namen genannt wird,
Wie oft dieses zum Segen der Sterblichen nützlich sich zeiget, –
Keiner der Menschen vermag es zu wissen oder zu sagen.
405 Ihr zur Seite, bekannt und geehrt, stehn der Lilien Blüten,
Deren wehender Duft noch weiter die Lüfte durchtränket.
Wenn aber einer zerquetscht das glänzende Fleisch ihrer weißen
Frucht, so wird er verwundert bemerken, daß wie verflogen
Alsbald entschwindet jeder Gedanke an lieblichen Nektar.
410 Reinheit der Jungfrau, selig gepriesen, strahlt aus der Blume;
Dann nur leuchtet sie duftend, wenn Not der Sünde ihr fernbleibt,
Wenn unheiliger Liebe Begier ihre Blüte nicht knicket.
Gehet jedoch ihrer Unberührtheit Kleinod verloren,
Werden in üblen Gestank sich die holden Düfte verwandeln.
415 Denn diese beiden Blumen, berühmt und gepriesen, sind Sinnbild
Seit Jahrhunderten schon der höchsten Ehren der Kirche,
Die im Blut des Martyriums pflückt die Geschenke der Rose

Liliaque in fidei gestat candore nitentis.
O mater virgo, fecundo germine mater,
420 Virgo fide intacta, sponsi de nomine sponsa,
Sponsa, columba, domus regina, fidelis amica,
Bello carpe rosas, laeta arripe lilia pace.
Flos tibi sceptrigero venit generamine Iesse,
Unicus antiquae reparator stirpis et auctor,
425 Lilia qui verbis vitaque dicavit amoena,
Morte rosas tinguens, pacemque et proelia membris
Liquit in orbe suis, virtutem amplexus utramque,
Premiaque ambobus servans aeterna triumphis.

XXVII Commendatio opusculi de Cultura Hortorum

Haec tibi servitii munuscula vilia parvi
430 Strabo tuus, Grimalde pater doctissime, servus
Pectore devoto nullius ponderis offert,
Ut cum consepto vilis consederis horti
Subter opacatas frondenti vertice malos,
Persicus imparibus crines ubi dividit umbris,
435 Dum tibi cana legunt tenera lanugine poma
Ludentes pueri, scola laetabunda tuorum,
Atque volis ingentia mala capacibus indunt,
Grandia conantes includere corpora palmis:
Quo moneare habeas nostri, pater alme, laboris,
440 Dum relegis quae dedo volens, interque legendum
Ut vitiosa seces, deposco, placentia firmes.
Te deus aeterna faciat virtute virentem
Immarcescibilis palmam comprendere vitae:
Hoc pater, hoc natus, hoc spiritus annuat almus.

Und die Lilien trägt im Glanze des strahlenden Glaubens.
Jungfrau Maria, Mutter, die du den Sohn hast geboren[21],
420 Jungfrau, im Glauben ohn' Makel, du Braut nach des Bräutigams Namen,
Braut und Taube, du Hort und Herrin, verläßliche Freundin,
Pflücke Rosen im Streite und brich frohe Lilien im Frieden.
Aus dem Königsstamm Jesse ist dir eine Blüte entsprossen,
Retter und Bürge[22] allein des erneuerten alten Geschlechtes.
425 Er hat die lieblichen Lilien geweiht durch sein Wort und sein Leben,
Färbend im Tode die Rosen, hat Frieden und Kampf seinen Jüngern
Auf dieser Erde gelassen, die Tugenden beider verbindend,
Beiden Siegen verheißend die Krone des ewigen Lebens.

ZUEIGNUNG DES WERKLEINS ÜBER DEN GARTENBAU

Dir, geehrtester Vater Grimaldus, widmet dein Schüler
430 Strabo ergebenen Sinns den Tribut dieser kleinen Geschenke,
Ohne Gewicht und Anspruch und nur von bescheidenem Nutzen.
Wenn du einmal verweilst im Geheg deines grünenden Gartens,
Unter dem laubreichen Wipfel der schattigen Obstbäume sitzend,
Wo der Pfirsich mit ungleichen Schatten die Strahlen zerstreuet,
435 Während die spielenden Knaben, die fröhliche Schule des Klosters,
Dir die weißlichen Früchte mit zarter, flaumiger Schale
Sammeln – sie legen sie in die geräumige Höhlung der Hände,
Mit ihren Fingern versuchend, die Kugeln ganz zu umspannen –,
Dann, mein gütiger Vater, gedenke unserer Arbeit,
440 Während du liest, was ich dir freudig verehre, und tilge
Bitte beim Lesen die Fehler, und was dir gefällt, anerkenne.
Lasse dich Gott, in ewiger Tugend kräftig bestehend,
Selig gewinnen die Palme des unvergänglichen Lebens!
Dies gewähre der Vater, der Sohn und der Geist dir in Gnaden.

ANMERKUNGEN

1 Dem lateinischen Text liegt die kritische Ausgabe von Ernst Dümmler zugrunde: Poetae latini aevi Carolini rec. Ernestus Duemmler, tomus 2, S.335–350 (Monumentae Germaniae historica: Poetarum Latinorum medii aevi t. 2), Berlin 1884. In Vers 420 wurde *virga* durch *virgo* ersetzt. Eine neue Textausgabe mit zahlreichen Anmerkungen und einer Übersetzung in italienischer Sprache bietet Cataldo Roccaro (vgl. Literaturverzeichnis). Die Übersetzung ist von Werner Näf und Matthäus Gabathuler. Andere Versionen und Vorschläge werden in den Anmerkungen beigefügt.

2 Zur Übersetzung der ersten drei Verse schreibt Walter Berschin in: Karolingische Gartenkonzepte, Freiburger Diöcesanarchiv 104 = 3. Folge 36 (1984), folgendes: »Beide Virgilnachfolger greifen das Stichwort Virgils, *rosaria Paesti*, auf: Columella wörtlich, Walahfrid etwas verändert als *ars Pestana*.« Nun enthält allerdings die handschriftliche Überlieferung des *hortulus* eine recht weitgehende Glosse, die an dieser Stelle in eine ganz andere Richtung weist. (Die Handschrift ist in Leipzig, Stadtbibliothek I.N. 53 – wohl saec X 2/3, süddeutsch? – nach freundlicher Auskunft von Professor Dr. Bernhard Bischoff, München –, ihre Glosse ist von Dümmler in die Ausgabe MGH Poetae t. 2 aufgenommen worden. Die hier diskutierte Stelle kann auch in der Reproduktion der Handschrift – im selben Band tab. 1 B – studiert werden.)

insignia wird durch die Glosse ornamenta konkretisiert; *non minimum est* wird ergänzt: *sed unum de majoribus. Pestane deditus arti* ist gleich doppelt erläutert. Über *pestane* steht *medicali*, und der ganze Halbvers *si quis pestane deditus arti* ist paraphrasiert *id est si quis medicus hortorum curam exercet*, »wenn ein Arzt den Gartenbau pflegt«. Um gar keinen Zweifel an dieser Interpretation aufkommen zu lassen, steht in der Handschrift am Rand noch zu pestane: *Civitas campanie ubi habundant medici*; »Stadt in Kampanien, wo es Überfluß an Ärzten hat«.

Der Glossator meint dasselbe Paestum wie wir (wenngleich es nach unserer Geographie in Lukanien und nicht in Kampanien liegt), und er bringt es weder in Verbindung mit griechischer Architektur noch mit Rosen, sondern mit Medizin. Für ihn ist Paestum das, was wir ab dem 10. Jahrhundert in Salerno wissen, ein Mittelpunkt der Medizin. Paestum liegt übrigens nicht weit von Salerno. Wenn wir also der Glosse des karolingischen Lehrers folgen, dann wären die ersten Verse prosaisch zu übersetzen: »Ein ruhiges Leben kennt viele schöne Beschäftigungen, und nicht die geringste ist es, wenn ein Jünger der Kunst von Paestum den garstigen Priapus zu behandeln weiß«, das heißt: »...wenn ein Arzt einen Garten bebaut«.

3   Die Stelle übersetzt Payne mit »of obscene Priapus«, Roccaro mit »dell osceno Priapo«. Man könnte sich dem anschließen:

*Nicht das geringste ist es wohl auch, wenn ein Jünger von Paestum
Weiß des obszönen Priapus Gartenpflege zu treiben.*

4   Entscheidet man sich wie Dümmler und Roccaro für die lateinische Lesart horrens, so ergibt sich ein anderer Sinn, den Roccaro so wiedergibt: »difficilmente accessibile per i suoi avallamenti«. Zertaltes Gelände ist schwer zu bearbeiten.

5   Wörtl. Dienstmagd des Alters.

6   Hier ist die Einfassung der Beete mit Brettern gemeint. In dieser »Backschüssel« gart der Boden, was unserer Vorstellung von Bodengare und biologischer Aktivität entspricht. Es könnte also heißen:

*Darauf gart durch des Südwinds Weh'n und die Wärme der Sonne
Unser Beet, daß es nicht verschwemmt, wird's mit Brettern umgeben
Und erhebt sich dadurch etwas höher über die Fläche.
Alles wird mit der kralligen Hacke zu Krümeln zerkleinert,
Als Ferment wird nahrhafter Mist oben eingearbeitet.*

7   Die Stelle wird in anderen Übersetzungen folgendermaßen wiedergegeben: »inneres Übel« (Karl Langosch); »Übel, entstanden aus der eigenen Wuchsart« (Genewein); »Denn sie bringt sich selbst um« (Berendes), und dazu als erklärende Fußnote: »Sie führt einen Bürgerkrieg«; »But within itself is the germ of civil war« (Payne); »In se porta, però, il germe di una guerra civile« (Roccaro); »Mais elle endure un mal intestin« (Leclerc). Vgl. dazu das Salbeikapitel. Man könnte übersetzen:

*Doch sie trägt politischen Zwist, denn der Nachwuchs der Blumen,
Grausam quält er den Vatersproß, wenn man ihn nicht herausnimmt,
Und läßt voller Neid die alten Zweige verderben.*

8   Besser: Diesen schattigen Hain ziert bläulichschimmernder Raute grünend Gebüsch.

9   Die Früchte der Flaschenkürbisse sind allenthalben in bestimmten Kurven geformt, so wie ein Drechsler sein Werkstück fräst. Die Übersetzung »mit Furchen« ist mißverständlich.

10 Hier ist wohl der gewölbte Rücken der Melone gemeint, der in Scheiben aufgeteilt wird.

11 Man denke an die »erste Milch« einer Ziege, daher wäre zu übersetzen:

*Lindern soll auch der Samen, genossen mit Milch einer Ziege,
Die soeben geboren hat, das Blähen des Bauches,
Und so löse er auch alsbald seine zögernde Trägheit.*

12 Übersetzungsvorschlag:

*Dich will ich nicht übergehn, der die lateinische Sprache
Frei und beredsam nach dem Schwert den Namen gegeben.*

13 Walahfrid bittet die Muse, vom Schlachtfeld in den Garten zurückzukommen. In der Welt des Hortulus werden keine Wunden geschlagen, sondern geheilt. Der Musenanruf bezieht sich nicht auf Heldentaten, sondern auf Gartenarbeit.
14 Walahfrid personifiziert den Kerbel als Mazedonierin.
15 Im Hinblick auf Anm.14 könnte man daher übersetzen:

*Auch wenn einmal der Leib von lästigen Schmerzen gequält wird,
Breitet sie, nicht ohne Erfolg, einen Umschlag darüber,
Polei gesellt sie sich dazu und Blätter vom Schlafmohn.*

16 Es muß heißen: Schlafmohn.
17 Wörtl. »des Attichs«.
18 Payne und Roccaro übersetzen zu Recht: »put a spring of pennyroyal behind your ear« (Payne) und »accosterai un rametto di pulegio all'orecchio« (Roccaro). Man müßte also übersetzen:

*Heischen es Recht und Brauch, daß wir einiges, was wir nur hörten,
Binden in des Gedichtes Kranz: einen Zweig von Poleien
Steck' Dir hinter das Ohr, daß dein Haupt in der Hitze der Sonne,
Die dich aus hellem Himmel umgleißt, nicht Schwindel befalle.*

19 Es erscheint zweckmäßig, in der Übersetzung auf eine Deutung der Pflanze zu verzichten. Es könnte dann heißen:

*Nicht weit davon entfernt wächst Ambrosia, wie sie gewöhnlich
Heißt und gewiß auch gepriesen wird, doch ob es wohl die ist,
Der man so überaus rühmend gedenkt in den Büchern der Alten,
Ist vielen zweifelhaft...*

ANMERKUNGEN

20 Besser nicht als Diminutiv zu übersetzen, sondern:

*Unter den Kräutern, die stets jugendfrisch unser Gärtchen
Sprießen läßt, wächst auch, gar nicht faul, des Katzenkrauts Staude.*

21 Dieser Vers sollte nicht einseitig auf Maria bezogen werden. Es könnte heißen:

Mutter und Jungfrau du, o Mutter mit fruchtbarem Reise...

22 Das Zusammenfügen von Gegensatzpaaren ist nicht nur Ausdruck der Theologie, sondern auch ein Stilmittel Walahfrids. Es kommt besonders schön in seinem Weihnachtshymnus für Kaiser Ludwig den Frommen zum Ausdruck (MGH, Poetae Latini, S.381). In diesem Hymnus preist er Maria, Mutter und Tochter zugleich, die den Träger trägt, den Ernährer nährt und den Erhalter hält.
Übersetzungsvorschlag zu Hort. 424:

Er allein des alten Stammes Heiler und Stifter ...

Diesen Teil der Schlußstrophe könnte man so wiedergeben:

415   Denn diese beiden ruhmreichen Arten bedeutender Blumen
      Schmücken den höchsten Ehrenkranz der Kirche seit jeher,
      Die uns pflückt die Gabe der Rosen im Blut ihrer Zeugen,
      Trägt auch der Lilien Zier im Glanz des strahlenden Glaubens.
      Mutter und Jungfrau du, o Mutter mit fruchtbarem Reise,
420   Jungfrau reinen Glaubens, du Braut nach des Bräutigams Namen,
      Braut du, Taube und Haus, du Königin, treue Gefährtin,
      Pflücke Rosen im Streit, im Frieden brich freudige Lilien.
      Zu dir kam der Blütensproß aus dem Königsreis Jesse,
      Er allein des alten Stammes Heiler und Stifter,
425   Der die lieblichen Lilien geweiht durch sein Wort und sein Wirken,
      Der im Tode die Rosen gefärbt, hinterließ seinen Jüngern
      Hier auf Erden Frieden und Streit, er umfaßt beider Werte,
      Und für beider Triumph bewahrt er die Krone auf ewig.

DER HORTULUS IM ÜBERBLICK

Pflanzenname	Herkunft und Ökologie	Verwendung und Bild
1. Salvia *Salvia officinalis L.* Gartensalbei	östlich mediterraner Kleinstrauch; Trockengesträuch basenreicher Steinböden	– Heilpflanze: Duft, Tee – politisches Symbol
2. Ruta *Ruta graveolens L.* Gartenraute	östlich mediterrane, verholzende Staude; Trockengesträuch basenreicher Steinböden	– Heilpflanze: Gegengift – Duft, Würze, Farbe
3. Abrotanum *Artemisia abrotanum L.* Eberraute	östlich mediterraner Kleinstrauch; Trockengesträuch basenreicher Steinböden	– Heilpflanze: Fieber, Gicht, Seitenstechen u.v.m.
4. Cucurbita *Cucurbita lagenaria L.* Flaschenkürbis	tropische, einjährige Kletterpflanze feuchter, nährstoffreicher Böden	– Speisefrucht, Gefäß – Bild spinnender Mädchen
5. Pepones *Cucumis melo L.* Honigmelone	tropische, einjährige, am Boden rankende Pflanze feuchter, nährstoffreicher Böden	– Speisefrucht – Bild der Seifenblase
6. Absinthium *Artemisia absinthium L.* Wermut	eurasiatisch-kontinentale Staude trockenen Klimas	– Heilpflanze: Fieber (innerlich), Kopfweh (äußerlich)
7. Marrubium *Marrubium vulgare L.* Andorn	eurasiatisch-kontinentale Staude, dörfliche Ruderalpflanze	– Heilpflanze: als Tee bei Atemnot, Gegengift
8. Foeniculum *Foeniculum vulgare L.* Fenchel	westlich mediterrane Ein- bis Zweijährige	– Heilpflanze: Augen, Husten, Magenverstimmung

9. GLADIOLUS *Iris germanica L.* Deutsche Schwertlilie	östlich mediterrane Staude	– Heilpflanze: Blasenleiden – Nutzpflanze: Appretur- mittel – Blütenpracht
10. LYBISTICUM *Levisticum officinale K.* Liebstöckel	eurasiatische Staude (Persien)	– Nutzen zweifelhaft, Adjuvans, augenschädlich?
11. CEREFOLIUM *Anthriscus cerefolium L.* Garten-Kerbel	westasiatische, einjährige Staude	– Heilpflanze: blutstillend, als Wickel bei Bauchweh – Küchenpflanze
12. LILIUM *Lilium candidum L.* Weiße Lilie	östlich mediterrane Staude (Syrien, Libanon)	– Heilpflanze: Gegengift, Quetschung, Verrenkung – Blütenpracht
13. PAPAVER *Papaver somniferum L.* Schlafmohn	einjährige Kulturpflanze seit Jungsteinzeit	– Heilpflanze: Beruhigung, Geschwüre

14. SCLAREGA
Salvia sclarea L.
Muskatellersalbei
	mediterrane Zweijährige	– Heilpflanze: als Getränk
		   verdauungsfördernd,
		   Tee, Badezusatz?

COSTUS *Tanacetum balsamita L.* Frauenminze	östlich mediterrane Staude	– Heilpflanze: Wurzeldekokt bei Verdauungsbeschwerden
15. MENTA *Mentha L. spec.* Minze div. Arten	eurasiatische Staude gemäßigten Klimas	– Heilpflanze: Heiserkeit – Bild der Artenfülle

16. PULEUM
Mentha pulegium L.
Poleiminze = Polei
	eurasiatische Staude gemäßigten
	Klimas, in Pionierrasen an Ufern
		– Heilpflanze: Verdauung,
		   Kopfweh
		– Wertschätzung auch in
		   fernen Kontinenten

17. APIUM *Apium graveolens L.* Sellerie = Eppich	Meeresküsten des gemäßigten Klimas, Ein- bis Zweijährige	– Heilpflanze: Blase, Brechreiz – Küchenpflanze

18. VETTONICA *Betonica officinalis* L. Betonie = Heilziest	eurasiatische Staude auf wechseltrockenen, mageren Böden	– Hochgeschätzte Heilpflanze: als Tee stärkend, Wundbehandlung
19. AGRIMONIA *Agrimonia eupatoria* L. Odermenig	eurasiatische, etwas wärmeliebende Staude an Waldsäumen	– Heilpflanze: als Tee gegen Magenschmerzen, Wundbehandlung
20. AMBROSIA Schafgarbe, Rainfarn, Traubenkraut?	Hortulus	– Heilpflanze: als Tee Austausch der Körpersäfte
21. NEPETA *Nepeta cataria* L. Katzenminze	eurasiatisch-kontinentale zweijährige Staude; dörfliche Ruderalpflanze	– Heilpflanze: Wundbehandlung als Salbe
22. RAFANUM *Raphanus sativus* L. Rettich	Stammform: mediterrane Einjährige; alte Kuturpflanze	– Heilpflanze gegen Husten
23. ROSA *Rosa gallica* Rose	Stammform: mediterran; diverse Einkreuzungen	– Heilpflanze: Rosenöl – Blütenpracht
Schluß: ROSA / LILIUM	Hortus conclusus, Ecclesia	– Christliche Zeichen: Liebe, Reinheit

PERSONEN

ALBERTUS MAGNUS (1193–1280): Theologe, Philosoph und Naturforscher. Wichtig in diesem Zusammenhang sein Werk De vegetabilibus libri VII, historiae naturalis pars XVIII, Berlin 1867.

ALKUIN VON YORK (†804): Führender Theologe am Hof Karls des Großen.

APICIUS, MARCUS GAVIUS: Römischer Feinschmecker zur Zeit des Augustus und Tiberius. Werk: De re coquinaria (Über die Kochkunst).

BEDA VENERABILIS (672/3–735): Englischer Benediktiner, Kirchenlehrer in der Tradition des Augustinus, vielseitig gebildet, Einfluß auf die karolingische Theologie.

BOBROWSKI, JOHANNES (1917–1965): Geboren in Tilsit, Lyriker. Menschen in der Landschaft zu sehen, war sein besonderes Anliegen. »Daß mich also das Elementare der Landschaft gar nicht reizt, sondern die Landschaft erst im Zusammenhang und als Wirkungsfeld des Menschen.« (Aus einem Interview mit Irma Reblitz, in: Johannes Bobrowski, Nachbarschaft, Berlin 1967.)

BOCK, HIERONYMUS (1498–1554): Einer der »Väter der Botanik«, Schullehrer, Prediger, Aufseher des herzoglichen Gartens und Arzt des Grafen von Nassau. Schrieb das »New Kreuterbuch vom Unterscheidt, Wirkung und Namen der Kreuter so in Teutschen Landen wachsen«, Straßburg 1539. Vgl. Claus Nissen, Kräuterbücher aus fünf Jahrhunderten, München 1956.

BRUNFELS, OTTO (1488–1534): Gehört mit H. Bock und L. Fuchs zu den »Vätern der Botanik« in Deutschland. Prediger, Stadtarzt und Professor der Medizin in Bern. Hauptwerk: Herbarium vivae eicones, 1530; dasselbe in deutscher Sprache: Conrafayt Kräuterbuch, 1532; jeweils mit naturgetreuen Abbildungen von Hans Weiditz.

CASSIAN, JOHANNES (360–435): Bedeutender Lehrmeister des abendländischen Mönchtums, schrieb unter anderem ein Traktat über das gemeinsame Leben im Kloster.

CASSIODOR (um 487–583): Römischer Staatsmann und Gelehrter. Zog sich früh aus dem Staatsleben zurück und gründete das Kloster Vivarium. Hauptwerk: Institutiones, Einführung in die geistlichen Wissenschaften.

COLERUS, JOHANNES (1566–1639): Pastor, Autor des bekanntesten Hausbuches der frühen Neuzeit. Auf humanistischem Bildungshintergrund und als Frucht langjähriger Sammlertätigkeit seines Vaters Jakob (1537–1612) bietet er einen reichen Erfahrungsschatz für ein gut situiertes Landleben. Titel: Oeconomia ruralis et domestica. Erste Auflage 1609. Mir liegt die Auflage von 1680 vor. »Im sechsten Buch / so inscribirt ist HORTORUM CULTURA wird gehandelt ... Item von Kräutern / Blumen / und allerly Küchenspeise ...«

COLUMELLA, LUCIUS JUNIUS MODERATUS (1. Jh.): Römischer Gutsbesitzer aus Gades (Spanien). Verfaßte ein umfassendes Buch über die Landwirtschaft. Darin ist sein umfangreiches Gartengedicht enthalten. Praktiker, Verehrer Vergils.

CYPRIAN (um 200–258): Kirchenvater, Bischof von Karthago.

DIOSKURIDES, PEDANIOS (1. Jh.): Zeitgenosse Plinius d. Ä., Militärarzt unter Claudius und Nero, verfaßte das bedeutendste pharmakologische Werk der Antike, die »Materia medica«, die weitgehend mit dem Werk des Plinius übereinstimmt.

FUCHS, LEONHART (1501–1566): Arzt und Botaniker, Professor in Tübingen, verfaßte eines der bedeutendsten Kräuterbücher seiner Zeit. Sein mit genauen Abbildungen versehenes Pflanzenbuch erschien erstmalig 1543 in deutscher Sprache.

GRIMALD (†872): Seit 833 Erzkapellan, enger Berater Ludwigs des Frommen, gleichzeitig Kanzler des selbständig gewordenen Königs Ludwig des Deutschen. Seit 848 übte G. als Erzkapellan das höchste geistliche Amt am Hofe Ludwigs des Deutschen aus. Gebildet und einflußreich. Abt von St. Gallen (841–872) und Weißenburg (833–839 und erneut seit 847). Lehrer an der Hofschule in Aachen und auf der Reichenau; dort Lehrer Walahfrids. Er förderte dessen Berufung an den Kaiserhof und 842 dessen Versöhnung mit Ludwig dem Deutschen. Ihm widmete Walahfrid seine besten und umfangreichsten Gedichte, die Visio Wettini und den Hortulus.

HILDEGARD VON BINGEN (1098–1179): Äbtissin, Ärztin, Naturforscherin, Theologin. Im Gegensatz zu Walahfrid Tendenz zu mystischer Weltsicht.

Hrabanus Maurus (780–856): Der »erste Lehrer Deutschlands« und Lehrer Walahfrids, Abt des Klosters Fulda. Sein Werk (unter vielen wichtigeren) über die Natur, »De rerum naturis«, ist eine vor allem theologisch orientierte Realenzyklopädie des Wissens. Weniger naturbezogen und poetisch als sein Schüler Walahfrid.

Konrad von Würzburg (1220–1287): Mittelhochdeutscher Dichter, bekannt durch seinen Marienhymnus »Die goldene Schmiede«.

Luxorius (1. Drittel des 6. Jh.): Dichter, lebte zur Zeit der Vandalenherrschaft in Karthago.

Macer Floridus (11. Jh.): Bezeichnung für das umfangreiche Lehrgedicht mit dem ursprünglichen Titel »De viribus herbarum« des Odo von Meung, in dem etwa 80 Pflanzen beschrieben werden. Odo von Meung hat nachweislich Walahfrids Hortulus gekannt.

Martial (um 40–um 104): Römischer Dichter, bekannt durch geschliffene und prägnante Epigramme.

Mattiolus, Pierandrea (1500–1577): Leibarzt Kaiser Ferdinands I., verfaßte einen Dioskurideskommentar und ein Kräuterbuch.

Ovid (43 v. Chr.–18 n. Chr.): Römischer Dichter; seine Metamorphosen sind die klassische lateinische Quelle der antiken Mythologie.

Pachomius (287–346): Begründer der zönobitischen (klösterlichen) Lebensform des Mönchtums in Oberägypten. »Pachomius führte die in der Einsamkeit gefährdeten Mönche in die schützende Geborgenheit des Klosters« (Basilius Steidle).

Palladius, Rutilius Taurus Aemilianus (5. Jh.): Er verfaßte eine Schrift über die Landwirtschaft mit Monatsanweisungen für den Gartenbau.

Petrus Damiani (1007–1072): Zunächst Lehrer der freien Künste in Ravenna, dann konsequenter Einsiedler, schließlich aber Kardinalbischof von Ostia, Kirchenlehrer.

Plinius Secundus, Gaius, der Ältere (23/24–79): Römischer Flottenbefehlshaber, zuletzt in Misenum, wo er beim Ausbruch des Vesuvs umkam. Von seinem vielseitigen schriftstellerischen Werk ist seine Naturgeschichte in 36 Büchern erhalten. Wichtige Grundlage der mittelalterlichen Naturkunde.

PSEUDO-APULEIUS (5. Jh.): Unbekannter spätantiker Verfasser des bekanntesten Kräuterbuchs des Mittelalters. Dieses Werk lag Walahfrid in der Bibliothek der Reichenau vor.

QUINTUS SERENUS (3. Jh.): Römischer Schriftsteller, der ein medizinisches Lehrgedicht verfaßte, von Karl dem Großen geschätzt und von Walahfrid benutzt.

RAPIN, RENÉ SJ (1621–1687). Französischer Jesuit (Jansenistengegner). 1665 erschienen seine Hortorum libri IV, eine »Georgika der Gartenkunst des Barock«. Marie Luise Gothein erwähnt sein Werk in ihrer Geschichte der Gartenkunst 1926.

TABERNAEMONTANUS [JAKOB THEODOR] (†1590): Aus Bergzabern, verfaßte ein umfassendes Kräuterbuch 1588/1591.

THEOPHRAST (371–287 v. Chr.): Griechischer Philosoph und Botaniker, Schüler des Aristoteles.

VERGIL (70–19 v. Chr.): Klassischer Dichter der lateinischen Bildung des Mittelalters; bedeutend in sinnstiftender Hinsicht für Land – und Gartenbau.

ABKÜRZUNGEN

Hort.	Hortulus, de cultura hortorum, von Walahfrid Strabo
MGH	Monumenta Germaniae Historica
PL	Patrologia Latina, hg. von J. P. Migne
Plin. nat. hist.	Plinius, Naturalis historia, Plinius Secundus, der Ältere, Naturkunde, übersetzt und herausgegeben von Roderich König, München
RB	Regel Benedikts, hg. von Georg Holzherr, Einsiedeln 1985
LThK	Lexikon für Theologie und Kirche
PLM	Poetae latini minores, hg. von Aemilius Baehrens, Bd. I–V, Leipzig 1879

PFLANZENREGISTER
(Die Tafeln sind fett hervorgehoben)

Abrotanum siehe Eberraute
Absinthium siehe Wermut
Agrimonia siehe Odermennig
Alant 111
Amarant 138
Ambrosia 17, 120–123
Ampfer 85, 111, 138
Andorn 13, 25, 46, 72–74, **73**, 104
Angelica 35
Anis 85
Apfel 37, 131
Apium siehe Sellerie
Ascolonias siehe Schalotten
Attich 25, 100
Auberginen 29
Augenbohne 19
Aurikel 167

Baldrian 25, 103
Beifuß 24, 69, 104, 120
Beinwell 35
Benediktenkraut 121
Beta siehe Rote Rübe (Rane)
Betonie 13, 26, 35, 39, 113–116, **114**, 121, 135
Bibernell 121
Bockshornklee 19
Bohnen (Saubohnen) 27, 82, 137
Bohnenkraut 19, 121
Brennessel 30, 42, **43**
Buche 135

Calmus 35
Cerfolium siehe Kerbel
Costus siehe Frauenminze

Cucumeres siehe Gurken
Cucurbita siehe Flaschenkürbis
Cumino siehe Kümmel
Cypresse siehe Sevi

Dill 27, 85, 94, 109, 111, 121, 137
Dost 82, 121

Eberraute 13, 20, 34, 59–61, **60**
Efeu 24, 46, 64
Eisenhut 25, 74
Elelisphagus siehe Gartensalbei
Eppich siehe Sellerie
Endivie 111
Erbsen 82
Erle 24
Eysop siehe Ysop

Fasiolo siehe Augenbohne
Feige 95
Fenagreca siehe Bockshornklee
Fenchel 13, 14, 17, 19, 27, 35, 46, 75–77, **76**, 82, 109, 121, 138
Feuerlilie 106
Flaschenkürbis 11, 14, 18, 20, 24, 62–65, **63**, 68, 111, 135
Foeniculum siehe Fenchel
Frauenminze 13, 18, 19, 98–100, **99**

Gartenraute siehe Raute
Gartensalbei 11, 12, 13, 14, 19, 20, 23, 29, 34, 35, 44–53, **44**, 74, 77, 107, 113, 121, 135
Gladiola siehe Schwertlilie
Gladiole 78–81

Granatapfel 25, 94, 100
Gurken 35

Heilziest siehe Betonie
Hopfen 35
Hyacinthus 80

Johannisbrot 14
Judenkirsche 35

Katzenkraut siehe Katzenminze
Katzenminze 13, 104, 113, 121, 124, **125**
Kerbel 14, 27, 85–87, **86**, 109, 121
Kiefer 29, 46
Klee 57
Klebriger Gänsefuß siehe Traubenkraut
Knoblauch 27, 35, 94, 111, 138
Kohl 27, 35, 37, 111, 128, 138
Koriander 82, 85, 109, 111, 120, 138
Kresse 111
Kümmel 19, 35
Kürbis siehe Flaschenkürbis einschl. Cucurbita pepo u.a.

Lactuca siehe Salat
Lattich siehe Salat
Lauch 27, 28, 82, 111
Lavendel 29, 35, 123
Libysticum siehe Liebstöckel
Liebstöckel 14, 19, 25, 35, 64, 82–84, **83**, 109, 121
Lilie 13, 17, 19, 20, 21, 23, 25, 27, 29, 32, 34, 35, 39, 40, 57, 74, 88–91, **89**, 123, 128, 131, 135
Lilium siehe Lilie
Lorbeer 46
Lubistico siehe Liebstöckel

Majoran 35
Malve 82, 85, 111
Mandel 134
Mandragore 12, 136
Marrubium siehe Andorn

Meerrettich 35
Melde 35, 85
Melisse 29
Melone 11, 14, 20, 24, 66–68, **67**
Menta siehe Minze
Minze 13, 19, 46, 57, 64, 77, 82, 101–103, **102**, 104, 107, 108, 113, 121
Mohn 13, 25, 27, 35, 46, 85, 92–95, **93**
Mohrrüben 35
Muskatellersalbei 14, 17, 18, 96, **97**
Myrte 46

Narde 88, 90
Nelke 35
Nepeta siehe Katzenminze
Nuß 134

Odermennig 14, 26, 35, 39, 104, 117–119, **118**
Olus siehe Kohl
Origanum siehe Dost
Osterluzei 35

Palme 26, 135
Papaver siehe Mohn
Pastinak 137
Pepones siehe Melone
Pappel siehe Malve
Petersilie 35, 121
Pfeffer 26, 29, 82
Pfirsich 26, 135
Polei siehe Poleiminze
Poleiminze 9, 14, 19, 26, 46, 64, 85, 104–108, **105**
Pulegium siehe Poleiminze
Puleium siehe Poleiminze

Rainfarn 120, 121, 122
Raphanus siehe Rettich
Rapunzel 111
Rauke 111
Raute 13, 14, 19, 20, 23, 34, 35, 46, 49, 54–58, **55**, 64, 77, 104, 106, 107, 111, 121, 140, 141

Rettich 13, 14, 27, 126–128, **127**
Rizinus 141
Rohr (Arundo) 37, 145
Römische Kamille 121
Rosa siehe Rose
Rose 13, 17, 19, 20, 21, 23, 27, 29, 34, 37, 39, 40, 57, 123, 124, 128, 129–132, **130**
Rosmarin 19, 35
Rote Rübe (Rane) 35
Ruta siehe Raute

Safran 120, 138
Salat 14, 27, 50
Salbei siehe Gartensalbei
Salvia siehe Gartensalbei
Sataregia siehe Bohnenkraut
Savina siehe Sevi
Schafgarbe 120, 121, 122
Schalotten (Schotten) 35
Schierling 74
Schlafmohn siehe Mohn
Schwertlilie 12, 13, 19, 20, 25, 29, 78–81, **79**
Sclarega siehe Muskatellersalbei
Sellerie 13, 17, 27, 64, 85, 104, 109–112, **110**, 121
Senf 138
Sevi 35, 46, 121
Sisimbria (Gartenkresse?) 19
Spargel 111
Spinat 138

Taglilie 106
Tomate 29
Traubenkraut 120, 123
Thymian 121

Ulme 24, 37, 64
Ungarische Salbei 46

Veilchen 25, 35, 40, 100
Vettonica siehe Betonie
Viole siehe Veilchen

Wassermelone 68
Weihrauch 59, 88
Wein 24, 28, 34, 37, 50, 64, 82
Wermut 13, 14, 24, 69–71, **70**, 104, 120

Ysop 35, 46, 59

Zentifolie siehe Rose
Zucchini 68
Zwiebel (Küchenzwiebel) 27, 35, 94, 111

KLEINE HORTULANISCHE HANDBIBLIOTHEK

Si hortum in bibliotheca habes, deerit nihil
Wenn du den Hortulus in der Bibliothek hast, fehlt nichts
AUS: CICERO AD FAMILIARES, BRIEF AN VARRO
(In passender Paraphrase)*

Ausgaben und Übersetzungen des Hortulus

Strabi Galli Poetae et Theologi Doctissimi: ad Grimaldum Coenobii S. Galli Abbatem Hortulus ad Lectorem Joach. Vad., Wien. Nachdruck: Des Walahfrid von der Reichenau Hortulus. Gedichte über die Kräuter seines Klostergartens vom Jahre 827. Wiedergabe des ersten Druckes vom Jahre 1510, eingeleitet und gewürdigt von Karl SUDHOFF, Heinrich MARZELL, Ernst WEIL, München 1926. Photomech. Reproduktion dieses Nachdrucks: Reichenau 1974 bei Theo KELLER – Wiederentdeckung des Gedichtes durch den St. Galler Humanisten Vadian.

Julius BERENDES, Hortulus Walahfridi Strabi. Das Gärtchen des Walafridus Strabus, ein ehrwürdiges Denkmal des Arznei-Gartenbaues aus dem 9. Jahrhundert; Sonderabdruck aus: Pharmazeutische Post 1908 – erste deutsche Prosaübersetzung mit Kommentar.

Curt GENEWEIN, Des Walahfrid Strabo von der Reichenau Hortulus und seine Pflanzen, Diss. med. (masch.) 1947 – beinhaltet neben einer Prosaübersetzung eine medizingeschichtliche Würdigung des Gedichtes.

Werner NÄF und Matthäus GABATHULER, Walahfrid Strabo, Hortulus, Vom Gartenbau, St. Gallen 1942, 2. Aufl.1957 – erste Übertragung in deutsche Hexameter; ihr folgt die Übersetzung in diesem Buch.

Karl LANGOSCH, Lyrische Anthologie des lateinischen Mittelalters, Darmstadt 1968 – ebenfalls eine metrische Übersetzung.

Raef PAYNE und Wilfrid BLUNT, Hortulus, Walahfrid Strabo, Pittsburgh, Pennsylania 1966 – bibliophile Ausgabe mit englischer Übersetzung.

Henri LECLERC, Le petit jardin (Hortulus) de Walahfrid Strabus, Abbé du Monastère de Reichenau, texte latin et traduction française, précédés d'une étude sur la vie et sur les œuvres poétiques de l'auteur et accompagnés de commentaires, Paris 1933 – französische Übersetzung.

Cataldo ROCCARO, Walahfrido Strabone: Hortulus, Palermo 1979 – neue textkritische Ausgabe in italienischer Sprache.

---

* Dieses Cicerozitat wird zum Teil unrichtig wiedergegeben: Es heißt nicht *et bibliothecam*, sondern *in bibliotheca*. Mit dem *hortus*, den Varro in der Bibliothek haben sollte, ist also wohl ein Buch gemeint.

Klassische Mythologie
Publius Ovidius Naso, Metamorphosen, lateinisch-deutsch, hg. von Erich Rösch, München 1992.

Der grosse Dichter und sein praktischer Nachfolger
Vergil, Landleben, lateinisch-deutsch, hg. von Johannes und Maria Götte, München 1987.
Lucius Iunius Moderatus Columella, Zwölf Bücher über Landwirtschaft, hg. von Will Richter, München 1981, 3 Bde.

Das Benediktinerkloster
Georg Holzherr, Die Benediktsregel – eine Anleitung zum christlichen Leben, Einsiedeln 1985.
Salzburger Äbtekonferenz, Die Benediktusregel, lateinisch-deutsch, Beuron 1992.

Geschichte des Gartenbaus
Udelgard Körber-Grohne, Nutzpflanzen in Deutschland, Kulturgeschichte und Biologie, Stuttgart 1987.
Günther Franz, Geschichte des deutschen Gartenbaues, Stuttgart 1984, Bd.VI.

Verschiedene Aufsätze zu Kunstgeschichte, Archäologie und Anthropologie des Gartens
Maureen Carroll-Spillecke (Hg.), Der Garten von der Antike bis zum Mittelalter, Mainz 1992.
Günther Bittner und Paul-Ludwig Weinacht (Hgg.), Wieviel Garten braucht der Mensch, Würzburg 1990.

Aktuelle Beispiele für Hortuli
Irmgard Bott (Hg.), Gärten des Lebens, Marburg 1994.
Gemeinde Reichenau, Der Hortulus auf der Insel Reichenau, Anlage in Analogie zum St. Galler Klosterplan und zum Gedicht Walahfrid Strabos – unter Mitwirkung von Karl Wehrle und Theobald Deggelmann, Insel Reichenau (Beschreibung 1996, Texte von Hans-Dieter Stoffler).

HANDBIBLIOTHEK
Die Reichenau und ihre Geschichte im Überblick
Arno Borst, Mönche am Bodensee, Sigmaringen 1997 – Persönlichkeiten und Landschaft.
Wolfgang Erdmann, Die Reichenau im Bodensee, Geschichte und Kunst, Die Blauen Bücher, Königstein 1993 – eine Einführung.
Reinhard Schneider, Das Frankenreich, München 2001 – historischer Rahmen.

Walahfrid Strabo und die lateinische Literatur des Mittelalters

Walter BERSCHIN, Eremus und Insula, St. Gallen und die Reichenau im Mittelalter, Modell einer lateinischen Literaturlandschaft, Wiesbaden 1987 – wichtige Grundlage und Wegweiser.

Franz BRUNHÖLZL, Geschichte der lateinischen Literatur des Mittelalters, München 1975, Bd.I.

WALAHFRID STRABO, Visio Wettini, Die Vision Wettis, übersetzt und erläutert von Hermann KNITTEL, Sigmaringen 1986.

Pflanzen bestimmen und ökologisch beurteilen

Erich OBERDORFER, Pflanzensoziologische Exkursionsflora, Stuttgart 1994.

Werner ROTHMALER, Exkursionsflora, Jena 1991, Bd.2, Textbd., u. Bd.3, Abbildungsbd. – Anleitung zum Pflanzenbestimmen, besonderer Vorzug: Zeichnungen.

Heilpflanzen und Klostermedizin

Hans BRAUN und Dietrich FROHNE, Heilpflanzenlexikon, Stuttgart 1994 – vor allem für Ärzte und Apotheker.

Johannes Gottfried MAYER und Konrad GOEHL (Hgg.), Höhepunkte der Klostermedizin, Der »Macer floridus« und das Herbarium des Vitus Auslasser, mit einer Einleitung und deutscher Übersetzung, Leipzig 2001.

Manfried PALOW, Heilpflanzen – Selbstbehandlung der häufigsten Alltagsbeschwerden und Erkrankungen mit ausgewählten Heipflanzen, München 1992 – Rezepte für Tees, Teemischungen, Tinkturen, Salben, Inhalationen, Umschläge, Bäder.

Gartenpraxis und Kräuterkunde

Marie-Luise KREUTER, Kräuter und Gewürze aus dem eigenen Garten – Naturgemäßer Anbau, Ernte, Verwendung, München 1995.

Nachschlagewerke

C. PLINIUS SECUNDUS d. Ä., Naturkunde, lateinisch-deutsch, laufend neu hg. von Roderich KÖNIG, München (vor allem Buch XIX–XXII, 1979/85).

Der neue Pauly, Enzyklopädie der Antike, hg. von Hubert CANCIK und Helmuth SCHNEIDER, Stuttgart ab 1996, 15 Bde.

BILDNACHWEIS

Besler, Basilius: Hortus Eystettensis (Nürnberg 1613) / Eigentum des Bischöflichen Seminars / Standort: UB Eichstätt / Sig. SJ II 2892–2894: Umschlagvorderseite, Seite 45, 60, 62, 70, 73, 89, 97, 99, 102, 103 unten, 104, 125, 130.

[Brunschwig, Hieronymus:] Das Kreuterbuch Oder Herbarius (Augsburg 1534) / Eigentum des Freistaats Bayern / Standort: UB Eichstätt / Sig. K 264: Seite 14, 23 (4 Abb.), 24 (3 Abb.), 25 (3 Abb.), 26 (4 Abb.), 27 (4 Abb.), 28 oben, 29 (2 Abb.), 33 unten, 39 oben, 46, 56, 59, 66, 69, 78, 85, 94 (3 Abb.), 100, 101, 103 oben, 117, 126, 129.

Cambornac, Michel: Plantes et Jardins du Moyen Âge (Paris 1998): Seite 16, 28 unten, 31 unten, 32 unten, 36, 51, 68, 71, 75, 112, 134.

Fuchs, Leonhart: New Kreuterbuch (Basel 1542) / Eigentum des Freistaats Bayern / Standort: UB Eichstätt / Sig. 182/1 JII 27: Seite 72, 86, 118.

Fuchs, Leonhart: New Kreuterbuch (Basel 1543) / Eigentum des Freistaats Bayern / Standort: UB Eichstätt / Sig. 182/1 JII 26: Seite 43, 55, 63, 67, 76, 79, 83, 93, 105, 110, 114, 121, 122, 123, 127.

Sankt Galler Klosterplan / Standort: Stiftsbibliothek St. Gallen / Sig. Ms. 1092: Seite 19, 20.

Spicker-Beck, Monika: Klosterinsel Reichenau. Kultur und Erbe. Fotos von Theo Keller (Stuttgart 2001): Seite 7, 9.

Sur la terre comme au ciel – Jardins d'Occident à la fin du Moyen Âge (Paris 2002): Umschlagrückseite, Frontispiz, Seite 30 (2 Abb.), 31 oben, 32 oben, 33 oben, 34 (2 Abb.) 38, 39 unten, 40, 44, 53.

Walahfrid Strabo: Hortulus / Standort: UB Leipzig / Sig. I. 53 (ehemals Stadtbibliothek Leipzig): Seite 41.